Jürgen Fritz

Satire und Karikatur

Fächerübergreifender Unterricht in
Deutsch - Politik - Kunst - Musik

westermann

© Georg Westermann Verlag
Druckerei und Kartographische Anstalt GmbH & Co.
Braunschweig 1980
1. Auflage 1980
Verlagslektorin: Ilona Sourell M. A.
Herstellung: Hermann Brinker
Einbandgestaltung: Gerd Gücker
Gesamtherstellung: westermann druck, Braunschweig 1980

CIP-Kurztitelaufnahme der Deutschen Bibliothek

Fritz, Jürgen:
Satire und Karikatur: fächerübergreifender Unterricht
in Deutsch, Politik, Kunst, Musik / Jürgen Fritz. –
Braunschweig: Westermann, 1980.
  (Erziehung und Didaktik)
  ISBN 3-14-16 7196-6

ISBN 3-14-**16 7196**-6

Inhaltsverzeichnis

Einführung 6

Erster Baustein
Was sind Satire, Karikatur, Parodie? 11
1   Didaktische Leitvorstellungen 11
2   Goebbels in der Satire und Karikatur 12
2.1 Sachanalyse 12
2.2 Didaktischer Kommentar 16
2.3 Methodische Überlegungen 19
3   Satirische Parodie in Sprache, Musik und Bild 27
3.1 Sachanalyse 27
3.2 Didaktischer Kommentar 31
3.3 Methodische Überlegungen 33
4   Karthographie der Begriffe 37

Zweiter Baustein
Erscheinungsformen der Karikatur 39
1   Didaktische Leitvorstellungen 39
2   Hilfen, Karikaturen zu verstehen 40
2.1 Was beabsichtigt die Karikatur 40
2.2 Hilfen zum Verstehen der satirisch-politischen Karikatur .. 46
2.3 Probleme beim Verstehen von Pressekarikaturen und Cartoons 54
2.4 Didaktischer Kommentar 58
2.5 Methodische Überlegungen 60
3   Personenkarikaturen 68
3.1 Eigenart und Ursprünge der Personenkarikatur 68
3.2 Formen der Personenkarikatur 69
3.3 Foto und Karikatur im Vergleich 78
3.4 Herstellen von Personenkarikaturen 84
3.5 Didaktischer Kommentar 85
3.6 Methodische Überlegungen 87
4   Stile und Themen 95
4.1 Vergleich der Stile und Themen 95
4.2 „Cartoons for Amnesty" 96
4.3 Didaktischer Kommentar 99
4.4 Methodische Überlegungen 101
5   Foto-Montage 104
5.1 Entwicklung und Erscheinungsformen der Foto-Montage 104
5.2 Satirische Foto-Montage am Beispiel von John Heartfield ... 105
5.3 Satirische Foto-Montage heute 107
5.4 Herstellen von Foto-Montagen 112

5.5	Didaktischer Kommentar	114
5.6	Methodische Überlegungen	115
6	Fotografie und Karikatur	120
6.1	Können Fotografien Karikaturen sein?	120
6.2	Satirische Fotografie	121
6.3	Didaktischer Kommentar	128
6.4	Methodische Überlegungen	129

Dritter Baustein
Zusammenwirken von Text, Bild und Musik in Satire und Karikatur 133

1	Didaktische Leitvorstellungen	133
2	Wie lassen sich Texte, Bilder und Musik miteinander verbinden?	134
2.1	Wechselbezüge zwischen Text, Bild und Musik	134
2.2	Komplementäre Verknüpfungen bei komplexen Text/Bild/Musikwerken	135
2.3	Parallele Verknüpfungen beim fächerverdichtenden, problembezogenen Lernen	136
3	Beispiele komplementärer Verknüpfung von Sprache, Bild und Musik	138
3.1	Texte zu Bildern	138
3.2	Korrespondenz zwischen Bildern und Texten in einem Werk	146
3.3	Text und Bild in der satirischen Bildgeschichte und im satirischen Comic	151
3.4	Multimediale Verknüpfung von Text, Sprache, Musik, Bild	162
3.5	Didaktischer Kommentar	165
3.6	Methodische Überlegungen	169
4	Fächerverdichtender Ansatz am Beispiel „Beteiligte des Krieges"	180
4.1	Zum Modell des fächerverdichtenden Ansatzes	181
4.2	Der Generalstab	181
4.3	Der einfache Soldat	186
4.4	Didaktischer Kommentar	187
4.5	Methodische Überlegungen	190
5	Fächerverdichtender Ansatz am Beispiel „Struktur der Gesellschaft"	194
5.1	Satire und Widerspiegelung der Gesellschaft	194
5.2	Die kapitalistische Gesellschaft oder Kritik der Struktur	195
5.3	Didaktischer Kommentar	202
5.4	Methodische Überlegungen	203

Vierter Baustein
Satire und Zensur 207

1	Didaktische Leitvorstellungen	207
2	Satire und Publikum	208
2.1	Was will die Satire, was das Publikum?	208

2.2	Didaktischer Kommentar	213
2.3	Methodische Überlegungen	214
3	Politischer Kampf gegen die Satire	217
3.1	Fallstudien	217
3.2	Satiren als Reflex auf ihre politische Behinderung	224
3.3	Didaktischer Kommentar	234
3.4	Methodische Überlegungen	236

Anmerkungen 242

Abbildungsverzeichnis 249

Textverzeichnis 252

Einführung

1 Zur Problematik des Themas „Satire und Karikatur"

Satiren und Karikaturen sind ästhetische Objekte, die die Wirklichkeit aus kritischem Blickwinkel erschließen. Sie übertreiben, verzerren, blasen ihre Wahrheit auf. Von daher haben sie nicht unmittelbare Erkenntnisfunktion. Sie verdeutlichen bestimmte Aspekte, bringen aber kein ausgewogenes Bild „des Ganzen". Man mag sie aus diesem Grunde als ungerecht empfinden, überzogen in ihrer Kritik. Aber das ist gerade ihr Merkmal, ihre Eigenart, ihre Wirkung: Satiren und Karikaturen sind wie Säuren, die erweisen, was widerstandsfähige, erhärtete Gewißheiten und Überzeugungen sind und was nur so tut. Der Umgang mit der Säure will gelernt sein. Sie mag manchem brennen und schmerzen, aber deswegen sollte man die Säure nicht fortschütten, verwässern, didaktisch „bannen": Soviel Toleranz und Liberalität müßten wir besitzen, um uns auch mit denjenigen Satiren und Karikaturen auseinanderzusetzen, deren Weltbild, deren Auffassung, deren politische Orientierung wir nicht teilen. Lernen bedeutet auch kritische Auseinandersetzung mit eigenem Denken, gewachsenen Vorstellungen und Auffassungen. Gerade in ernsthafter und verständnisbereiter Einstellung den Satiren und Karikaturen gegenüber kann diese kritische Distanz gelernt werden, läßt sich eine eigene, begründete Position erarbeiten, wird verhindert, daß vorurteilsbehaftetes Denken sich fortschleppt. Aber, wir sagten es bereits, der Umgang mit der „Säure" will gelernt sein. Auch Distanz ist ihr gegenüber vonnöten: Es ist nicht „die Wahrheit" schlechthin, die in Satiren und Karikaturen aufscheint, sondern eine bestimmte, parteiliche. Daher gilt im Umgang mit der „Säure" ein Zweierschritt: Der immanenten Interpretation von Satiren und Karikaturen folgt stets die Frage nach der Richtigkeit und Stimmigkeit des Aussagegehalts. Satiren und Karikaturen befreien nicht vom kritischen Akt des Denkens, zu überprüfen, ob die Kritik richtig, angemessen und begründet ist. Dieser zweite Schritt ist gemeinsam mit den Lernenden zu tun. Das Buch kann nur Anregungen geben, Anlässe zum Gespräch stiften. Es soll nicht „Glaubensgewißheiten" verkünden; Bestätigungen oder Verwerfungen des Aussagegehalts auszusprechen, ist allein Aufgabe der Lernenden.

2 Aufbau des Buches und Hinweise zum Gebrauch

Das Buch gliedert sich in vier „Bausteine". Die „Bausteine" sind in sich selbständige Teile, die zu verschiedenen Aspekten mögliche Unterrichtseinheiten vorstellen. Jede Unterrichtseinheit enthält einen sachanalytischen, einen didaktischen und einen methodischen Teil und soll als Anregung für eigene Lernvorhaben verstanden werden. Das Buch ist keine „Didaktik der Satire und Karika-

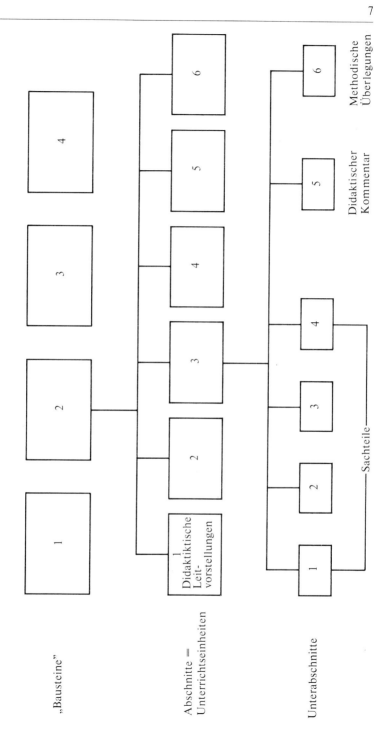

tur"; es ist vielmehr eine didaktisch aufbereitete Materialsammlung, die so offen gehalten ist, daß sie sich in unterschiedliche Lernzusammenhänge einbeziehen läßt. „Bausteine" und Unterrichtseinheiten sind Vorschläge und sollten als solche verstanden werden. Es hängt entscheidend von der Lerngruppe, von ihren Interessen und Bedürfnissen, aber auch von den institutionellen Bedingungen und den Zielvorstellungen des Pädagogen ab, was im einzelnen ausgewählt wird. Die Vorschläge sind so offen gestaltet, daß „Bausteine" und einzelne Unterrichtseinheiten für unterschiedliche Lernvorhaben fruchtbar sein können. Dies bringt es mit sich, daß in der Konzeption des Buches eine Art Mittelweg zwischen Praxisbericht und Fachdidaktik eingeschlagen wurde: keine immer unanschaulicher werdenden Verallgemeinerungen, Lernzielkataloge, didaktischen Begründungszusammenhänge und fachimmanenten Reflexionen – aber auch keine unmittelbare Wiedergabe der Praxis, der eigenen unterrichtlichen Erfahrungen, sondern etwas dazwischen, das in seinen theoretischen Bestandteilen auf die Unterrichtseinheiten bezogen ist und in seinen Praxisteilen so anschaulich und konkret bleibt, daß sich theoretische Vorstellungen und praktische Anregungen fruchtbar miteinander verbinden lassen. Das Buch ist in seiner Konzeption ein „offenes Curriculum" nach dem „Baukastenprinzip": Inhalte, Ziele und Methoden lassen Entscheidungsspielräume, sind Vorschläge, keine in sich geschlossenen „Lehrgänge" oder Lernvorhaben. Die einzelnen Teile können für sich stehen; sie sind nicht systematisch aufeinander bezogen und bieten daher den Vorteil von Baukastenteilchen: Je nach den pädagogischen Absichten können sie zusammengestellt oder anderen Bereichen, Fächern oder Lernvorhaben zugeordnet werden.

3 Ziele des Buches

Die Aufgabe des Buches, didaktisch aufbereitete Materialsammlung nach dem „Baukastenprinzip" zu sein, hat es erforderlich gemacht, zu verschiedenen Bereichen Anregungen zu geben.

a) So ist das Buch ein Beitrag zur Fachdidaktik und zur Curriculumdiskussion. Es führt vor, wie im Rahmen fächerübergreifenden Arbeitens sachbezogenes Lernen und soziales Lernen miteinander verbunden werden können, wie sich inhaltliche Probleme und fachdidaktische Vorstellungen mit Methoden der Interaktionspädagogik zu einem Lernvorhaben zusammenschließen lassen.
b) In nicht unerheblichem Maße ist die Arbeit auch ein Sachbuch über Satire und Karikatur. Es werden verschiedene Formen dieser ästhetischen Objekte vorgestellt, Hilfen zu ihrem Verständnis und zu ihrer Systematisierung gegeben und schließlich auch Beiträge zur Weiterentwicklung des Sachgegenstandes geleistet (s. „satirische Fotografie").
c) Nicht zuletzt dient das Buch auch der Erweiterung des methodischen Instrumentariums. Es verdeutlicht, nach welchen Prinzipien methodische Entschei-

dungen getroffen werden und welcher methodische Reichtum dabei zur Verfügung stehen kann. In den wenigen didaktischen Abhandlungen zum Thema „Satire und Karikatur" ist lediglich der Gesichtspunkt der Inhaltlichkeit leitend für die methodischen Entscheidungen. Der Gegenwartsbezug fehlt häufig oder nimmt nur geringen Raum ein; auf die Lebenssituation der Lernenden wird so gut wie nicht Rücksicht genommen. Damit werden die in Satiren und Karikaturen steckenden Möglichkeiten vertan. Ziel des Buches soll es daher auch sein, vorzuführen, wo überall und wie diese Form der ästhetischen Objekte sinnvoll verwendet werden kann, wo ihre Chancen sind, wo aber auch ihre Grenzen liegen.

Das Buch hat nicht die Form einer fächerübergreifenden Didaktik gefunden – im Gegenteil: Die Vorstellungen, Auffassungen, dargestellten Lernvorhaben haben den Charakter des Vorläufigen und Unabgeschlossenen. Das Buch, im Laufe der vergangenen fünf Jahre entstanden, ist Bestandsaufnahme meiner eigenen pädagogischen Praxis an der Gesamtschule Hildesheim und der Hochschule Lüneburg, in der Jugendarbeit und Lehrerfortbildung. Es soll, als eine Sammlung von Vorschlägen, für den Leser ein Diskussionsbeitrag sein, eine Möglichkeit, eigene Erfahrungen und Meinungen daran zu erproben. Ich habe großes Interesse, an dieser Diskussion und Auseinandersetzung teilzunehmen. Bitte schreiben Sie mir. Ich werde mich bemühen, jeden Brief zu beantworten. Meine Anschrift: **2120 Lüneburg, Julius-Leber-Straße 11.**

Danken möchte ich meinen Kolleginnen und Kollegen an der *Robert-Bosch-Gesamtschule* in Hildesheim und an der Hochschule Lüneburg, insbesondere Frau *Britta Otto*, Herrn *Herbert Kessler* und Herrn *Gottfried Küntzel*. Besonderer Dank auch meiner Verlagslektorin, Frau *Ilona Sourell*, für Kritik und Ermutigung. *Maria* und *Gerfried Brandstetter* haben mir durch das Lesen des Manuskripts und durch zahlreiche Anregungen geholfen, das Buch zu verbessern. Nicht zuletzt gilt mein Dank auch meinen Schülern an der *Robert-Bosch-Gesamtschule* und meinen Studenten an der *Hochschule Lüneburg*, die durch ihre Vorschläge, Kritik und Meinungen Wesentliches zum Buch beigetragen haben.

Lüneburg, im August 1979 *Jürgen Fritz*

Erster „Baustein"

Was sind Satire, Karikatur, Parodie?

1 Didaktische Leitvorstellungen

Wir wollen uns mit humorvollen/komischen Formen in Bild, Sprache und Musik auseinandersetzen und dabei die Begriffe Satire, Karikatur und Parodie kennenlernen. Dazu sind konkrete Beispiele notwendig. An ihnen werden wir nicht nur die Begriffe lernen, sondern auch einen ersten Zugang zu ihrer Interpretation gewinnen. In dem Maße als das Verständnis für diese Formen wächst, füllen sich die Begriffe mit Inhalt, verstehen wir, was diese Begriffe bedeuten. Sie werden zu „Gefäßen" des Lernprozesses, zu „Nervenenden", die die Wahrnehmungsmöglichkeiten vergrößern.

Ferner werden wir eine „Landkarte" entwickeln, aus der wir ersehen können, was diese Begriffe miteinander zu tun haben. Die „Landkarte" der Begriffe ist eine „visuelle Gedächtnisstütze", eine Hilfe, das Gelernte überschaubar zu machen.

2 Goebbels in der Satire und Karikatur

2.1 Sachanalyse

Die Satire hat die Absicht, *etwas Negatives anzugreifen*. Dabei kann es sich um Personen, eine Partei, eine bestimmte Gesinnung, Werte, gesellschaftliche Zustände u.ä. handeln. Individuelles und gesellschaftliches Fehlverhalten, kritikbedürftige Gesellschaftsformen und Mißstände in gesellschaftlichen Organisationen (Kirche, Militär, Schule, Polizei, Gerichte) werden bloßgestellt und damit als veränderungsbedürftig gekennzeichnet. Das Merkmal des Angriffs wird besonders deutlich in der folgenden Satire von *Kurt Tucholsky* [1]:

Joebbels

Wat wärst du ohne deine Möbelpacker!
Die stehn, bezahlt un treu, so um dir rum.
Dahinter du: een arma Lauseknacker,
een Baritong fort Jachtenpublikum.
   Die Weiber – hach – die bibbern dir entjejen
   un möchten sich am liebsten uffn Boden lejen!
   Du machst un tust und jippst da an . . .
      Josef, du bist'n kleener Mann.

Mit dein Klumpfuß – seh mal, bein andern
da sacht ick nischt; det kann ja jeda ham.
Du wißt als Recke durch de Jejend wandern
un paßt in keen Schützenjrahm?
   In Sportpalast sowie in deine Presse,
   da haste eine mächtich jroße Fresse.
   Riskierst du wat? – De Schnauze vornean.
      Josef, du bist'n kleener Mann.

Du bist mit irgendwat zu kurz gekomm.
Nu rächste dir, nu lechste los.
Dir hamm se woll zu früh aus Nest jenomm!
Du bist keen Heros, det markierste bloß.
   Du hast'n Buckel, Mensch – du bist nichts richtich!
   Du bist bloß laut – sonst biste janicht wichtig!
   Keen Schütze – een Porzellanzerschmeißer,
   keen Führer biste – bloß'n Reißer,
      Josef,
         du bist een jroßer Mann – !

                                        Kurt Tucholsky

Tucholsky geht in seinem Angriff gegen den Propaganda-Minister des Nazi-Deutschland so weit, daß er auf körperliche Verunstaltungen des Gegners deutlich anspielt (Klumpfuß, Buckel). Dies dient ihm als Anlaß, das Mißverhältnis zwischen Anspruch und Wirklichkeit („als Recke durch de Jejend wandern" – „un paßt in keen Schützenjrahm"; „Du bist keen Heros, det markierste bloß"), zwischen Propagandarede und deren Einlösung bloßzustellen: „In Sportpalast sowie in deine Presse, da haste eine mächtich jroße Fresse. Riskierst du wat?" Der Satiriker prangert das an und macht das lächerlich, was *er* für falsch, unerträglich, veränderungsbedürftig hält; er besitzt also eine Norm, an der das Angegriffene gemessen wird. In unserem Beispiel geht Tucholsky von der Norm aus, daß politische Führer den Bürgern die Wahrheit sagen, daß sie wahrhaftig sein sollten. Damit hätten wir das zweite Merkmal der Satire: Die der (schlechten) Wirklichkeit entgegengehaltene *Norm*.

In der **Satire** wird nicht (wie z.B. in der Kritik) über den Widerspruch zwischen der vorgefundenen Wirklichkeit und der Norm gesprochen, sondern dieser Widerspruch wird unmittelbar vorgeführt und sichtbar gemacht; er wird als *Kontrast* zwischen dem, was ist und dem, was sein soll, sinnfällig. In unserem Beispiel wird Goebbels dadurch lächerlich gemacht, daß gezeigt wird, wie groß der Widerspruch zwischen dem ist, was Goebbels zu sein vorgibt, und dem, was er wirklich ist. *Tucholsky* steigert damit den Kontrast zwischen Wirklichkeit und Norm. Die Stilmittel, mit denen er diesen Kontrast vorführt, verweisen auf das dritte Merkmal der Satire: auf die *Verfremdung*. Um die Fehler und Mängel eines kritisierten Gegenstandes sichtbar werden zu lassen, muß eine ungewohnte Sehweise angeboten werden, die den Leser überrascht. Das geschieht meist dadurch, daß der Inhalt komisch gebrochen wird. *Tucholsky* verfremdet die Kritik an Goebbels durch die durchgängige Verwendung des Berliner Dialekts, durch typische Berliner Redeweisen: Die „Berliner Schnauze" formuliert die Kritik; dem einfachen Mann auf der Straße ist klar, wer dieser „Joebbels" ist und was man von ihm zu halten hat. Die „saftige" Kritik überrascht, wirkt komisch und befreit zugleich. Unverblümtheit der Kritik, Massierung der Schmähungen und offenen Angriff gegen einen Repräsentanten des Regimes durfte sich in Deutschland kaum jemand erlauben. Das Lachen über die „Berliner Schnauze" spült ein Stück Angst weg. Durch das Lachen vermag der Leser eine Art „geistiger Distanzierung" gegenüber dem bedrückenden Gegenstand aufzubauen. Dieser Gegenstand ist bei *Tucholsky* das Nazi-Regime, die verlogene Propaganda, die Manipulation der Massen. Indem dieser Gegenstand sich auf Goebbels perspektivisch verkürzt, sinkt die Bedrohlichkeit der dargestellten Mißstände für den Leser, wird ihm zunehmend mehr nach Spott und Lachen zumute, gewinnt die Satire ihre aktivierende Wirkung. In Goebbels vermag *Tucholsky* die Widersprüche im Nazi-Regime bloßzustellen: Weder Goebbels noch das Nazi-Regime sind das, was sie zu sein vorgeben. Und indem *Tucholsky* in seiner Satire Goebbels mit den eigenen Waffen schlägt, trifft er das Nazi-Regime, ermutigt zum Widerstand.

REPRODUCED FROM SOVIET WAR POSTER 1941 BY RUSSIAN WAR RELIEF INC *Boris Efimov*

    Das bildnerische Gegenstück zur Satire ist die (satirische) **Karikatur**. Die die Satire ausmachenden Merkmale
1) Angriff
2) Norm
3) Verfremdung

gelten auch für die (satirische) Karikatur. Wir wollen dies im einzelnen anhand des sowjetischen Kriegsplakats von *Boris Efimov:* Goebbels als Mickey Mouse [2] belegen.

Der *Angriff* richtet sich gegen das Nazi-Deutschland, speziell gegen dessen Ideologie von der Überlegenheit der „arischen Rasse". Goebbels wird als „Antityp" des „Herrenmenschen" vorgeführt und dient als Beleg für das Mißverhältnis zwischen Anspruch und Wirklichkeit. Die *Norm*, die hinter dem Angriff steckt, postuliert die grundsätzliche Gleichwertigkeit von Völkern und Rassen, verurteilt den Rassenwahn. Der Widerspruch zwischen diesem Wahn und der Wirklichkeit wird unmittelbar sinnfällig: Als Antwort auf die Frage, was ein „Arier" sei, wird Goebbels als häßliche Mickey Mouse präsentiert: „Ein 'Arier' ist stattlich wie Goebbels". Der vorgeführte Widerspruch zwischen der Rassenideologie Nazi-Deutschlands und der Erscheinung eines ihrer Führer steigert den Kontrast zwischen dem kritisierten Gegenstand und der Norm.

Die *Verfremdung* tritt in dem Kriegsplakat in zweifacher Weise auf: 1) Es wird kein Foto von Goebbels gebracht, sondern eine Zeichnung, gestaltet mit Stilmitteln der Karikatur: Schematisierung (der Kopf von Goebbels ist auf das Mindestmaß seiner Formen, und zwar der ihn am leichtesten kenntlichen, reduziert: langer Hinterkopf; kleine, spitze Nase; große, runde Augen; weit aufgerissener Mund), Anthropomorphismus (Goebbels erscheint als Mickey Mouse mit einem Schwanzende, das ein Hakenkreuz bildet), zum Bildteil passender Begleittext. 2) Der Text ist ironisch, nicht als reale Information zu lesen. Während das Bild komisch wirkt und den Betrachter fesselt, präzisiert der Text den satirischen Gehalt, verdeutlicht den Gegenstand des Angriffs in verfremdeter Form.

Was bewirken diese Verfremdungen? Sie verführen zum Lachen. Der Bildteil ist auf schematische, plakativ wirkende Bestandteile verdichtet. Das leicht deformierte Goebbels-Porträt ist mit einem Mickey-Mouse-Körper verbunden. Die Charakteristik der Mickey Mouse als eine Comic-Figur, über die man nur lachen kann, die harmlos ist, färbt das Goebbels-Bild ein, verändert es in Richtung auf klein, unbedeutend, wichtigtuerisch: Über Goebbels kann man nur lachen; das was er sagt, darf man nicht für voll nehmen; er ist ein „Papiertiger". Die Komik entsteht im Augenblick des fast unwillkürlichen Vergleichs zwischen dieser Abbildung und einer naturalistischen Darstellung von Goebbels, z.B. auf einem Foto. Das Lachen über diesen Kontrast wirkt befreiend; dem Betrachter gelingt es, eine Art „geistiger Distanzierung" gegenüber dem bedrückenden Gegenstand aufzubauen. Zum Lachen verführt auch der Textteil des Plakats, der auf satirische Weise die geistige Überlegenheit gegenüber der nationalsozialistischen Rassenideologie dokumentiert. Im Zusammenwirken von Text und Bild wird die Bedrohlichkeit des Gegenstandes gesenkt; Goebbels als Repräsentant des Nazi-Regimes ist zu einer Comic-Figur reduziert, die die Nazi-Ideologie ad absurdum führt. In Goebbels als Mickey Mouse werden die Widersprüche im Nazi-Regime bloßgestellt, die Ängste vor der Überlegenheit der Nazis vermindert. Das Plakat wirkt aus diesen Gründen aktivierend, ermutigt zum Widerspruch und stärkt die Widerstandskraft gegen die Bedrohung durch das Nazi-Deutschland.

Im Vergleich von *Tucholsky*-Satire und Kriegsplakat lassen sich folgende Gemeinsamkeiten herausstellen:
1) Beide Formen enthalten die Merkmale Angriff, Norm und Verfremdung.
2) Die Verfremdung verführt in beiden Formen zum Lachen, ermöglicht eine Art „geistiger Distanzierung" gegenüber dem bedrückenden Gegenstand.
3) In beiden Fällen wird Goebbels als Repräsentant des kritisierten Gegenstandes „aufgebaut" und stellvertretend „besiegt".

2.2 Didaktischer Kommentar

Die thematische und formale Parallelität zwischen der Tucholsky-Satire und dem sowjetischen Plakat läßt sich in besonderer Weise didaktisch fruchtbar machen: Satire und Plakat „stützen" sich wechselseitig. Indem sie einander zur visuellen oder sprachlichen Gedächtnisstütze werden, gleichen sie „Leerstellen" im Lernprozeß aus. Die parallele Verwendung thematisch ähnlicher Satiren und Karikaturen kommt den unterschiedlichen Auffassungsmöglichkeiten der Lernenden entgegen: Für den einen mag es schwierig sein, den Verfremdungseffekt in der Tucholsky-Satire zu verstehen, ihm fällt es jedoch leichter, dies in der Karikatur nachzuvollziehen. Der andere könnte Schwierigkeiten haben, das Merkmal des Angriffs im Plakat herauszufinden, es geht aber mühelos anhand der Satire. Die Sicherung der Lernergebnisse wird begünstigt: Die Satire bietet dem Plakat sprachliche, das Plakat der Satire visuelle „Verankerungspunkte" für die gemeinsamen Merkmale. Die miteinander verschränkte Untersuchung der Satire und des Plakats ermöglicht das Erreichen folgender Lernziele:

1 Die Lernenden können die Begriffe Satire und (satirische) Karikatur mit den Merkmalen Angriff, Norm und Verfremdung verbinden.

2 Sie können anhand der Satire den Gegenstand des Angriffs (Goebbels, – das Nazi-Regime, – verlogene Propaganda und Manipulation der Massen), die Norm (politische Führer sollten die Wahrheit sagen und wahrhaftig sein) und die Stilmittel der Verfremdung („Berliner Schnauze") benennen.

3 Sie können die Funktionen der Verfremdung im Gefüge der Satire aufzeigen: Lachen, – Verminderung der Angst, – „geistige Distanzierung" gegenüber dem bedrückenden Gegenstand, – Ermutigung zum Widerstand.

4 Sie können den Funktionsablauf zwischen den einzelnen Merkmalen benennen: Widerspruch zwischen dem, was Goebbels zu sein vorgibt, und dem, was er wirklich ist (= Widersprüche im Nazi-Regime) und damit Steigerung des Kontrastes zwischen kritisierter Wirklichkeit und Norm.

Damit sind auch Lernziele angesprochen, die auf eine Interpretation zielen. Inwieweit diese Zielvorstellung im Rahmen dieses „Bausteins" weiterverfolgt werden sollte, hängt sowohl von den Kenntnissen, Fähigkeiten und Interessen der Lernenden ab, als auch von den Zielvorstellungen des Lehrers. Bei einer umfassenden Interpretation wird es notwendig, den historischen Hintergrund der Satire auszuleuchten, biografische Daten von *Tucholsky* einzubeziehen, ähnliche Satiren zum Vergleich zu lesen, Originaltexte von Goebbelsreden und/oder Zitate aus Hitlers „Mein Kampf" mit der *Tucholsky*-Satire zu konfrontieren. Zur weiteren Verdeutlichung würden sich Karikaturen aus *Halbritters* „Mein Kampf" [3] eignen. So weitergeführt könnte der hier vorgestellte „Baustein" eine gute Einführung in eine Lerneinheit über „nationalsozialistische Propaganda" abgeben. Ähnliche Lernziele wie zur Satire könnte man beim Plakat verfolgen:

5 Die Lernenden können anhand des Plakats den Gegenstand des Angriffs (Goebbels, – das Nazi-Regime, – vorgebliche Überlegenheit der „arischen Rasse"), die Norm (grundsätzliche Gleichwertigkeit von Völkern und Rassen) und die Stilmittel der Verfremdung (Schematisierung, Anthropomorphismus, ironischer Text) benennen.

6 Sie können die Funktionen der Verfremdung im Gefüge des Plakats aufzeigen: Nazi-Regime repräsentiert durch Goebbels, – Lachen über Goebbels als Comic-Figur und über den satirischen Witz zur Rassenideologie, – Verminderung der Angst vor dem Nazi-Deutschland, – „geistige Distanzierung" gegenüber dem bedrückenden Gegenstand, – Ermutigung zum Widerstand.

7 Sie können den Funktionsablauf zwischen den einzelnen Merkmalen benennen: Widerspruch zwischen behaupteter Überlegenheit der „arischen Rasse" und comichafter Erscheinung eines Repräsentanten dieser Rasse (= Widersprüche im Nazi-Regime; Beweis eines unzutreffenden Anspruchs) und damit Steigerung des Kontrastes zwischen kritisierter Rassenideologie und eigener Norm.

Das Lernziel 6 ließe sich in Hinblick auf die plakativen Wirkungen noch vertiefen. Ist schon die schnelle Lesbarkeit für die Karikatur zur Bedingung geworden, so gilt dies um so mehr für eine Karikatur, die in ein Plakat eingebunden ist. Die der Karikatur eigene Schematisierung wird unterstützt durch deutlich voneinander abgehobene Farbflächen, durch allgemein verständliche Typisierungsschemata, durch wechselseitiges aufeinander Bezogensein der einzelnen Elemente, durch deutlich auf den Bildteil bezogene Texte und deren typographischer Aufbereitung; kurzum: Das Goebbels-Plakat eignet sich auch als Einführung oder Bestandteil zu einer Lerneinheit, die sich mit politischen Plakaten auseinandersetzt [4]. Die Kenntnisse aus der Analyse des Plakats wären eine Hilfe für eigene bildnerische Arbeiten, sei es, um damit eigene Interessen zu verdeutlichen oder auch nur, um in ähnlicher Weise bestimmte Sachverhalte des Nazi-Regimes zu kritisieren. Schließlich geht es bei diesem „Baustein" auch um Lernziele, die auf Gemeinsamkeiten und Unterschiede zwischen sprachlichen und bildnerischen Satiren abheben.

8 Die Lernenden können anhand der Satire und des Plakats die wesentlichen Gemeinsamkeiten zwischen beiden Formen benennen: Merkmale Angriff, Norm, Verfremdung, – Lachen und „geistige Distanzierung", Goebbels als Repräsentant des kritisierten Gegenstandes.

Schwierig wird es, wenn die wesentlichen Unterschiede in den Wirkungen der beiden Formen herausgearbeitet werden sollen: In welchen Punkten „trifft" die Satire besser als das Plakat? Wie verhalten sich Verständlichkeit und Umfang der Kritik zueinander? Diesen und ähnlichen Fragen werden wir im „Baustein" 3 nachgehen.

Warum nun gerade *Goebbels*-Satiren, um in die Begrifflichkeit einzuführen? Das Thema „Goebbels und der Nationalsozialismus" ist historischer Art. Es scheint zunächst, daß dieses Thema mit der Lebenssituation der Lernenden nichts zu tun hat. Untersucht man jedoch den Gegenstand der Kritik etwas genauer (Massenbeeinflussung durch verlogene Propaganda – Rassenwahn), so wird man diese Phänomene (in abgewandelter Gestalt) in unserer heutigen Zeit unschwer wiedererkennen. Es ist daher gerechtfertigt, ein Lernziel anzustreben, das auf diesen Transfer gerichtet ist.

9 Die Lernenden können anhand der in beiden satirischen Formen herausgearbeiteten Gegenstände der Kritik Parallelen dazu in unserer Zeit benennen und zu den andersartigen gesellschaftlichen Bedingungen in Beziehung setzen.

Selbst bei relativ formalen Zielen (wie in diesem „Baustein") erscheint es mir notwendig, das Thema so zu wählen, daß auch inhaltlich etwas Bedeutsames gelernt werden kann. Es wäre ein Fehler, Unterricht eindimensional anzulegen. Es ist vielmehr notwendig, verschiedene „Lernstränge", verschiedene Bündel von Lernzielen miteinander zu verschweißen. Dies gilt insbesondere auch für „soziale Lernziele", d. h. für Ziele, die auf Einstellungen und Verhaltensweisen der Lernenden untereinander gerichtet sind. Im Verhältnis zu fachgebundenen Lernzielen sind „soziale Lernziele" in viel stärkerem Maße von den gewählten Lernmethoden abhängig. Methodenentscheidungen müßten also direkt in die didaktischen Überlegungen mit einfließen, damit die generellen Lernziele, die sich um „Satire und Karikatur" ranken, unterstützt und nicht durch die gewählten Methoden unterlaufen werden.

2.3 Methodische Überlegungen

Ziel der methodischen Entscheidungen ist es, fachgebundene und soziale Ziele, die Forderungen des Sachgegenstandes und die vielschichtigen Bedingungen der Lernenden miteinander zu verschweißen. Dazu bieten sich zwei Wege an:
a) Den fachgebundenen Lerngegenstand „konventionell" erarbeiten (Texte lesen, Aufgaben lösen, Erarbeitetes austauschen), dabei jedoch die Arbeitsformen bevorzugen, die in stärkerem Maße soziale Lernziele ermöglichen (z.B. Gruppenarbeit, projektbezogenes Arbeiten).
b) Methoden sozialen Lernens (z.B. Rollenspiel, Theater, Planspiel, Soziodrama) fachgebunden einkleiden (z.B. Planspiel zum Problem Rassenwahn).

Der „Baustein" 1 dient in erster Linie der fachbezogenen Fundierung und eignet sich in seiner Zielsetzung nicht so sehr zur projektbezogenen Arbeitsweise. Wohl aber lassen sich Vorformen dieser Arbeitsweise anwenden (z.B. arbeitsteiliger Gruppenunterricht). Dies bietet u.a. auch den Vorteil zu erfahren, ob und inwieweit projektorientiertes Arbeiten von den sozialen Fähigkeiten und Erfahrungen der Lernenden her bereits möglich sind. Die fachgebunden eingekleideten Methoden des sozialen Lernens können in diesem „Baustein" insbesondere beim Austausch von Gruppenergebnissen verwendet werden. Wir werden nun verschiedene methodische Vorschläge machen, wie sich die sachbezogenen Lernziele erreichen, festigen, vertiefen, weiterführen und mit „sozialen Lernzielen" verbinden lassen.

a) Zu den Lernzielen 1 und 2:

Der *Tucholsky*-Text wird an die Lernenden verteilt und gelesen. Die spontanen Äußerungen werden an der Tafel in drei Kolonnen notiert (Angriff, Norm, Verfremdung). Die Überschriften zu den Kolonnen sollen die Lernenden nach Möglichkeit selbst finden. Durch Lehrerimpulse können die Lernenden angeregt werden, evtl. fehlende Gesichtspunkte zu ergänzen (Beispiele: Wie sollten politische Führer nach Ansicht von *Tucholsky* sein?; konnte man sich damals so unverblümt äußern?).

b) Zum Lernziel 3:

In Stillarbeit (bzw. in Partnerarbeit) sollen die Lernenden kurz notieren, was das Lachen über die Satire beim Lesenden bewirkt, was bei einem Nazi-Gegner im Deutschland des Jahres 1938 wohl vorgehen würde. Die Ergebnisse können dann ausgetauscht, einige der „inneren Monologe" vorgeführt werden. Voraussetzung dazu ist, daß die Lernenden bereits Kenntnisse über das Nazi-Regime und über das Leben im Nazi-Deutschland besitzen.

c) Zum Lernziel 3:

Der Funktionsablauf Lachen, – Verminderung der Angst, – „geistige Distanzierung", – Ermutigung zum Widerstand ließe sich verdeutlichen, wenn zusätzlich zum *Tucholsky*-Text satirisches Material aus der Lebenswelt der Lernenden einbezogen würde; z.B. zum Thema „Schule": von Schülern angefertigte Karikaturen und Texte; Karikaturen von *Halbritter* [5]; von *Rühmkorf* gesammelte Texte „über das Volksvermögen" [6]. Anhand dieses Materials können die Lernenden den Funktionsablauf an sich selbst erfahren und so die Funktionen im *Tucholsky*-Text besser verstehen. Methodisch günstig ist es, wenn die Lernenden aufgefordert werden, aufzuschreiben, wie das gerade präsentierte Material auf sie wirkt, was in ihnen vorgeht. Anschließend werden diese Ergebnisse ausgetauscht, systematisiert und mit dem *Tucholsky*-Text in Beziehung gesetzt.

d) Zum Lernziel 4:

In Stillarbeit finden die Lernenden anhand eines Arbeitsbogens den Funktionsablauf zwischen den einzelnen Merkmalen heraus. Der Arbeitsbogen könnte wie folgt aussehen:

1. Stelle die in der Satire in der Person Goebbels auftretenden Widersprüche gegenüber.

Goebbels gibt vor zu sein ...	Er ist aber in Wirklichkeit ...

2. Weite diese Widersprüche auf das Nazi-Regime insgesamt aus

Das Regime gibt vor zu sein ...	Es ist aber in Wirklichkeit ...

3. Was bewirken diese Widersprüche beim Leser in Hinblick auf die Norm, daß politische Führer die Wahrheit sagen, daß sie wahrhaftig sein sollten?

Die Ergebnisse der Stillarbeit werden anschließend in der Lerngruppe ausgetauscht und diskutiert, die wichtigsten Ergebnisse an der Tafel festgehalten.

e) Zum Lernziel 5:

Ein Dia des Plakats wird projiziert. Die spontanen Äußerungen werden mittels Tageslichtschreiber in drei Kolonnen notiert (Angriff, Norm, Verfremdung). Die Lernenden sollen die Überschriften dazu nach Möglichkeit selbst finden. Ist der *Tucholsky*-Text bereits nach (a) behandelt worden, dürfte ihnen dies relativ leicht fallen. Die Gemeinsamkeit in den Merkmalen müßte gesehen und herausgestellt werden.

f) Zum Lernziel 6:

In Stillarbeit (bzw. in Partnerarbeit) sollen die Lernenden kurz notieren, was das Lachen über das Plakat bewirkt, was bei einem Nazi-Gegner während des 2. Weltkrieges wohl vorgehen würde. Die Ergebnisse können dann ausgetauscht, einige der „inneren Monologe" vorgeführt werden. Voraussetzung ist wieder, daß die Lernenden bereits Kenntnisse über das Leben im Nazi-Deutschland besitzen. Zur Festigung und Verdeutlichung ist hier der methodische Vorschlag (c) geeignet, wenn er in anderen Zusammenhängen noch nicht aufgegriffen wurde.

g) Zum Lernziel 7:

Wie bei (d) können die Lernenden anhand eines Arbeitsbogens vorgehen und sich mit den Widersprüchen im Plakat auseinandersetzen. Hier ist ein Beispiel eines solchen Arbeitsbogens:

1. Stelle die in dem Plakat in der Person Goebbels auftretenden Widersprüche gegenüber:

Goebbels gibt vor zu sein ...	Er ist aber in Wirklichkeit ...

2. Weite diese Widersprüche auf das Nazi-Regime insgesamt aus.

Das Regime behauptet...	In Wirklichkeit aber...

3. Was bewirken diese Widersprüche beim Betrachter des Plakats in Hinblick auf die Norm, daß Völker und Rassen grundsätzlich gleichwertig sind?

Die Ergebnisse der Stillarbeit werden anschließend in der Lerngruppe ausgetauscht und diskutiert, die wichtigsten Ergebnisse an der Tafel festgehalten.

h) Zum Lernziel 8:

In einem arbeitsgleichen Gruppenunterricht finden die Lernenden die wesentlichen Gemeinsamkeiten zwischen der Satire und dem Plakat heraus. Als Anleitung zum Gruppenunterricht wäre folgender Arbeitsbogen denkbar, wenn die Lernenden Schwierigkeiten haben, selbstständig zu den Ergebnissen zu gelangen:
Bitte untersucht, in welchen Bereichen Gemeinsamkeiten zwischen der Satire und dem Plakat vorliegen.

Gemeinsamkeiten	Satire	Plakat
Merkmal		
a)		
b)		
c)		
Folgen der Verfremdung		
a)		
b)		
c)		
Funktion von Goebbels		
a)		
b)		
c)		

i) Zu den Lernzielen 1 bis 8:

Andere methodische Möglichkeiten würden sich anbieten, wenn die Lernenden mit Gruppenarbeit bereits vertraut wären und auch in der Interpretation von Bildern und Texten Kenntnisse und Fähigkeiten besäßen. Viele der Lernziele ließen sich dann in arbeitsteiligem Gruppenunterricht erreichen:
Gruppe 1 = Auseinandersetzung mit der Satire;
Gruppe 2 = Auseinandersetzung mit dem Plakat;
Gruppe 3 = Vergleich zwischen der Satire und dem Plakat; bei einer größeren Anzahl von Lernenden evtl. noch:
Gruppe 4 = politische Propaganda im Nazi-Deutschland;
Gruppe 5 = bildnerisch-praktische Arbeit zu politischen Plakaten;
Gruppe 6 = Rassenideologie im Nazi-Deutschland.

Klare Arbeitsaufträge und Ausstattung der Gruppen mit geeignetem Material sind wichtig. Folgende Arbeitsaufträge könnte man geben:

Gruppe 1: Bitte untersucht den *Tucholsky*-Text nach folgenden Gesichtspunkten:
1. Gegen was richtet sich der Angriff in diesem Text?
2. Warum kritisiert der Autor? Was ist seine Vorstellung vom richtigen Verhalten, was ist seine Norm?
3. Mit welchen Verfremdungen arbeitet der Autor? Was bewirken sie?
4. Der Autor baut im Text Widersprüche bezogen auf Goebbels auf. Bitte benennt diese Widerspruchspaare. Was bewirken diese Widersprüche in Hinblick darauf, was der Autor als für ihn maßgebliche Norm unterstellt?
5. Bitte setzt den Text mit der Biographie des Autors und der zeitgeschichtlichen Situation in Beziehung. Eine Kurzbiographie von Tucholsky, ein kurzer Text über die Propaganda im Nazi-Deutschland, ein Auszug aus einer Goebbels-Rede und Text-Auszüge aus Hitlers „Mein Kampf" liegen bei.

Gruppe 2: Bitte untersucht das in der Sowjetunion hergestellte Kriegsplakat „Goebbels als Mickey Mouse" nach folgenden Gesichtspunkten:
1. Gegen was richtet sich der Angriff in diesem Plakat?
2. Welche politische Auffassung, welche Einschätzung verschiedener Völker und Rassen steckt hinter dem Plakat?
3. Welche Verfremdungen (bildnerisch und textlich) sind im Plakat vorhanden? Was bewirken sie?
4. Der Autor baut im Plakat Widersprüche bezogen auf Goebbels auf. Bitte benennt diese Widerspruchspaare. Was bewirken diese Widersprüche beim Betrachter des Plakats? Denkt daran, was der Autor als für ihn maßgebliche politische Auffassung unterstellt.

Gruppe 3: Bitte vergleicht die Satire von *Tucholsky* mit dem politischen Plakat. Geht insbesondere auf folgende Punkte dabei ein:

1. Welche *Gemeinsamkeiten* zwischen der Satire und dem Plakat lassen sich feststellen a) hinsichtlich formaler Merkmale, b) hinsichtlich der Verfremdung und ihrer Funktion, c) hinsichtlich der Funktion von Goebbels, d) hinsichtlich der Herstellerabsicht?
2. Welche *Unterschiede* bestehen zwischen der Satire und dem Plakat a) hinsichtlich der Anforderungen an den Leser/Betrachter, b) hinsichtlich des Umfangs der Kritik, c) hinsichtlich der Ansprechbarkeit und der Wirkung auf den Leser/Betrachter?

Die drei Arbeitsaufträge machen deutlich, daß es im Rahmen arbeitsteiligen Gruppenunterrichts möglich ist, Aufträge auf unterschiedlichem Schwierigkeitsniveau zu erteilen. Vom Leistungsvermögen her heterogene Gruppen bieten bei dieser Arbeitsform die Möglichkeit zur inneren Differenzierung. Es ist wichtig, Arbeitsaufträge paßgenau zu den Fähigkeiten und Möglichkeiten der Gruppen zu entwickeln, um sie nicht zu unter- bzw. zu überfordern. Trotzdem wird es im Verlauf der Arbeitsphase häufig notwendig, daß der Pädagoge in die Gruppen geht, die Arbeitsaufträge durchspricht, Anregungen gibt, zu Teilergebnissen Stellung bezieht.

Die meisten Schwierigkeiten arbeitsteiligen Gruppenunterrichts entstehen dann, wenn die unterschiedlichen Arbeitsergebnisse zusammengefaßt werden sollen. Bleibt man der (einfallslosen) Tradition verhaftet, stets durch Referat der jeweiligen Gruppe die Ergebnisse verbreiten zu wollen, darf man sich nicht wundern, wenn Langeweile auftritt: Ist es doch für die meisten Lernenden ermüdend, ein Gruppenergebnis nach dem anderen sich anhören zu müssen, ohne selbst aktiv werden zu können. Möglichkeiten, die Austauschprozesse anregender (auch im Sinne sozialen Lernens) zu gestalten, sollen im folgenden aufgezeigt werden:

1) *Schriftliche Kommunikation* während des Referats: Die Lernenden schreiben Fragen, Einwände, ergänzende Informationen auf Karten (große, gut lesbare Schrift!) und heften diese an eine Steckwand. Einige Lernende (sie brauchen nicht aus der Gruppe zu kommen, die gerade das Referat hält!) können die Ordnung der Karten nach verschiedenen Gesichtspunkten vornehmen und damit den Fortgang der Diskussion vorantreiben und aufzeichnen.

2) *Feedback-Karten:* Die Lernenden erhalten verschiedenfarbige Kärtchen unterschiedlichen Bedeutungsgehalts, etwa:

grün = alles verstanden!,
rot = nicht ganz verstanden; bitte verdeutlichen!,
gelb = ganz meine Auffassung!
blau = Du redest zu lange,
weiß = was Du sagst, interessiert mich nicht,
orange = da bin ich ganz anderer Auffassung.

Je nach den Kärtchen, die nach einigen Sätzen gezeigt werden, kann der Sprecher fortfahren, etwas verdeutlichen oder aber in eine Diskussion mit den Zuhörern eintreten.

3) *Innen- und Außengruppen:* Manche Lernende, die in der Tischgruppe gut mitarbeiten und sich äußern können, haben Hemmungen, in einem größeren Kreis zu reden. Sind mehrere davon vorhanden, ist es günstig, während des Gesprächs eine Innen- und eine Außengruppe zu bilden. Die Innengruppe hat die Größe einer Tischgruppe, umfaßt also fünf bis sieben Teilnehmer. Die Innengruppe sollte aus denjenigen gebildet werden, die glauben, im bisherigen Gespräch noch nicht so recht zum Zuge gekommen zu sein. Die Innengruppe bildet einen Stuhlkreis, um den herum sich die anderen Schüler bzw. Teilnehmer setzen, und beginnt mit einem Gespräch; der Außenkreis hört zu. Sobald einer der Innengruppe meint, genug zur Sache beigetragen zu haben, verläßt er seinen Platz in der Innengruppe und nimmt im Außenkreis Platz. Einer vom Außenkreis kann jetzt in den Innenkreis kommen und am Gespräch teilnehmen, wenn er etwas zur Sache sagen möchte. Mit dieser Methode kann die Spontaneität des Gesprächs erhalten bleiben, weniger aktive Teilnehmer können einbezogen werden, und für die Zuhörer wird es nicht so langweilig, weil auch sie grundsätzlich die Möglichkeit besitzen mitzudiskutieren.

4) *Moderation:* Die informierende Gruppe hält nicht einfach ein Referat, sondern inszeniert einen Lernprozeß. Beispiele: inhaltsbezogene Rollenspiele, auf das Thema hin ausgerichtete Planspiele [7], Vorführexperimente oder Experimente in Kleingruppen, „Expertenbefragung" durch die Lernenden anhand vorgegebener Probleme.

5) *Austauschgruppen:* Es werden neue Gruppen gebildet, die so zusammengesetzt sind, daß mindestens ein Mitglied von jeder der vorher gebildeten Arbeitsgruppen in ihnen mitarbeitet. In den Austauschgruppen werden die Ergebnisse der Gruppenarbeit vorgestellt und diskutiert.

Die formale Organisation bei der Zusammenfassung der unterschiedlichen Arbeitsergebnisse, so gelungen sie auch sein mag, bleibt unzureichend, wenn zwischen den einzelnen Aufgaben der Gruppen, zwischen den einzelnen Ergebnissen kein innerer Zusammenhang besteht oder sich herstellen läßt.

Wie ließen sich die Austauschprozesse zwischen den verschiedenen Arbeitsgruppen in unserem konkreten Fall organisieren? Zu Beginn ist es sicher empfehlenswert, die Gruppen zu Wort kommen zu lassen, die die Hintergrundinformationen erarbeitet haben (Gruppe 4 und Gruppe 6). Für die Gruppe 4 (politische Propaganda) ist es sicherlich eine Bereicherung, die schriftliche Kommunikation und die Feedback-Karten einzubeziehen. Das gilt auch für Gruppe 6 (Rassenideologie). Wirkungsvoller wäre es vielleicht, wenn diese

Gruppe eine oder zwei *Halbritter*-Karikaturen [8] projizieren, dazu ein Rollenspiel vorführen und abschließend simulierte Interviews spielen oder echte Interviews machen würde. Für die Gruppe 1, 2 und 3 bieten sich „Innen- und Außengruppe" und Austauschgruppen an. In kleineren Gruppen läßt sich der Lernprozeß der einzelnen Arbeitsgruppen eher nachvollziehen; Unverstandenes kann besser geklärt werden. Die Gruppe 5 (bildnerisch-praktische Arbeit) hätte die Möglichkeit, Lernprozesse zu moderieren. Durch Vorführexperimente könnten die Wirkungen der selbst angefertigten Plakate erfahren werden. Eine „Expertengruppe" hätte die Möglichkeit, sich (ggf. anhand vorgegebener Beurteilungskriterien) über die Plakate zu äußern. Auch an ein Rollenspiel wäre zu denken, in dem eine „Kommission", die für bestimmte Zwecke Plakatentwürfe sichtet, über die Eignung der vorgelegten Arbeiten diskutiert. Lernende könnten Passanten simulieren, die von „Reportern" zu verschiedenen Plakaten interviewt werden.

j) Zum Lernziel 9:

Der auf den Transfer gerichtete Schluß dieses Lernabschnitts wird durch eine Stillarbeitsphase (ggf. auch Partnerarbeit) vorbereitet: Die Lernenden sollen notieren, welche Parallelen zu den angesprochenen Problemen „Propaganda" und „Rassenwahn" in unserer heutigen Zeit auszumachen sind. Danach erfolgt ein offenes Gespräch in der gesamten Lerngruppe. Der Gesprächsverlauf läßt sich an der Tafel protokollieren. So können auch Argumentationsketten aufgezeichnet werden, aus denen die Hintergründe und veränderten gesellschaftlichen Bedingungen für die parallelen Erscheinungen graphisch deutlich werden. Gleichzeitig kann auch schriftlich kommuniziert werden, um die Fülle von Meinungen und Vorstellungen in das Gespräch einzubringen.

3 Satirische Parodie in Sprache, Musik und Bild

3.1 Sachanalyse

Die Parodie ist ein sprachliches, bildnerisches oder musikalisches Werk, das von einem anderen Werk oder einer bestimmten Gruppe von Werken etwas übernimmt (meist formalstilistische Elemente oder einzelne Bestandteile), anderes jedoch ausläßt, übertreibt, verzerrt, austauscht, hinzufügt und damit die Vorlage verändert; komisch wirkende Diskrepanzen zwischen den einzelnen Strukturschichten sind die Folge. Häufig enthalten sprachliche, bildnerische und musikalische Werke sowohl die Merkmale der Parodie als auch der Satire. In diesen Fällen ist das Objekt der Parodie in der Regel nicht mehr die Vorlage, sondern eine kritikwürdige Beschaffenheit der Gesellschaft. Die Vorlage als Ausdruck einer bestimmten gesellschaftlichen Situation wird durch die (satirische) Parodie „durchsichtig", erlaubt kritische Einblicke in die gesellschaftliche Realität.

In besonderer Weise geeignet, die formalen Eigenarten einer Parodie zu verdeutlichen und zugleich thematisch an die *Tucholsky*-Satire und das politische Plakat anzuknüpfen, ist der „Kälbermarsch" [9], eine Parodie von *Bert Brecht* auf das „Horst-Wessel-Lied". Hier sind zum Vergleich Vorlage und Parodie:

Die Fahne hoch

Die Fahne hoch, die Reihen dicht geschlossen,
S.A. marschiert mit ruhig festem Schritt
Kameraden, die Rotfront und Reaktion erschossen,
marschiern im Geist in unseren Reihen mit.

Die Straße frei den braunen Bataillonen!
Die Straße frei dem Sturmabteilungsmann!
Es schaun aufs Hakenkreuz voll Hoffnung schon Millionen,
Der Tag für Freiheit und Brot bricht an.

Zum letzten Mal wird nun Appell geblasen!
Zum Kampfe stehn wir alle schon bereit.
Bald flattern Hitlers Fahnen über allen Straßen,
die Knechtschaft dauert nur noch kurze Zeit!

Die Fahne hoch, die Reihen dicht geschlossen.
S.A. marschiert mit ruhig festem Schritt.
Kameraden, die Rotfront und Reaktion erschossen,
marschiern im Geist in unsern Reihen mit.

Horst Wessel

Kälbermarsch

Hinter der Trommel her
Trotten die Kälber.
Das Fell für die Trommel
Liefern sie selber.
    Der Metzger ruft. Die Augen fest geschlossen
    Das Kalb marschiert mit ruhig festem Tritt.
    Die Kälber, deren Blut im Schlachthof schon geflossen,
    Sie ziehn im Geist in seinen Reihen mit.

Sie heben die Hände hoch,
Sie zeigen sie her.
Sie sind schon blutbefleckt
Und sind noch leer.
    Der Metzger ruft. Die Augen fest geschlossen
    Das Kalb marschiert mit ruhig festem Tritt.
    Die Kälber, deren Blut im Schlachthof schon geflossen,
    Sie ziehn im Geist in seinen Reihen mit.

Sie tragen ein Kreuz voran
Auf blutroten Flaggen,
Das hat für den armen Mann
Einen großen Haken.
    Der Metzger ruft. Die Augen fest geschlossen
    Das Kalb marschiert mit ruhig festem Tritt.
    Die Kälber, deren Blut im Schlachthof schon geflossen,
    Sie ziehn im Geist in seinen Reihen mit.

Bertolt Brecht

Bert Brecht verwendet eine Strophe des „Horst-Wessel-Liedes" als Vorlage für den Refrain in seiner das Nazi-Regime entlarvenden Schlachthof-Allegorie. Der Vergleich zwischen der Vorlage und dem „Kälbermarsch" macht die stilistische Eigenart der Parodie deutlich:

„Horst-Wessel-Lied"	**„Kälbermarsch"**
Die Fahne hoch	Der Metzger ruft
die Reihen dicht geschlossen	Die Augen fest geschlossen
S.A. marschiert mit ruhig	Das Kalb marschiert mit ruhig
festen Schritt	festem Tritt

Brecht hat von der Vorlage die wesentlichen formalstilistischen Elemente übernommen. Meist nur durch Austausch einzelner Wörter gelingt es ihm, durch die Vorlage hindurch, die gesellschaftliche Wirklichkeit kritisch in Blick zu nehmen. Er „übersetzt" mit dem Mittel der Parodie den ideologischen Schein des „Horst-Wessel-Liedes" in die Wirklichkeit der faschistischen Gesellschaft: Die hochgehaltene Fahne signalisiert das zukünftige „Blutopfer", die Aufforderung zum Geschlachtetwerden. Nicht ein durch die Fahne symbolisiertes Ideal ruft, sondern eine Machtclique, die Menschen für ihre Interessen opfert, besser: abschlachtet. Die dicht geschlossenen Reihen sind nichts anderes als fest geschlossene Augen, die Preisgabe kritischen, wachen Verstandes zugunsten einer „Kameradschaftsideologie", die nur dazu dient, den Prozeß der Verwertung der „Kälber-Menschen" zu vereinfachen.

Die drei Strophen kommentieren diese Kernaussage, konkretisieren die gesellschaftliche Situation. Die hinter der Nazi-Propaganda, der Nazi-Ideologie wie unwissende Kälber hertrottenden Menschen liefern selber durch ihre Arbeitskraft, durch ihr „blindes" Vertrauen die Mittel und die Voraussetzungen für das Bestehen des Nazi-Regimes und damit für ihren Untergang. Sie werden dazu gebracht, Verbrechen zu begehen, die ihnen (noch) nichts einbringen. Der Hinweis auf das Verbrecherische des Nazi-Regimes taucht auch in der dritten Strophe wieder auf („Kreuz ... auf blutroten Flaggen"). Die sprachlichen Doppeldeutigkeiten („Sie heben die Hände hoch" – sie ergeben sich – sie heben die Hände zum Hitlergruß; „das hat für den armen Mann einen großen Haken" = dahinter verbirgt sich für den armen Mann ein großer Nachteil – die Flagge trägt ein Hakenkreuz) verstärken die parodistischen Tendenzen, liefern weitere „Übersetzungen" für die Erscheinungen des Nazi-Regimes (Hitlergruß als Zeichen, sich ergeben zu haben; Hakenkreuzflagge als Symbol verborgener großer Nachteile für den armen Mann).

Fruchtbar ist auch ein Vergleich zwischen der musikalischen Fassung des „Horst-Wessel-Liedes" [10] und der Vertonung des „Kälbermarsches" von *Eisler* [11]. Das „Horst-Wessel-Lied", ein nationalsozialistisches Kampflied, wurde vom Nazi-Regime dem Deutschlandlied als zweite Nationalhymne hinzugefügt. Es entspricht in seiner Thematik und musikalischen Gestalt einem martialischen Nationalismus (geschlossener, vorwärtsdrängender Rhythmus). Die musikalische Gestalt der Vorlage wird im Refrain des „Kälbermarsches" mehr oder weniger unverändert übernommen. Jeweils das letzte Wort der letzten Zeile („mit") wird gedehnt und verbindet so Refrain und nachfolgende Strophe. Nicht so beim letzten Refrain: Der Schlußteil „in seinen Reihen mit" wird stark rhythmisiert vorgetragen, übertreibt den Marschrhythmus der Vorlage, parodiert ihn, macht deutlich, wie verkrampft und übersteigert die hinter dem „Kampflied" aufscheinende Ideologie ist.

Neben sprachlichen Werken dienen häufig auch Bilder als Vorlagen zu Parodien mit satirischen Tendenzen [12]. Diese Parodien tauchen regelmäßig in satirischen Zeitschriften auf (insbesondere „*MAD*" und „*Pardon*"). Das

aus „Pardon (1977): Es gibt viel zu tun. Packen wir's an"

für unseren Zweck ausgewählte Bild „Es gibt viel zu tun. Packen wir's an" entstammt der Zeitschrift „Pardon" (Jahrgang 1977). Zu der Zeit lief eine groß aufgemachte Anzeigenserie der „ESSO" unter dem Motto „Es gibt viel zu tun. Packen wir's an". Diese Vorlage wurde durch Hinzufügung einer Riesenkrake verändert und in eine Abbildung einer Litfaßsäule, die von einer Menschengruppe umringt ist, einmontiert. Die Vorlage wurde durch diese Veränderungen „durchsichtig", erlaubt in der neuen Gestalt einen kritischen Blick auf „ESSO" und die „Multis", die nicht nur Zukunftsaufgaben bewältigen, sondern auch weite Wirtschaftsbereiche umschlingen (Symbol der Krake) und sie unter ihre Kontrolle bringen. Das Motto „Es gibt viel zu tun. Packen wir's an" verkehrt sich in ironischer Weise: Nicht zur Bewältigung von Zukunftsaufgaben wird aufgefordert, sondern die Absicht wird ausgedrückt, immer mehr Einfluß und Kontrolle auszuüben. Wie beim „Kälbermarsch" ist auch diese Parodie eine „Übersetzung" der Vorlage, das Bewußtmachen einer anderen Wirklichkeit. Dieser Bewußtseinsprozeß wird durch das Verhalten der abgebildeten Menschengruppe deutlich: verstohlenes Lächeln bis offenes Grinsen, daß dem „Multi" und seiner Ideologie ein Schnippchen geschlagen wurde. Nur der Polizist, der Vertreter der Staatsgewalt, blickt grimmig; aber er kann nicht eingreifen.

3.2 Didaktischer Kommentar

Die beiden Beispiele sind unter dem Gesichtspunkt ausgewählt worden, Merkmale und Wirkungen von Parodien daran zu erarbeiten. Ein methodischer Vorteil liegt darin, daß es der „Kälbermarsch" zuläßt, das Merkmal der Parodie sowohl auf der sprachlichen, als auch auf der musikalischen Ebene zu verfolgen. Zum anderen setzt der „Kälbermarsch" thematisch das fort, was im vorhergehenden Abschnitt begonnen wurde: die Kritik des Nazi-Regimes. Folgende Lernziele lassen sich erreichen:

10 Die Lernenden können den Begriff „Parodie" mit dem Merkmal der Veränderung einer Vorlage (hier: durch Austausch verschiedener Elemente) verbinden.

11 Sie können anhand des „Kälbermarsches" die einzelnen Teile der Veränderung benennen und die Parodie als „Übersetzung" der Vorlage lesen.

Damit wären die Ziele angesprochen, die sich auf das Erkennen der Stilmittel der Parodie beziehen. Darüber hinaus wären auch folgende Lernziele dem Lerngegenstand angemessen:

12 Die Lernenden sollen die Symbolik der „Schlachthof-Allegorie" als solche erkennen und sie im Gesamtzusammenhang des Textes deuten.

Dieses Lernziel gilt insbesondere den Wörtern „Trommel", „Kälber", „Fell für die Trommel", „Metzger", „Schlachthof". Damit soll die Fähigkeit der Lernenden, Texte zu interpretieren, ausgebildet werden. In diesem Zusammenhang wäre auch die Erarbeitung der sprachlichen Doppeldeutigkeiten wichtig.

13 Die Lernenden können die sprachlichen Doppeldeutigkeiten im Brecht-Text herausfinden und ihre Funktion benennen.

Die Vertonung des „Kälbermarsches" durch *Eisler* gibt unter dem Gesichtspunkt der musikalischen Parodie [13] wenig her, sieht man vielleicht vom Schlußteil des letzten Refrains ab. Sie ergänzt und unterstützt jedoch die parodistisch-satirische Absicht des Textes. Die Vertonung ist in unserem Zusammenhang didaktisch bedeutsam, weil die Lernenden bei einem Vergleich beider Musikstücke sehr einprägsam das wesentliche Stilmerkmal der Parodie erkennen können: die Veränderung der Vorlage. Insofern liefe das folgende Lernziel auf eine Festigung des Lernziels 10 hinaus.

14 Die Lernenden können anhand eines Vergleichs zwischen dem „Horst-Wessel-Lied" und dem „Kälbermarsch" die Veränderung der Vorlage als Parodie erkennen und bezeichnen.

15 Sie können Veränderungen in der musikalischen Gestalt benennen und ihre Funktion im Gesamtgefüge der Komposition bezeichnen.

An dieser Stelle würde es sich ggf. anbieten, zur Festigung der Lernziele des Abschnitts 2, den Kälbermarsch unter dem Gesichtspunkt der Satire weiterzubehandeln und anhand der Merkmale Angriff, Norm und Verfremdung umfassender in Blick zu nehmen. Auch thematische Möglichkeiten der Weiterführung sind denkbar. So ließe sich die generelle Kritik am Nazi-Regime und an der Massenverführung an zahlreichen Satiren und Karikaturen belegen und vertiefen [14].

Um das Problem der Massenverführung auf unsere Zeit zu übertragen und gleichzeitig das Stilmerkmal der Parodie auch bei bildnerischen Werken kennenzulernen, bietet sich die Untersuchung des Bildes „Es gibt viel zu tun..." aus „Pardon" an. Daran könnte zunächst der Begriff „Parodie" in Anlehnung an die Lernziele 10 und 14 noch umfassender verankert werden.

16 Die Lernenden können das Bild aus der „Pardon" als Parodie klassifizieren, die wesentlichen Veränderungen bezeichnen (Krake, Litfaßsäule, Zuschauer) und das Kraken-Symbol deuten.

17 Sie können die Bedeutungsveränderung des Slogans „Es gibt viel zu tun..." erläutern, die Funktion der Zuschauer im Zusammenhang des Bildganzen beschreiben und damit die Parodie wie eine „Übersetzung" der Vorlage lesen.

Von hier aus sind verschiedene Lernstränge denkbar. Zum einen könnte man der Verführung durch Werbung weiter nachgehen, Karikaturen und

Texte, die sich mit Werbung auseinandersetzen, einbeziehen [15] und zu eigenen bildnerischen Formen der Anti-Werbung gelangen, die in der Regel parodistische Stilelemente enthalten werden [16]. Die Parodie über die „ESSO"-Werbung eignet sich auch als Einstieg in die Problematik multinationaler Konzerne. Eine weitere Möglichkeit besteht darin, am Stilmittel der Parodie bildnerisch-praktisch weiterzuarbeiten. Beispiele: Parodien von Lehr- und Schulbüchern anfertigen; Parodien von Schulmöbeln, Einrichtungen von Klassenzimmern, der Sporthalle usw. im Modell herstellen; Parodien von Kunstwerken zeichnen und malen. Möglich wäre es auch, Parodien von Fernsehsendungen und Filmen zu spielen. Im Rahmen der Verdeutlichung eigener Interessen wären auch Parodien mit satirischer Absicht denkbar: Parodien von Schulordnungen, Merk- und Hinweiszetteln, „blauen Briefen", Zeugnissen [17].

Warum schenken wir der Parodie diese Aufmerksamkeit? Nach meinen Erfahrungen fällt es den Lernenden relativ schwer, das formale Merkmal der Parodie, die Veränderung der Vorlage, zu erfassen. Sie können damit bestimmte Formen der Satire nicht verstehen, Formen, die immer zahlreicher (insbesondere auf dem bildnerischen Gebiet) verwendet werden. Ist jedoch erst einmal das bestimmende Merkmal der Parodie bekannt und im Lernprozeß gefestigt, eröffnet die Parodie, wie wir gesehen haben, vielfältige Möglichkeiten zur Weiterarbeit, insbesondere im Produktionsbereich, im Herstellen von Objekten. Die Parodie als Unterrichtsgegenstand kann in ihrer Mehrdimensionalität zur Drehscheibe werden für sehr unterschiedliche „Lernstränge", auch für solche, die „soziale Lernziele" im Auge haben. Man denke nur an parodistische Rollenspiele über Fernsehfolgen, in denen durch Übertreibung und Verzerrung den Zuschauern eingeschliffene Klischees bewußt gemacht werden können.

3.3 Methodische Überlegungen

Auch dieser Teil des ersten „Bausteins" hat eher eine lehrgangsmäßige Funktion, soll Grundlagen schaffen für projektorientierte Arbeitsphasen. Das muß sich auch methodisch auswirken: Frontale Erarbeitungen, Partner- und Gruppenarbeit werden wieder im Mittelpunkt stehen.

k) Zu den Lernzielen 10 und 14

Um das parodistische Stilelement bereits in der Anfangsphase deutlich herauszuheben, empfiehlt es sich, mit einem Vergleich des „Horst-Wessel-Liedes" und des „Kälbermarsches" zu beginnen. Beide Lieder könnte man kommentarlos hintereinander abspielen und die Lernenden auffordern, mitzuteilen, worin sich beide Lieder gleichen und worin sie verschieden sind. Bei diesem ersten, noch wenig differenzierten Vergleich wird in der Regel herauskommen, daß der Refrain des zweiten Liedes in der musikalischen Gestalt dem ersten Lied gleicht, der Text aber so umgeschrieben wurde, daß er etwas anderes aussagt als vorher. An dieser Stelle könnte man den Begriff „Parodie" einführen.

l) Zu den Lernzielen 11, 12, 13

In der folgenden Arbeitsphase sollen die Lernenden in arbeitsteiligem Gruppenunterricht Teilaspekte des „Kälbermarsches" diskutieren und sich die wesentlichen Ergebnisse notieren. Hier sind Beispiele für mögliche Arbeitsaufträge der einzelnen Gruppen:

Gruppe 1:
1. Bitte vergleicht den Text der 1. Strophe des „Horst-Wessel-Liedes" mit dem Refrain des Kälbermarsches. Was ist gleich geblieben, was hat sich verändert?
2. Man könnte den Refrain des Kälbermarsches so lesen, als wenn er eine Art „Übersetzung" des „Horst-Wessel-Liedes" wäre. Versucht einmal, eine solche „Übersetzung" zustande zu bringen.
Beispiel: Die Fahne hoch – Der Metzger ruft = hochgehaltene Fahne bedeutet: zukünftiges „Blutopfer", Aufforderung zum Geschlachtetwerden.

Gruppe 2: In der Parodie benutzt *Brecht* Begriffe, die aus dem Schlachthof stammen. Diese Begriffe stehen nicht für sich, sondern sie haben eine „symbolische Bedeutung". So ist z.B. der „Metzger" in der ersten Zeile des Refrains ein Symbol für das Nazi-Regime, für eine Gewaltherrschaft, die die Menschen scharenweise anlockt und ins Verderben führt. Bitte findet die symbolischen Bedeutungen insbesondere folgender Begriffe heraus:
Trommel =
Kälber =
Fell für die Trommel =
Metzger =
Schlachthof =
Ihr versteht die „symbolische Bedeutung" besser, wenn ihr vorher und auch zwischendurch den gesamten Text mehrmals durchlest.

Gruppe 3: Im *Brecht*-Text sind sprachliche Doppeldeutigkeiten enthalten. Bitte notiert diese Doppeldeutigkeiten und diskutiert ihre Funktion bzw. ihre Bedeutung im Zusammenhang des Textes (ggf. noch ein Beispiel geben, falls die Gruppe nicht von sich aus dahinter kommt).

Für den Austausch der Gruppenergebnisse sind „Austauschgruppen" dann geeignet, wenn die Aufgaben in den Gruppen gut gelöst worden sind. Bestehen noch Unklarheiten, empfiehlt sich die Methode der „Innen- und Außengruppe". Die Zusammenfassung der unterschiedlichen Arbeitsergebnisse wird dadurch erleichtert, daß die einzelnen Aufgaben der Gruppen in einem deutlichen Zusammenhang stehen, sich wechselseitig abstützen und sich sogar teilweise überlappen.

m) Zum Lernziel 15:

Die Charakterisierung des musikalischen Eindrucks des „Horst-Wessel-Liedes" ist der Inhalt eines danach zu führenden Gesprächs. Angesprochen werden könnte auch die Funktion eines solchen Liedes für die „nationalsozialistische Bewegung" und ihre Bedeutung für den Nazi-Staat. Eine Erörterung über die musikalischen Gemeinsamkeiten und Unterschiede zwischen dem „Horst-Wessel-Lied" und dem „Kälbermarsch" würde sich anschließen. Je nach Vorkenntnissen und Erfahrungen der Lernenden könnte es sinnvoll sein, darüber ins Gespräch zu kommen, ob und inwieweit durch die Vertonung des „Kälbermarsches" die satirische Absicht unterstützt werden konnte, die kommunikativen Wirkungen verändert wurden (z.B. Eindringlichkeit, emotionale Ansprechbarkeit, erhöhte Aufmerksamkeit, bessere Verständlichkeit).

n) Zu den Lernzielen 16 und 17:

Die Auseinandersetzung mit dem Bild „Es gibt viel zu tun..." verläuft in parallelen Bahnen, ist doch dieses Bild in seinen parodistischen Stilmerkmalen durchaus mit dem „Kälbermarsch" vergleichbar. Man könnte in vielen Fällen die beiden Lernziele ziemlich leicht bei einer frontalen Erarbeitung erreichen. Um eine intensivere Auseinandersetzung für alle Lernenden zu erreichen und auch, um soziale Ziele nicht aus dem Auge zu verlieren, ist auch hier arbeitsteiliger Gruppenunterricht empfehlenswert, wobei die Hilfestellungen nicht so massiv auszufallen brauchen wie bei der vorigen Erarbeitung. Hier sind wieder mögliche Arbeitsaufträge:

Gruppe 1: Gibt es zu dem Bild eine Vorlage? Was ist von der Vorlage verändert worden?

Gruppe 2: Handelt es sich bei dem Bild um eine Parodie? Begründet eure Auffassung.

Gruppe 3: Welche Bedeutung hat die Krake, was symbolisiert sie?

Gruppe 4: Was drücken die Zuschauer in dem Bild aus, wie verhalten sie sich? Welche Funktion haben sie für das Verständnis des gesamten Bildes?

Gruppe 5: Die Bedeutung des Slogan „Es gibt viel zu tun. . ." hat sich verändert. Was bedeutete er ursprünglich, was bedeutet er jetzt?

Gruppe 6: Das Bild kann man als eine Art „Übersetzung" der Vorlage verstehen. Bitte „übersetzt".

Gruppe 6: Das Bild kann man als eine Art „Übersetzung" der Vorlage verstehen. Bitte „übersetzt".

Auch diese Arbeitsaufträge sind nach unterschiedlichen Schwierigkeitsgraden gestuft. Man erreicht so zum einen eine „innere Differenzierung" der Lerngruppe, zum anderen kann man durch gelungene Austauschprozesse ein Lernen voneinander in kleineren Gruppen ermöglichen. Dazu sind „Austauschgruppen" die geeignete Form. Eventuell könnte man daran denken, in einem sehr kurzen Podiumsgespräch (Teilnehmer: jeweils ein Lernender aus jeder „Austauschgruppe") die wesentlichen Ergebnisse noch einmal zusammenzufassen.

4 Karthographie der Begriffe

Die bisherigen begrifflichen Untersuchungen münden ein in eine „Landkarte", in der diese Begriffe und ihre Lage zueinander eingetragen sind. Eine solche „Kartographie der Begriffe" hat nicht so sehr eine Erkenntnisfunktion, sondern bietet eher eine visuelle Gedächtnisstütze für Gelerntes, ein Ordnungssystem, in dem die Lernenden ihre erworbenen und zu erwerbenden Kenntnisse für sich überschaubar machen können.

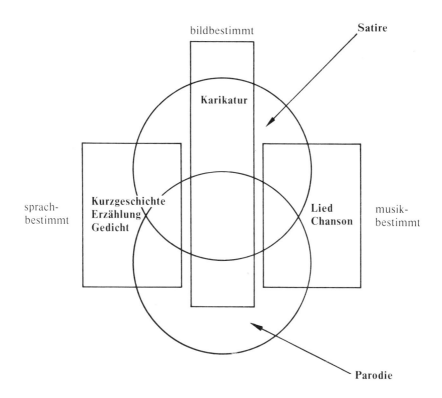

Zwei sich überschneidende Kreise stehen im Mittelpunkt der Abbildung: die Satire und die Parodie. Damit wird deutlich, daß es
1) Parodien gibt, die *nicht*-satirisch sind
2) Satiren gibt, die *nicht*-parodistisch sind und
3) daß es Werke gibt, die Merkmale der Satire und der Parodie besitzen.

Diesen beiden Kreisen sind drei Quadranten unterlegt: sprachbestimmte, bildbestimmte und musikbestimmte Werke, jeweils mit Beispielen für die in unserem Zusammenhang wichtigen Gattungen. Dadurch kann deutlich gemacht werden:

4) Es gibt bildbestimmte Werke (Karikaturen), die a) satirisch, b) parodistisch, c) sowohl satirisch als auch parodistisch sein können, aber auch Werke, die d) weder satirisch noch parodistisch sind. Das gleiche gilt sinngemäß auch für sprachbestimmte und musikbestimmte Werke. Im Rahmen unseres fächerübergreifenden Lernprojekts interessieren wir uns nur für die „Flächen auf der Landkarte", die von dem Kreis „Satire" und dem Quadranten „Karikatur" umgrenzt sind. Im Mittelpunkt steht der Bereich, in dem sich Satire und Karikatur decken: die satirische Karikatur.

Wir wollen nun unsere bisher vorgestellten Beispiele in diese „Landkarte" einordnen: Der *Tucholsky*-Text findet seinen Platz in der rechten oberen Ecke des Quadranten „Kurzgeschichte, Erzählung, Gedicht", und zwar dort, wo der Kreis „Satire" diesen Quadranten schneidet, sich aber noch nicht mit dem Kreis „Parodie" überlagert. Das Kriegsplakat ist in der Mitte der „Karte", im Quadranten „Karikatur" einzuordnen, dort, wo der Kreis „Satire" diesen Quadranten schneidet, sich aber noch nicht mit dem Kreis „Parodie" überlagert. Ähnlich einfach läßt sich die Lage des „Kälbermarsches" bestimmen: in der Schnittfläche der drei Bereiche Kurzgeschichte, Erzählung, Gedicht/Satire/Parodie. Die Vertonung von *Eisler* enthält die Bestandteile Lied, Chanson/Satire/Parodie. Danach bestimmt sich die Lage in der Schnittfläche dieser beiden Kreise und des Quadranten. Im Zentrum der „Karte" findet das Bild „Es gibt viel zu tun..." seinen Platz (Merkmale: Karikatur, Satire, Parodie).

Für die Lernenden ist es in der Regel schwierig, eine solche „Landkarte der Begriffe" selbst zu entwickeln. Gleichwohl kann es sinnvoll sein, diese Aufgabe an kleine Gruppen zu vergeben, lernen die Mitglieder der Gruppen doch dabei, Ordnungssysteme graphisch bzw. schematisch umzusetzen und damit auch, sich in anderen Systemen besser zurechtzufinden und einfachere Systeme zunehmend selbständig zu entwickeln. Die verschiedenen Ergebnisse aus den Gruppen könnte man zusammenfassen, modifizieren, bis ein brauchbares Modell entsteht (das durchaus auch anders aussehen könnte, als das hier vorgestellte). Ausgehend von der selbstentwickelten (oder auch der hier vorgegebenen) „Landkarte der Begriffe" bestimmen die Lernenden den „geographischen Ort" der im Lernprozeß behandelten Werke. Die Festigung von Lernzielen ist auch über ein Sammeln von verschiedenen Satiren und Karikaturen möglich, die die Lernenden mitbringen, auf verschiedene Gruppen verteilen, dort nach Merkmalen bestimmen und „kartographieren". Die mitgebrachten Satiren und Karikaturen könnten den Grundstock für eine größere Materialsammlung der Lernenden abgeben. Bei weiteren „Bausteinen" könnte man darauf zurückgreifen.

Zweiter „Baustein"

Erscheinungsformen der Karikatur

1 Didaktische Leitvorstellungen

Dieser „Baustein" hat humorvoll/komische Formen von Bildern zum Gegenstand. Dabei soll der gesamte Bereich der Karikatur – ob satirisch oder nicht – in den Blick genommen werden. Anhand exemplarischer Beispiele werden Hilfen gegeben, Karikaturen zu verstehen. Danach wenden wir uns der Themen- und Stilvielfalt auf dem Gebiet der Karikatur zu mit dem Ziel, die Fähigkeit zum Verstehen der Karikaturen in möglichst unterschiedlichen Bereichen auszubilden, neue Formen kennenzulernen und sie im eigenen praktischen Tun aufzunehmen. Ein ausgewogenes Verhältnis zwischen der sachbezogenen Reflexion, der Anbindung an die persönliche Identität der Lernenden und der praktischen bildnerischen Arbeit (insbesondere zeichnen und malen, collagieren, fotografieren) soll angestrebt werden.

2 Hilfen, Karikaturen zu verstehen

2.1 Was beabsichtigt die Karikatur?

a) Die Karikatur mit **satirisch-politischer Absicht** hatten wir bereits im ersten „Baustein" kennengelernt. Ihr geht es um die Kritik an Personen, Organisationen, gesellschaftlichen Zuständen, Einstellungen und Verhaltensweisen.

Die Karikatur von *Georg Grosz:* „Zuhälter des Todes" [1] ist hierfür ein Beispiel. Die Absicht, Kritik am Militarismus, an militärischen Führern zu üben, wird deutlich. Verfremdet wird durch eine Metapher, durch den wörtlich genommenen, gezeichneten Vergleich, mit dem das Wesentliche der Kritik, die Ausbeutung der Soldaten bis zu ihrem Tod durch zuhältergleiche Offiziere, veranschaulicht wird. Diese Verfremdung entspricht einer „Verlarvung" der äußeren Wirklichkeit, die die gewohnte Sehweise aufbricht und damit die Entlarvung des Kritisierten bewirkt. Es wird, wie der Begriff „caricare" (= übertreiben) andeutet, in komischer Weise übertrieben, ein „Lachen aus Überlegenheit" ausgelöst, Überlegenheit deshalb, weil der Karikaturist dem kritisierten Gegenstand seine eigene Form aufgezwungen hat, zum Herrn über dessen Form geworden ist. Fehlt dieses charakteristische Moment der Verfremdung, handelt es sich nicht mehr um eine Karikatur, sondern um eine Zeichnung mit politischer Wirkungsabsicht. Beispiel: „Bilder vom Elend" von *Käthe Kollwitz* [2].

b) Die satirisch-politische Wirkungsabsicht ist bei vielen Karikaturen nicht enthalten. Vielmehr sind das Komische und Witzige, der Einfallsreichtum und die gelungene Pointe, die Irreführung des Betrachters und der Überaschungseffekt Mittelpunkt. Dies gilt z.B. für viele Karikaturen von *Loriot, Hoffnung, Gorey, Flora, Chaval* [3]. Häufig wird diese Form der Karikaturen auch **„Cartoon"** genannt. Der Cartoon „Duell mit Guillotinen" von *Yrrah* [4] enthält eine bizarre Komik, die zum Lachen reizen kann, bei der jedoch ein satirisch-politischer Hintergrund weitgehend fehlt. Bildbeherrschend ist die veranschaulichte Absurdität, ein Duell mittels Guillotinen auszuführen. Durch Einfallsreichtum wird die übliche Sehgewohnheit aufgebrochen und der Betrachter schockiert. Cartoons haben häufig eine „Beziehung zum Unbewußten", spielen auf Ängste, Eitelkeiten und Wünsche an. Dadurch sind die Übergänge zur satirischen Karikatur fließend, je nachdem wie deutlich auf diese Beziehung angespielt, sie zum Gegenstand der Kritik erhoben wird. Fehlt der Gegenstand der Kritik oder läßt er sich nicht deutlich genug ausmachen, ist das Bild in der Regel keine satirische Karikatur, sondern eher ein Cartoon.

c) Als dritte große Gruppe der Karikaturen ist die *Pressekarikatur* zu nennen. Diese hat in der Regel in unterschiedlich starker Ausprägung satirisch-politische Anteile. Pressekarikaturen tauchen meist nicht losgelöst von Texten auf; vielmehr illustrieren und kommentieren sie politische Berichterstattung und

George Grosz: Zuhälter des Todes

bleiben damit den tagespolitischen und den aktuellen Problemen verhaftet. Zusammenstellungen solcher Karikaturen [5] geben dann ein gutes Bild über einmal aktuell gewesenes zeitpolitisches Geschehen. Als Beispiel dieser Gattung von Karikatur möchte ich die in der Zeitschrift „Pardon" abgedruckte Karikatur von *Hanel:* „Und auf wen setzen Sie?" vorstellen [6]. Es geht um die Illustrierung und kritische Kommentierung zeitpolitischen Geschehens: die Rivalität zwischen *Kohl* und *Stoltenberg* um die Bewerbung als Kanzlerkandi-

Yrrah: Duell mit Guillotinen

dat der Union sowie um die Rolle, die *Franz Josef Strauß* dabei spielt. Die satirisch-politischen Anteile sind (etwa im Vergleich zur *Grosz*-Karikatur) nicht so bedeutend. Man kann zwar eine Kritik an *Strauß* und an seinem Einfluß auf die Union herleiten, Umfang und Gewicht dieser Kritik bleiben jedoch hinter der Bedeutung der Karikatur als aktueller Kommentierung tagespolitischer Geschehnisse zurück. In den formalen Bestandteilen unterscheidet sich die Pressekarikatur nicht von der satirischen Karikatur: Auch hier wird durch eine Metapher verfremdet, die Situation in der CDU mit einem Gladiatorenkampf verglichen, bei dem *Franz Josef Strauß* die Rolle eines (bayerischen) Imperators spielt. Wieder wird die äußere Wirklichkeit „verlarvt", um damit den gemeinten Sachverhalt zu entlarven.

Walter Hanel: „Und auf wen setzen Sie? Kohl oder Stoltenberg?"

d) Die Karikatur von *Hanel* enthält Darstellungen von den beteiligten Politikern *Kohl, Stoltenberg* und *Strauß* und verweist damit auf die vierte Gruppe der Karikaturen: die **Personenkarikatur.** Dieser Karikaturengruppe werden wir uns im dritten Abschnitt dieses „Bausteins" noch gesondert zuwenden. Nur soviel vorweg: Bei der Personenkarikatur steht die Absicht, eine Person kenntlich, wiedererkennbar zu machen, sie zu typisieren und zu charakterisieren, im Mittelpunkt. Das kann mit satirischer Absicht geschehen, wie z.B. bei *George Grosz* [7]; die Karikatur kann aber auch auf diese Anteile völlig verzichten [8]. Schließlich tritt die Personenkarikatur, wie wir es an dem vorigen Beispiel gesehen haben, auch eingebettet in eine Pressekarikatur auf, ja sie wird manchmal zu deren wesentlichem Bestandteil. *Blaumeisers* Karikatur von *Curd Jürgens* [9], die wir hier als Beispiel anführen wollen, dient primär der Absicht, diesen Schauspieler als Person kenntlich zu machen, ihn zu typisieren. Im Gesicht, mit wenigen Strichen gezeichnet, kommen die wichtigsten äußerlichen

Josef Blaumeiser: Curd Jürgens

Merkmale heraus: hohe, kahle Stirn, Tränensäcke, lange Haare, Stirnfalten, nach unten gezogene Mundwinkel. Der Modeschmuck, mit dem der Schauspieler ab und zu zu sehen ist, unterstützt nicht nur die Absicht, äußerliche Ähnlichkeit in der Karikatur zu erreichen, sondern typisiert den Schauspieler auch als jemanden, dem daran gelegen ist, sich ein jugendliches Äußeres zu verschaffen. Der Baumstamm mit dem Wurzelansatz schließlich spielt auf das Image des Schauspielers an, eine „deutsche Eiche" zu sein, ein Image, das durch entsprechende Rollen in Filmen zustande gekommen ist.

Die Systematisierung der Karikatur nach dem Gesichtspunkt ihrer Absicht ist nicht Selbstzweck. Vielmehr erschließt sich das Verständnis einer Karikatur erst im Blick auf ihre Wirkungsabsicht. Die Skizze macht noch einmal die Vielfalt der Karikaturen unter dem Gesichtspunkt ihrer Absicht deutlich. Je nachdem, welche Absicht hinter der Karikatur steckt, sind bestimmte Zugehensweisen zu ihrem Verständnis empfehlenswert.

Systematisierung der Karikatur nach ihrer Wirkungsabsicht

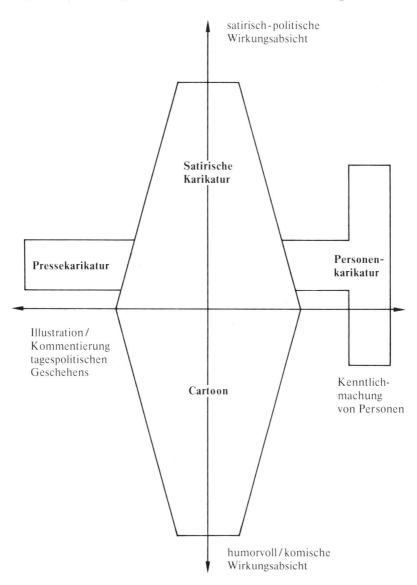

2.2 Hilfen zum Verstehen der satirisch-politischen Karikatur

Die Eigenart der satirischen Karikatur (Angriff, Norm, Verfremdung), ihr besonderer Formenbestand, ihre Notwendigkeit, verstanden zu werden, die deutliche Parteilichkeit, die Einflußnahme auf den Betrachter auch auf emotionalem Gebiet, ihre historische und politische Verankerung, machen Methoden der Bildbetrachtung und der weiteren Auseinandersetzung notwendig, die wir in Anlehnung an *Ehmer* [10], *Hofmann* [11] und *Krause* [12] hier entwickeln wollen. Ausgegangen wird von verschiedenen Bezugsebenen, in die die Karikatur gestellt wird. Je nach Zielvorstellung und Eigenart der Karikatur können mal die einen, mal die anderen Ebenen akzentuiert werden. Dabei sollte eine Vielschichtigkeit der Betrachtung erreicht werden, die sowohl der Karikatur, als auch den Möglichkeiten, Fähigkeiten und Interessen der Lernenden gerecht wird. Wir wollen die Möglichkeiten der Auseinandersetzung mit einer Karikatur beispielhaft an der Lithographie von *A. Paul Weber:* „. . . und kommen nach kurzer Pause wieder" [13] entwickeln.

a) Am Anfang der Interpretation steht die **Beschreibung,** die Frage: Was ist zu sehen, was ist abgebildet? Die Karikatur von *A. Paul Weber* zeigt ein menschliches Gerippe, das auf einer großen Trommel sitzt. Mit der linken Hand klammert es sich an der Trommel fest; in der rechten Hand hält es einen Paukenschlegel und holt zu einem Schlag auf die Trommel aus. Rechts im Bild, vor der Trommel mit dem Gerippe, steht ein Mikrofonständer, dessen Mikrofon in Höhe des Kopfes des Gerippes angebracht ist. Die Trommel berührt nicht vollständig den Boden, sondern steht ein wenig auf der Kippe. Das rechte Bein ist ausgestreckt, so als ob das Gerippe versuchte, sich und die Trommel in Balance zu halten. Bliebe man bei der Beschreibung stehen, müßte man die Karikatur als reale Darstellung auffassen und ginge dann an ihrer eigentlichen Aussage vorbei. Es bliebe die komische Wirkung, die das Gerippe auf der Trommel auf den Betrachter ausübt. Nur wenn man den Zeichen eine andere Bedeutung gibt, dann kann die Darstellung als Ausdruck für ein bestimmtes politisches Geschehen der Vergangenheit verstanden werden.

b) Die satirisch-politische Karikatur vermittelt kein reales Bild; sie veranschaulicht mit bildhaften Zeichen (Gerippe, Trommel, Mikrofon) eine politische Aussage. Die in der Karikatur verwendeten Zeichen sind Symbole; sie stehen für etwas anderes. Für die Interpretation einer Karikatur ist also das **Symbolverständnis** notwendig. Was bedeuten nun die verwendeten Symbole? Das Gerippe ist Symbol für den Tod, die Auslöschung des Lebendigen, die tödliche Bedrohung. Die Trommel weckt Assoziationen in Richtung auf Krieg, auf Vereinnahmung des Menschen für ein vorgegebenes Ziel; sie symbolisiert eine vorwärtsdrängende Kraft, der die Menschen unterworfen, durch die sie gleichförmig gemacht werden, der sie sich nicht entziehen können. Das Mikrofon schließlich, im Zusammenhang mit dem Text „. . . und kommen nach kurzer

A. Paul Weber: „. . .und kommen nach kurzer Pause wieder" – 1934/55

Pause wieder" verweist auf den Rundfunk, auf die Massenkommunikationsmittel. Die symbolhafte Deutung der verwendeten Zeichen macht eine Auseinandersetzung mit dem Entstehungszusammenhang der Karikatur notwendig: Welchen biografischen, historischen, kunstgeschichtlichen Hintergrund gibt es? In welcher Weise sind die Symbole (und Themen) verwendet, in welche Tradition sind sie eingebettet worden? Erst nach Klärung dieser Fragen ist es möglich, das Symbolverständnis soweit voranzutreiben, daß der gemeinte Sachverhalt deutlich wird.

Der kurze Aufsatz von *Werner Schartel:* „A. Paul Weber – Kunst im Widerstand" [14] beleuchtet den *biographischen Hintergrund* des Künstlers insbesondere mit Blick auf seinen Kampf gegen das Nazi-Regime. Die Zeichen „menschliches Gerippe" und „Trommel" tauchen in vielen Lithographien *A. Paul Webers* aus dieser Zeit auf. Das Bild „Hitler, ein deutsches Verhängnis" [15], das 1932, also zwei Jahre vor der 1934 entstandenen Karikatur „...und kommen nach kurzer Pause wieder" angefertigt wurde, macht deutlich, wie das Zeichen „menschliches Gerippe" auch zu verstehen ist: als Ausdruck des Nazi-Regimes, das über dieses Symbol als todbringend, als bedrohlich entlarvt wird. Das Zeichen „Trommel" taucht in vielen Karikaturen *A. Paul Webers,* die in der Zeit um 1934 entstanden sind, auf: Im Balanceakt [16] balanciert ein „Großbürger" auf einem über die tatenlos zuschauende Menge gespannten Seil auf der Kinnspitze Gewehr und Trommel. Die gleiche Trommel taucht in den Bildern „Der Optimist" und „Die große Trommel" [17] wieder auf. Sie ist Symbol für die Nazi-Partei (Organisation, Ideologie, Massenbeeinflussung) mit der das „Großbürgertum" glaubt, balancieren zu können, die die optimistischen Narren unterschätzen und blind unterstützen und die schließlich die Menschen tot unter sich begräbt [18].

In Kenntnis der biographischen Daten läßt sich der *historische Hintergrund* dazu leicht in Beziehung setzen: die Machtübernahme Hitlers, Verfolgungen und Berufsverbote, das Dienstbarmachen eines gewaltigen Propagandaapparats für den totalitären Staat, der konsequente Weg in den Krieg und in die Vernichtung.

In der Ausleuchtung des *kunst- und geistesgeschichtlichen Hintergrundes* können verwandte Künstler herangezogen [19], motivgeschichtliche Untersuchungen [20] aufgenommen werden.

c) Die Untersuchung des Entstehungszusammenhangs der Karikatur ermöglicht es, den **Sachverhalt,** der der Karikatur zugrundeliegt, kennenzulernen. Das ermöglicht eine genauere Deutung der verwendeten Symbole: Das Nazi-Regime wird kritisiert als eine todbringende Entwicklung, das sich der Massenmedien bedient, um seine schreckliche Botschaft zu verbreiten und seinen unheilvollen Einfluß weiter auszudehnen. Die in der Beschreibung zunächst festgehaltenen Wahrnehmungen können nun zur weiteren Differenzierung der Interpretation herangezogen werden: Der Tod hat sich der Nazi-Partei bemächtigt, hält sie in der Balance und wird millionenfach verstärkt durch die technischen Medien. Die allgemeine Symbolbedeutung verbindet sich mit der speziellen Bedeutung zum gemeinten Sachverhalt: Die Trommel als Symbol einer vorwärtstreibenden Kraft, die die Menschen zusammentrommelt, ihnen einen einheitlichen Marschrhythmus aufzwingt, sie gleichförmig macht, zur Anpassung zwingt, ist Ausdruck jener Nazi-Partei, von der eine tödliche Bedrohung ausgeht und die sich nur durch diese Bedrohung in der Balance halten kann.

Auf dieser Stufe der Interpretation ist es sinnvoll, eine *Bildanalyse* mit einzubeziehen, d.h. Bildaufbau, bildnerische Mittel, künstlerische Technik, Art und Qualität der Verfremdung, Bild-Text-Bezug u.a. zu untersuchen, um sowohl das bildnerische Gegenstück zum erschlossenen Sachverhalt herauszuarbeiten als auch die Untersuchung des Rezeptionszusammenhangs vorzubereiten. Im Bildaufbau herrscht ein mehrfacher, deutlicher Bewegungseindruck in Richtung auf das Mikrofon vor: über Schlegel, Hand, Unter- und Oberarm, Halswirbel, Kiefer; über linke Begrenzung der Trommel, Becken; und schließlich auch über den Mikrofonständer und das Muster auf der Trommel. Dadurch wird das im Trommelsymbol steckende Moment der vorwärtstreibenden Kraft bildnerisch unterstützt. Die drei Symbole werden in besonderer Weise miteinander verbunden, zueinander in Beziehung gesetzt: Das Abstützen auf der Trommel, das Ausbalancieren mit dem rechten Bein, das Schlagen der Trommel, der fixierte Sitz auf dem Trommelrand, das Hineinsprechen in das Mikrofon finden ihren Ausgangspunkt in einem flachschädligen, prähistorischen Totenkopf – eine deutliche Kritik am tiefen geistigen und menschlichen Niveau des Nazi-Regimes und ihrer „führenden Köpfe".

Der Textteil der Karikatur „...und kommen nach kurzer Pause wieder" verdeutlicht zunächst, daß Massenkommunikation thematisiert wird (Textteil als Zitat der Aussage eines Rundfunksprechers zwischen zwei Sendungen). Im Zusammenhang zum erörterten Symbolbestand und zu den Ergebnissen der Bildanalyse deutet der Text darauf hin, daß das Nazi-Regime (oder gar: totalitäre Systeme überhaupt!) nach kurzen Pausen (in denen sich die Zwangsherrschaft nicht weiter ausbreitet bzw. schlimmere Formen annimmt) stets wiederkommt, also wieder ins Bewußtsein der Menschen rückt mit Unrechtstaten, Bedrohung, Terror, Mord.

Die von *A. Paul Weber* gewählte Technik, die Lithographie [21], bietet neben zahlreichen künstlerischen und graphischen Vorteilen die Möglichkeit, relativ einfach Abzüge herzustellen und gewährleistet damit dem Künstler eine relative technische Unabhängigkeit. Man muß sich dabei vor Augen führen, daß die Karikatur 1934 (!) in Deutschland vor den Augen und unter der Kontrolle der Nazis entstanden ist, daß bereits mehrere Bilder beschlagnahmt worden waren und daß Verhaftung drohte. *A. Paul Weber* war daher zur Tarnung gezwungen, wollte er weiterwirken, ohne vernichtet zu werden. Die verschlüsselte Symbolik der Karikatur ist eine Reaktion auf die politische Situation im Nazi-Deutschland, die Verkleidung und Tarnung politischer Aussagen notwendig machte. Dadurch konnten zahlreiche Karikaturen, die das Nazi-Regime kritisierten, noch bis Ende 1934 als Reproduktionen verbreitet werden. Die Karikatur „...und kommen nach kurzer Pause wieder" erschien zuerst als Zeichnung in der von *Niekisch* und *Weber* herausgegebenen Zeitschrift „Widerstand". Die Zeitschrift hatte eine beschränkte Anzahl von Lesern und richtete sich gegen den Nationalsozialismus – auch nach 1933! –, bis dann 1934 die Zeitschrift verboten wurde [22].

Damit wären wir bereits beim **Rezeptionszusammenhang,** bei der Untersuchung der Frage, wie diese Karikatur aufgenommen wurde. Neben dem erörterten primären Rezeptionszusammenhang ist für die folgende Auseinandersetzung mit der Karikatur auch der sekundäre Rezeptionszusammenhang wichtig: die Einbettung der Karikatur in andere, neuere Kontexte. Das Werk *A. Paul Webers* erfährt zur Zeit durch viele Ausstellungen eine große Beachtung. Die hier untersuchte Karikatur wurde 1977 auch von der Elefanten Press Galerie gezeigt. Den Galeristen kam es im Ausstellungskatalog darauf an, die Aktualität der Karikaturen zu betonen und sie in eine politische Gesamtaussage einzubetten.

d) Dies ist insbesondere dann möglich, wenn in den Karikaturen bedeutsame Widersprüche vorgeführt werden. Wie geschieht dies? In der politisch-satirischen Karikatur wird der Gegenstand der Kritik so ins Bild gesetzt, daß ein **gesellschaftlich bedeutsamer Widerspruch** aufgedeckt wird. Dieser Widerspruch wird nicht logisch-abstrakt, sondern bildhaft konkret widergespiegelt. Worin besteht dieser Widerspruch in unserem Bildbeispiel? Der Widerspruch ist nicht, wie bei vielen anderen Karikaturen, im Bild selbst angelegt (wie z. B. die Goebbels-Karikatur im „Baustein" 1).

Er entwickelt sich vielmehr erst aus einem Vergleich mit den Propagandalügen und Selbstdarstellungsbemühungen des Nazi-Regimes. Wäre der Widerspruch im Bild selbst angelegt, hätte er die Zensur sicher nicht passieren können. So bildet sich der Widerspruch im Bewußtsein des Rezipienten, eines Rezipienten, der die Symbolik *A. Paul Webers* entschlüsseln und zu den propagandistisch erzeugten und verbreiteten Selbstdarstellungsversuchen der Nazis in Beziehung setzen kann. Dabei wird ihm die aggressive Komik gefallen, daß der Widerspruch ausgerechnet mit Bezug auf das Massenbeeinflussungsmittel Rundfunk vorgeführt wird, dem Kommunikationsmittel, das die Wirklichkeit im Nazi-Deutschland verschleierte. Dadurch kann man die Karikatur wie eine „Übersetzung" der Nazi-Propaganda lesen: Es ist nicht so, wie es die Propaganda verheißt. Vielmehr geht von denen, die diese Propaganda machen und veranlassen, eine tödliche Bedrohung aus.

Aus unserem Beispiel können wir ersehen, daß es wichtig ist, die Wahrnehmungssituation der Menschen in die Interpretation mit einzubeziehen. Mit Blick auf die Lernenden, die mit Karikaturen umgehen sollen, spitzt sich dies auf die Frage zu: Welche Bedeutung hat die Karikatur und der darin enthaltene Widerspruch für sie, für das Verstehen und Bewältigen eigener Lebenssituationen? Es geht also darum, die Karikatur mit dem Alltagsleben der Lernenden in Beziehung zu setzen. In politisch-satirischen Karikaturen sind vergangene und gegenwärtige Wirklichkeitserfahrungen vergegenständlicht. Diese müßten mit dem Erfahrungsspektrum der Lernenden konfrontiert werden. Denn gerade im wechselseitigen Bezug von Wirklichkeit der Karikatur und Realitätserfahrung, Interesse und Motivation der Lernenden entfaltet die satirisch-politische Karikatur ihre "didaktischen" Wirkungen. Wie ist dieser Wechselbezug möglich?

Zunächst ist es wichtig, einen *emotionalen Bezug* zum Bild und zum kritisierten Sachverhalt herzustellen. Ist es in der Regel schwierig, zu abstrakten Sachverhalten wie Beziehungen, Zusammenhänge, Widersprüche in der gesellschaftlichen Realität, innere, gefühlsmäßige Beziehungen herzustellen, so kann dies über die Karikatur gelingen. Kritik und Widerspruch werden in der Karikatur nicht logisch-abstrakt, sondern bildhaft-anschaulich widergespiegelt, nicht durch sprachlich bestimmte Analysen, sondern durch Bilder. Die in unserem Beispiel verwendeten Bildelemente erregen Angst, vielleicht auch Wut oder Abwehr, wecken Assoziationen unterschiedlicher Art. In jedem Fall beziehen sich die Gefühle und Einstellungen auf die Abbildungen in ihrer bildhaften Bedeutung. Gleichwohl ist es wichtig, bereits in dieser Phase sich dieser Gefühle bewußt zu werden und sie auszusprechen. Nun haben aber die bildhaften Zeichen eine symbolische Bedeutung, sie stehen für abstrakte Sachverhalte in der gesellschaftlichen Realität. Es gilt zu verhindern, daß die an die bildhaften Darstellungen gebundenen Gefühle im Gange des Interpretationsverfahrens verschüttet werden. Es muß vielmehr erreicht werden, daß die Lernenden auf jeder Stufe des sich entwickelnden Verständnisses der Karikatur sich ihrer Gefühle bewußt bleiben, daß sie ihre bildbezogenen Gefühle auf die abstrakten Sachverhalte, auf die Zusammenhänge und Widersprüche in der gesellschaftlichen Realität übertragen, daß sie – bezogen auf unser Beispiel – die berechtigte Angst vor einem totalitären Regime nachempfinden und Gefühle der Wut und Abwehr gegen ein solches Regime entwickeln.

Diese auf einen politischen Sachverhalt bezogenen Gefühle entstehen nur dann, wenn die Hintergründe und Zusammenhänge erörtert und zu den zum Bild entstandenen Gefühlen in Beziehung gesetzt werden.

So wichtig der emotionale Bezug zur Karikatur für die Lernenden auch sein mag: Er reicht vielfach nicht aus. Es bedarf der *Bezüge auf die Lebenssituation,* der Aktualisierung des in der Karikatur kritisierten Sachverhalts mit Blick auf die Gegenwartsprobleme der Jugendlichen. Satirisch-politische Karikaturen erfassen in ihrer Kritik und Widerspruchsbenennung wesentliche Probleme der Gesellschaft, die auch heute noch – wenngleich in modifizierter Form – wesentlich sind. Die in der Karikatur von *A. Paul Weber* angesprochenen Probleme sind heute immer noch aktuell: Es gibt auf der Welt „Machthaber des Todes"; Menschen werden über Massenkommunikationsmittel gleichförmig gemacht; sie lernen, „nach einem immer gleichen Takt zu gehen". Nun sollte nicht in den Fehler verfallen werden, die Karikatur zwanghaft zu aktualisieren, indem man Gegenwartsbezüge in sie hineinprojizierte. Damit würde man weder der Karikatur noch den gegenwärtigen gesellschaftlichen Problemen gerecht noch wirkliche Bezüge zu der Lebenssituation der Lernenden herstellen.

Es müßten vielmehr die „Bezugssysteme" des Bildes herausgearbeitet werden [23]. Die „Bezugssysteme" haben die Aufgabe, die inhaltliche Aussage des Bildes in seiner Komplexität zu erfassen. Das Bild wird zu seinen wesentlichen Aspekten in Beziehung gesetzt, indem möglichst viele Bedeutungsebenen durch das Bild gelegt werden. Bezieht man dies auf die Karikatur von *A. Paul*

Weber, wären folgende „Bezugssysteme" denkbar: 1) das Symbol der Trommel im Werk *A. Paul Webers,* 2) das Symbol des Todes im Werk *A. Paul Webers,* 3) der Nazi-Staat im Leben und Werk von *A. Paul Weber,* 4) Massenkommunikation im Nazi-Staat, 5) Kunst und Karikatur im Widerstand gegen das Nazi-Regime, 6) Neo-Nazismus heute im Werk *A. Paul Webers.* Diese möglichen Bezugssysteme, die bereits bei der Untersuchung des Entstehungszusammenhangs der Karikatur einbezogen wurden, gilt es, mit den Erfahrungen der Lernenden zu konfrontieren.

Beispiele: 1) Wie haben die Lernenden „Trommel" und Trommelsymbole erfahren? Welche Assoziationen zum Begriff „Trommel" haben sie? Wie stellen sie eine Trommel bildnerisch dar? In welche thematischen Zusammenhänge ordnen sie „Trommel" ein?

2) Wie haben die Lernenden „Tod" und Symbole des Todes erfahren? Welche Assoziationen besitzen sie zu bildnerischen Darstellungen eines Skelettmenschen? Wie stellen sie den Tod bildnerisch-symbolisch dar? In welche thematischen Zusammenhänge ordnen sie die symbolische Darstellung des Todes ein? In welcher Beziehung steht für sie das Nazi-Regime und der Tod?

3) Wie empfinden sie ihr Leben in unserem Staat? Welche Probleme sehen sie? Vor welchen Entwicklungen haben sie Angst? An welchen Problemen wollen sie mitarbeiten? In welcher Weise wollen sie für unsere Gesellschaft aktiv werden, was wollen sie verändern/verteidigen? Wie drücken sie ihr Engagement bildnerisch aus?

4) Mit welchen Massenkommunikationsmitteln haben sie Kontakt? Wie stark schätzen sie diesen Einfluß auf sich selbst ein? Was finden sie an der Massenkommunikation gut, was schlecht, was veränderungsbedürftig? Wie drücken sie das Problem „Massenkommunikation" bildnerisch aus? In welcher Weise würden sie Massenkommunikationsmittel aktiv verwenden, wenn dies möglich wäre? Was ist ihnen über die Massenkommunikationsmittel Fernsehen, Rundfunk, Film über das Nazi-Regime mitgeteilt worden? In welcher Form geschah das?

5) Gegen was haben die Lernenden Partei bezogen? In welcher Form geschah das? Was erweckt ihren Widerstand? Mit welchen bildnerischen Darstellungen ließe sich diese Kritik deutlich machen?

Die Karikatur als vergegenständlichter Ausdruck einer vorästhetischen Realitätserfahrung des Künstlers vermittelt so zwei Sichten von Realität: die des Künstlers und die der Lernenden. Dadurch können Karikaturen auch für den jugendlichen Betrachter interessant werden; ihre Chance, Folgen zu bewirken, nimmt zu.

Die Eigenart von Karikaturen kommt dieser Absicht entgegen: Indem die politische Karikatur den Gegenstand ihrer kritischen Darstellung parteilich wertet, wird von den Rezipienten eine Stellungnahme erwartet, eine *Parteinahme, eigenes Handeln*. Hier könnte über das Bezugssystem „Neo-Nazismus heute im Werk *A. Paul Webers*" eine Weiterführung möglich sein:

6) Was halten die Lernenden von Nazi-Ideen in heutiger Zeit? Welche Erscheinungsformen dieser Ideen haben sie beobachten können oder erfahren? Was ist dagegen zu tun? Welche Möglichkeiten hat die Lerngruppe?

Die Bezugsebenen der Auseinandersetzung mit einer satirisch-politischen Karikatur sind in der Abbildung zusammengefaßt worden. Im Mittelpunkt, als „roter Faden", steht ein Stufenschema der Interpretation: von der Bildbe-

Schema für die Interpretation einer satirisch- politischen Karikatur

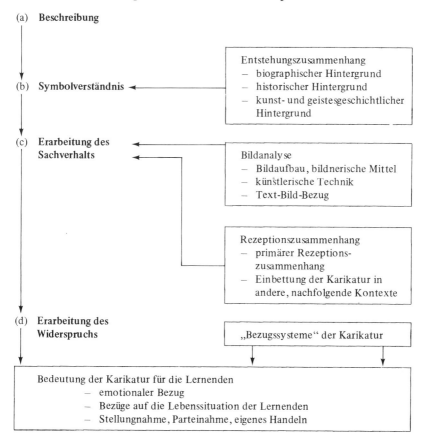

schreibung zur Erarbeitung des Widerspruchs. Diesen verschiedenen Stufen werden die Ebenen „Entstehungszusammenhang", „Rezeptionszusammenhang", „Bildanalyse" und „Bedeutung für die Lernenden" zugeordnet mit dem Ziel, die Karikatur umfassend in den Blick zu nehmen und für die Lebenssituation der Lernenden fruchtbar zu machen. Im Beispiel wurde die mögliche Breite bei einem solchen Vorgehen vorgeführt. In der konkreten Lernsituation ist man darauf verwiesen, aus der Fülle der Möglichkeiten unter Berücksichtigung eigener Zielsetzungen, der Situation der Lernenden und der institutionellen Lernbedingungen eine Auswahl zu treffen.

2.3 Probleme beim Verstehen von Pressekarikaturen und Cartoons

Satirisch-politische Karikatur und Pressekarikatur hatten wir unterschieden. **Pressekarikaturen** bleiben in der Regel dem tagespolitischen Geschehen verhaftet, sind häufig personenbezogen und Bestandteil einer aktuell-tagespolitischen Berichterstattung. Wenngleich die Übergänge zur satirisch-tagespolitischen Karikatur fließend sind, so findet sich doch der Unterschied im Grad der Allgemeinheit der formulierten Kritik, in der Frage, ob deutliche zeit- und gesellschaftskritische Absichten oder die Kommentierung des tagespolitischen Geschehens im Vordergrund stehen. Für das Verstehen einer Pressekarikatur sind daher andere Gesichtspunkte wichtiger als für die satirisch-politische Karikatur. Der in der Pressekarikatur gemeinte Sachverhalt erschließt sich bei Kenntnis des tagespolitischen Geschehens, z.B. durch Lesen des Textteils der Zeitung, in der die Karikatur gebracht wird. Die Pressekarikatur visualisiert die Berichterstattung, bietet eine bildbezogene Gedächtnisstütze für den Text, eine Illustration des Gemeinten.

Als Beispiel haben wir die zuerst in der Zeitschrift „*Pardon*" erschienene Karikatur von *Haitzinger* „Wir haben folgende Entscheidung der Bundesregierung beschlossen" ausgewählt. Diese Karikatur wurde in eine kritische Berichterstattung des „Spiegels" über das Bundesverfassungsgericht: „Det ham wir uns so nich vorjestellt. Der Streit um das Bundesverfassungsgericht (IV): Richter treiben Politik" („Spiegel" Heft 47/78) eingefügt. Das Verstehen der Karikatur erschließt sich im Wechselbezug von Text und bildnerischen/ textlichen Bestandteilen der Karikatur.

Auf derselben Seite wie die Karikatur (S. 98) steht folgender Text:
„Das Bundesverfassungsgericht selbst forderte wiederholt check and balance: ‚Keine Gewalt darf ein von der Verfassung nicht vorgesehenes Übergewicht über eine andere Gewalt erhalten.' Allerdings, es richtete solche Mahnung vornehmlich an die Adresse anderer, und selber hielt es sich nicht immer daran. Je mehr sich die Gewichte unter den Gewalten aber verschieben, und sie haben sich verschoben, desto deutlicher stellen sich Fragwürdigkeiten heraus: Die Rechtsgewißheit leidet darunter."

Horst Haitzinger: „Wir haben folgende Entscheidungen der Bundesregierung beschlossen."

Dieser zentralen Auffassung im „Spiegel"-Artikel entspricht die Karikatur: vier (!) Richter in Robe mit überlegen-arrogantem Gesichtsausdruck haben sich zur „Urteilsverkündung" erhoben. Der Vorsitzende (möglicherweise eine Karikatur von Ernst Benda, dem Präsidenten des Bundesverfassungsgerichts) verliest das „Urteil": „Wir haben folgende Entscheidung der Bundesregierung beschlossen." Nach links unten abgedrängt sitzen mit verdrossenen Mienen der Bundeskanzler Schmidt und Außenminister Genscher. Die Szene findet im Plenarsaal des Bundestages statt (erkennbar an Podest, Bundesadler und Fahne). Damit wird die Auffassung im Artikel bildhaft veranschaulicht: Die Gewichte der Gewalten haben sich zugunsten der Judikativen und zuungunsten von Gesetzgebung und Regierung verschoben. Das Bundesverfassungsgericht hat den Vorsitz im Parlament übernommen und zwingt der Bundesregierung ihre Entscheidungen auf. Die bildnerischen Bestandteile der Karikatur unterstützen die Aussage: Die vier Richter, durch senkrecht stehende Fahne, durch über ihnen schwebenden Bundesadler und Podest (also durch grundgesetzliche Regelungen) abgegrenzt und beschützt, sind nicht angreifbar, nicht kontrollierbar. Dazu im Text:

„Das Bundesverfassungsgericht ‚stehe über der Verfassung, mit der Folge, daß am Ende die politische Willensentscheidung der Mehrheit der Richter die wirkliche Verfassung gestalten würde, unter der wir zu leben hätten. Diese Meinung bedeutet, daß das Bundesverfassungsgericht eine Überregierung und ein Überparlament sei'."

Der Umstand, daß diese Machtfülle u. U. von nur vier Richtern ausgehen kann, ist im gleich neben der Karikatur stehenden Text vermerkt:

„Wenn es um sie selber geht, um den höchst unwahrscheinlichen Fall, daß ein höchster Richter wegen einer ‚groben Pflichtverletzung' aus dem Bundesverfassungsgericht ausgeschlossen werden soll, bedarf es ‚der Zustimmung von zwei Dritteln der Mitglieder des *Gerichts*', elf von sechzehn. Sonst reicht in der Regel, selbst wenn es um die Ablehnung eines großen Reformwerks geht, die einfache Mehrheit in einem *Senat* (5:3; fehlt einer, 4:3)." Der „Spiegel" schlußfolgert: „Liegt da nicht nahe, der Bundesregierung, dem Parlament, dem Volk zu geben, was den Richtern schon gebührt? Mit einem Quorum wäre schon gedient, das für die Annulierung eines Gesetzes nicht nur fünf, vier, sondern sechs Richterstimmen vorschreibt."

Weiterführende Überlegungen könnten zu Fragen angestellt werden, inwieweit diese Pressekarikatur als Indiz gewertet werden kann über den Bewußtseinsstand, den der Karikaturist (bzw. die Redaktion) beim Leser vermutet. Weiter ließe sich Nutzung, Art, Reichweite, allgemeiner politisch-ideologischer Standort des „Spiegels" untersuchen [24].

In ganz anderer Weise erschließt sich uns ein **Cartoon**.
Hier steht im Mittelpunkt die humorvolle Bildidee: „Ich habe mir lange überlegt, was ich beruflich tun könnte, ohne mich in irgendeiner Form verpflichtet zu fühlen. Dabei kam mir der Gedanke, Lachen zu verkaufen, d. h. Cartoons zu zeichnen. Dies hielt ich für das Unverfänglichste. Wenn Leute über ein Cartoon

lächeln, dann ist das ein Effekt von Sekunden und beim Zuschlagen der Zeitung ist die Sache erledigt. Es hat keine großen Folgen, und das find' ich höchst angenehm – für mich und andere" [25]. Formen „schwarzen Humors" sind bei den Cartoons häufig anzutreffen [26]. Als Beispiel mag der Cartoon „Reklamation" von *Harald Sattler* dienen [27].

Harald Sattler: Reklamation

Der Cartoon dreht sich um die makabre Idee, daß sich jemand beschweren will, weil der Strick, mit dem er sich aufhängen wollte, gerissen ist. Diese Idee ist so ins Bild gesetzt, daß die makabre Situation besonders deutlich wird. Da ist zunächst der Selbstmörder: grün im Gesicht, den Strick noch um den Hals, in der linken Hand den Abschiedsbrief. Der Witz dieses Cartoon besteht darin, daß veranschaulicht wird, wie selbstverständlich es sei, daß man sich wegen des beim Erhängen gerissenen Stricks beschwert, daß es das gleiche sei, als wenn man ein Loch in einer Pfanne reklamierte. Die witzige Bildidee wird durch die Gleichheit im mimischen Ausdruck der Menschen noch verdeutlicht. Der diagonale Bildaufbau und die bei allen Personen überproportional großen Schuhe (die für sich allein schon witzig sein könnten) sind weitere Bestandteile des makabren Charakters der Bildidee. Man würde den Cartoon überstrapazieren, wollte man zeitkritische Aspekte hineinlegen (z.B. Gleichgültigkeit in den mitmenschlichen Beziehungen). Fruchtbarer ist es, die Bestandteile der Bildidee an vergleichbaren Orten aufzusuchen (z.B. Witze und Cartoons über Selbstmörder oder über das Thema „Reklamationen"). Bei einer solchen Untersuchung wird man rasch feststellen, wie weitverbreitet beide Themen sind. Es liegt die Vermutung nahe, daß Witze dieser Art bestimmte Angst- und Verdrängungsbereiche von Menschen aktualisieren (z.B. Angst vor dem Tod).

Der Personenkarikatur werden wir uns noch gesondert im Abschnitt 3 zuwenden.

2.4 Didaktischer Kommentar

Die Schwierigkeit des ersten Teils dieses Bausteins besteht darin, daß ohne größere Vorkenntnisse zunächst gelernt werden muß, die unterschiedlichen Arten der Karikatur von ihrer Wirkungsabsicht her zu unterscheiden:

1 Die Lernenden können anhand ausgewählter Beispiele die politisch-satirische Karikatur, den Cartoon, die Pressekarikatur und die Personenkarikatur voneinander unterscheiden und die verschiedenen Wirkungsabsichten benennen.

Dieses Lernziel ermöglicht nur einen ersten, recht oberflächlichen Zugang zum Verständnis der Karikatur. Es bietet jedoch einen Orientierungsschlüssel, um nicht zu fehlleitenden Interpretationsmustern zu gelangen. Dabei ist problematisch, daß die vier Arten der Karikatur nicht strenge Kriterien voneinander scheiden, sondern daß es sich um Unterscheidungen handelt, die die Tendenz angeben: z.B. eher eine Pressekarikatur als eine satirisch-politische Karikatur. Gleichwohl ist diese Differenzierung für die Interpretation wichtig. Es läuft darauf hinaus, daß zunächst probeweise eine bestimmte Art der Karikatur angenommen wird. Diese Annahme erhärtet sich oder wird verworfen durch eine nachfolgende Interpretation. Das Lernziel 1 zielt damit auf die Fähigkeit, die Sensibilität für die unterschiedlichen Formen der Karikatur auszubilden und damit die Fehlerquote bei den Vorannahmen zu vermindern.

Der Schwerpunkt dieses Teils des zweiten „Bausteins" liegt in der Vermittlung von Hilfen zum Verständnis der Karikatur. Pressekarikaturen und Cartoons kommen am häufigsten vor – sie werden auch angemessen berücksichtigt –; das Schwergewicht soll aber gleichwohl bei der satirisch-politischen Karikatur liegen:

2 Die Lernenden können die Karikatur von A. Paul Weber „...und kommen nach kurzer Pause wieder" interpretieren und zu ihrer eigenen Identität und Lebenssituation in Beziehung setzen.

Warum dieser deutliche Schwerpunkt? Die satirisch-politische Karikatur ist in der Regel inhaltlich und auch von den bildnerischen Bestandteilen ergiebiger und zum Verständnis der eigenen Lebenssituation angemessener als z.B. der Cartoon oder die Pressekarikatur. Sie ist in der Allgemeinheit ihrer Kritik – weitgehend losgelöst von tagespolitischen Ereignissen und politischer Berichterstattung – eher in der Lage, die wesentlichen gesellschaftlichen Probleme zu erfassen und kann daher für eine politische Erziehung fruchtbarer sein als andere Formen der Karikatur. Die Interpretation der Karikatur von *A. Paul Weber* soll so angelegt werden, daß sie für die Lernenden Transfer-Charakter besitzt: An ihr soll ein brauchbarer Zugang zur satirisch-politischen Karikatur gelernt werden.

Wie an anderer Stelle bereits hervorgehoben, ist es notwendig, das Beispiel so zu wählen, daß neben den zu erlangenden formalen Fähigkeiten auch inhaltlich etwas Bedeutsames gelernt werden kann. Die Auseinandersetzung mit dem Nationalsozialismus ist nach wie vor unverzichtbare Forderung an Schule und andere Bildungsinstitutionen:

„Die Forderung, daß Auschwitz nicht noch einmal sei, ist die allererste an Erziehung. Sie geht so sehr jeglicher anderen voran, daß ich weder glaube, sie begründen zu müssen, noch zu sollen. Ich kann nicht verstehen, daß man mit ihr bis heute so wenig sich abgegeben hat. Sie zu begründen hätte etwas Ungeheuerliches angesichts des Ungeheuerlichen, das sich zutrug. Daß man aber die Forderung, und was sie an Fragen aufwirft, so wenig sich bewußt macht, zeugt, daß das Ungeheuerliche nicht in die Menschen eingedrungen ist, Symptom dessen, daß die Möglichkeit der Wiederholung, was den Bewußtseins- und Unbewußtseinsstand der Menschen anlangt, fortbesteht. Jede Debatte über Erziehungsideale ist nichtig und gleichgültig diesem einen gegenüber, daß Auschwitz nicht sich wiederhole." [28]

Das Thema „Interpretation einer Karikatur" und der Inhalt „Nationalsozialismus" erfordern die Einbeziehung sozialer Lernziele: Es gilt, Gefühle, Einstellungen, Werthaltungen, politisches Engagement, persönliche Bedeutsamkeit des Inhalts, Verhaltensweisen der Lernenden untereinander, im Auge zu behalten.

Daneben wirken die folgenden Lernziele eher wie „Abrundungen", notwendige Ergänzungen.

3 Die Lernenden können die Karikatur von Haitzinger: „Wir haben folgende Entscheidung der Bundesregierung beschlossen" in bezug auf den Text des Begleitartikels interpretieren und die politische Auffassung des Verfassers benennen.

4 Sie können die Bildidee, den makabren Humor und die bildnerischen Bestandteile des Cartoons von Sattler: „Reklamation" bezeichnen und erläutern.

Das Ziel 3 eröffnet die Möglichkeit, die inhaltliche Problematik zu vertiefen (Gewaltenteilung in unserem Staat). Das Ziel 4 schließlich könnte ein Einstieg sein, um auf die Selbstmordproblematik zu sprechen zu kommen.

2.5 Methodische Überlegungen

Der einleitende Teil des zweiten „Bausteins", der die Sensibilisierung für die unterschiedlichen Formen der Karikatur zum Gegenstand hat und einführen soll in die Interpretation von Karikaturen, hat lehrgangsmäßigen Charakter. Das schließt nicht aus, daß sich um diesen Kern unterschiedliche, „freie" Aktivitäten gruppieren können, die den jeweiligen Interessen der Beteiligten folgen und damit die eher formalen, fachgebundenen Lernziele und die persönlichen Wünsche der Lernenden verbinden.

a) Zum Lernziel 1:

Je nach Kenntnisstand und sozialer Entwicklung der Lerngruppe bietet sich Gruppenarbeit oder frontale Erörterung an. Bei Gruppenarbeit würde je eine Gruppe eine der Karikaturen bearbeiten. Folgende Arbeitsaufträge wären sinnvoll:

Gruppe 1: Bitte untersucht die Karikatur von *George Grosz:* „Zuhälter des Todes" nach folgenden Gesichtspunkten:
1. Was wird kritisiert?
2. Welche Formen der Verfremdung enthält die Karikatur?
3. Was bewirkt die Verfremdung beim Betrachter?

Gruppe 2: Bitte untersucht die Karikatur von *Yrrah:* „Duell mit Guillotinen" nach folgenden Gesichtspunkten:
1. Worin besteht der Witz der Karikatur?
2. Was ist anders als in der Wirklichkeit, was ist gleich?
3. Wird etwas in der Karikatur kritisiert? Falls ja: Ist der Gegenstand der Kritik deutlich zu entnehmen?

Gruppe 3: Bitte untersucht die Karikatur von *Hanel:* „Und auf wen setzen Sie?" nach folgenden Gesichtspunkten:
1. Auf welche politischen Ereignisse spielt die Karikatur an?
2. Wird etwas in der Karikatur kritisiert? Bezeichnet die Karikatur ein allgemeines gesellschaftspolitisches Problem oder einen speziellen tagespolitischen Sachverhalt? Wird die politische Auffassung des Karikaturisten deutlich?
3. Welche Formen der Verfremdung enthält die Karikatur?

Gruppe 4: Bitte untersucht die Karikatur von *Blaumeiser* über den Schauspieler *Curd Jürgens* nach folgenden Gesichtspunkten:
1. In welcher Weise ist Curd Jürgens kenntlich gemacht worden? Welche typisierenden Eigenarten sind herausgestellt worden?
2. Bitte benennt die wichtigsten äußerlichen Merkmale. Welche Bedeutung haben Modeschmuck und Baumstamm mit Wurzelansatz?
3. Wird etwas in der Karikatur kritisiert?

Nach einer Phase arbeitsteiligen Gruppenunterrichts, die nur kurz sein braucht, wenn sich die Lerngruppe mit dem ersten „Baustein" bereits auseinandergesetzt hat, sind Austauschgruppen sinnvoll. Diese Gruppen könnten sich aus je zwei Teilnehmern aus den vier Arbeitsgruppen zusammensetzen und den Austausch der einzelnen Ergebnisse ermöglichen. Damit hätte man eine gute Voraussetzung für ein Gespräch mit allen Beteiligten über Gemeinsamkeiten und Unterschiede zwischen den einzelnen Karikaturen. Als Ergebnis könnte ein Schaubild erarbeitet werden, etwa wie dieses:

Nr.	Kritik der Gesellschaft	Witz, Einfall	tagespolitischer Bezug	Typisierung einer bestimmten Person
1	++	+	–	–
2	–	++	–	–
3	–/+	+	++	+
4	–	+	–	++

Möglich wäre auch arbeitsgleicher Gruppenunterricht, der die Gemeinsamkeiten und Unterschiede zwischen den Karikaturen zum Gegenstand hätte. Ein möglicher Arbeitsauftrag an die Gruppen könnte lauten:

Bitte untersucht die 4 Karikaturen unter dem Gesichtspunkt, welche Wirkungsabsicht jeweils dahinter steckt (Kritik der Gesellschaft; Witz, Einfall; tagespolitischer Bezug; Typisierung einer bestimmten Person).

Die einzelnen Gruppenergebnisse ließen sich dann im Plenum diskutieren. Zur Festigung und Vertiefung des Lernziels sind Karikaturensammlungen sinnvoll, die die Lernenden nach dem Gesichtspunkt der Wirkungsabsicht anlegen könnten.

b) Zum Lernziel 2:

Zwei unterschiedliche Möglichkeiten sind denkbar: Ausgegangen werden könnte von der Interpretation der Karikatur, wobei nach und nach der Bezug zur Lebenssituation und Identität der Lernenden gefunden werden müßte. Auf dem anderen Weg würde zunächst der „Resonanzraum" der Karikatur bei den Lernenden erkundet, Verankerungen an Identität und Lebenssituationen gesucht und erst danach die Karikatur und ihre Interpretation dazu in Beziehung gesetzt. Wir wollen diesen zweiten, etwas ungewöhnlicheren Weg hier vorstellen, bietet er doch den Vorteil, nicht zu „blind" an der Wirklichkeit der Lernenden vorbeizuführen. Hier sind zunächst einige Methoden zum Einstieg in das Thema:

1) *„Assoziationsanalyse":* Es wird der Begriff „Trommel" vorgegeben und in die Mitte der Tafel geschrieben. Die Lernenden sagen zu diesem Begriff ihre Assoziationen (Einfälle und Erinnerungen, Gefühle und Erlebnisse, spontan wahrgenommene Bilder). Alle Assoziationen werden notiert und zwar so, daß sie bereits geordnet nach bestimmten Oberbegriffen/Überschriften/Bereichen erscheinen. Nach dieser Produktionsphase wird der Assoziationsbestand systematisiert und analysiert: Zu welchen Oberbegriffen/Überschriften/Bereichen sind viele Assoziationen genannt worden, zu welchen wenige? Wie sind die einzelnen Bereiche inhaltlich, von der „Tönung" her aufgefüllt worden? Fehlen mögliche Bereiche? Welche Rückschlüsse auf die Lerngruppe läßt die Assoziationsstruktur zu? Welche Assoziationen erscheinen ungewöhnlich? Wie „persönlich" sind die Assoziationen? Wen habe ich durch seine Assoziationen besser verstanden, besser kennengelernt? Gibt es einen gemeinsamen Assoziationsbestand zum Begriff „Trommel" in der Lerngruppe? Wie lautet dieses Gemeinsame?

2) *„Geschlossene Assoziationskette":* Die Lerngruppe sitzt im Kreis. Der Begriff „Trommel" wird vorgegeben. Reihum sagt jeder eine Assoziation, die sowohl zum Begriff „Trommel" als auch zur Assoziation des vorhergehenden Teilnehmers einen Bezug hat (z.B. Trommel – Aufmarsch des Schützenvereins – Trommler in einer Marschkapelle – nach der Trommel marschieren –

sich gegen den Trommelrhythmus nicht wehren können). In der Analyse der Übung kann angesprochen werden: thematisierte Bereiche, Nähe bzw. Ferne der Assoziationen zueinander, Ausmaß persönlicher und gefühlsbezogener Assoziationen.

3) *„Geschichte erzählen":* Die Lerngruppe sitzt im Kreis. Es wird ein Bild in die Mitte gelegt (z.B. von einer Trommel oder einem Skelettmenschen). Der erste beginnt, zu diesem Bild eine Geschichte zu erzählen. Reihum wird diese Geschichte fortgesetzt. Der letzte im Kreis versucht, ein Ende für diese Geschichte zu finden. Untersucht werden kann, wo „Sprünge" in der Geschichte auftreten, welche „Tönung" diese Geschichte aufweist, welche persönlichen Anteile in ihr enthalten sind.

4) *„Gestaltungsaufgabe":* Der Lerngruppe wird ein Thema vorgegeben (z.B.: „Der Tod und die Trommel"; „Menschen und Trommel"; „Die Macht der Trommel"). Dieses Thema kann von den Lernenden unterschiedlich gestaltet werden (z.B. als Bild, als Pantomime, als Musiktheater, als Rollenspiel). Die Ergebnisse werden vorgestellt, miteinander verglichen, zueinander und zu den Lernenden in Beziehung gesetzt.

Welche der Einstiege gewählt werden, hängt weitgehend von Fähigkeiten, Möglichkeiten und Interessen der Lernenden ab. Die in dieser Einstiegsphase zustande gekommenen Ergebnisse sind in der Regel wertvolle Verankerungs- und Bezugspunkte für die folgende Erarbeitung. Diese sollte mit einer Bildbeschreibung beginnen. Dazu eignet sich Partnerarbeit oder arbeitsgleiche Gruppenarbeit. Der Arbeitsauftrag sollte nicht nur eine Beschreibung fordern, sondern auch gefühlsmäßige Reaktionen auf die Karikatur als Ergebnis zulassen. Der Austausch der Ergebnisse mündet wahrscheinlich in erste Versuche einer Interpretation ein. Unterschiedliche Vorstellungen bei den Lernenden wird es für die Gruppe deutlich machen, daß sie für eine hinreichende Interpretation noch nicht genug wissen. An dieser Stelle könnten die Lernenden in einem arbeitsteiligen Gruppenunterricht die fehlenden Informationen aufnehmen, verarbeiten und austauschen. Gruppen zu folgenden Bereichen wären sinnvoll:

1) Biographischer und historischer Hintergrund,
2) ausgewählte weitere Satiren aus dem Werk *A. Paul Webers,*
3) Propaganda und Massenkommunikation im Nazi-Deutschland,
4) vergleichbare Künstler aus der Zeit des Nazi-Regimes [19].

Die Gruppen müßten mit ausreichendem Material und klaren Arbeitsaufträgen ausgestattet werden, damit in den Austauschgruppen und bei einer zusammenfassenden Erörterung in der Gesamtgruppe die wesentlichen Informationen bekannt werden. In Kenntnis der Hintergründe der Karikatur kann nun in arbeitsteiligem Gruppenunterricht daran gegangen werden, die verwendeten Symbole (Trommel, Tod, Mikrofon) aufzuschlüsseln und zueinander in Beziehung zu setzen. Je deutlicher sich dabei der Sachverhalt, der der Karikatur zugrundeliegt, herausschält, desto fruchtbarer kann die Bildanalyse für die weitere Interpretation gemacht werden. Die einzelnen Aspekte der Bildanalyse (Bildaufbau, bildnerische Mittel, künstlerische Technik, Bild-Text-Bezug) ließen sich dabei wieder auf einzelne Gruppen verteilen. In der gemeinsamen Analyse würden die Ergebnisse der Arbeit dann einfließen und sich wechselseitig befruchten und ergänzen. Auf dieser Höhe der Interpretation müßte in einer Aussprache auf den Rezeptionszusammenhang der Karikatur eingegangen werden. Dabei sollte man jedoch nicht stehenbleiben. Vielmehr müßte das eigene Rezeptionsverhalten der Karikatur gegenüber erörtert werden (Verständnisprobleme, emotionale Reaktionen, eigene Parteinahme). Die Auseinandersetzung mit dem eigenen Rezeptionsverhalten mündet meist ein in die Frage, was der Karikaturist mit seinem Werk erreichen wollte. Dabei wird man auf den in der Karikatur angelegten Widerspruch stoßen und damit den Kern der Interpretation erreichen. Diese Phase der Erarbeitung erfordert ein Gespräch in der Gesamtgruppe und meist auch Hilfestellungen durch den Lehrer (Impulse, Diskussionsbeiträge, Systematisierung). Es empfiehlt sich, den Gang der Interpretation in einem Tafelbild festzuhalten. Das hat den Vorteil, für folgende Interpretationen ein brauchbares Schema zur Verfügung zu haben und den Verlauf der Auseinandersetzung mit der Karikatur überschaubar und systematisiert vor Augen zu haben (wichtig z. B. bei Rückbezügen während der Interpretation). Ein mögliches Tafelbild zeigt die Abbildung S. 65.

Damit wäre die Interpretation zwar abgeschlossen; es bleibt jedoch die wichtige Aufgabe, die inhaltliche Problematik der Karikatur mit den Auffassungen, Erfahrungen, Kenntnissen der Lernenden zu konfrontieren. Hierzu bietet sich arbeitsteiliger Gruppenunterricht an. Die Lernenden könnten zu ausgewählten Teilbereichen der Karikatur („Bezugssystemen") ihre Auffassungen und Erfahrungen denen des Künstlers gegenüberstellen. Anregungen dazu sind im Teilabschnitt 2.2 (d) enthalten. Hier ist ein Beispiel eines möglichen Arbeitsauftrags (Bezugssystem 5):

Eure Aufgabe besteht darin, das politische Engagement von *A. Paul Weber* mit eurem eigenen zu vergleichen.

Gegen was hat A. Paul Weber Partei bezogen?	Gibt es etwas, gegen das ihr Partei bezogen habt?
In welcher Form geschah das?	Wie habt ihr euch verhalten?
Was erweckt den Widerstand von A. Paul Weber?	Was erweckt euren Widerstand?
Welches Risiko ging A. Paul Weber bei seiner Kritik ein?	Mit welchen Risiken ist eure Kritik verbunden?

Tafelbild zur Interpretation von Karikaturen

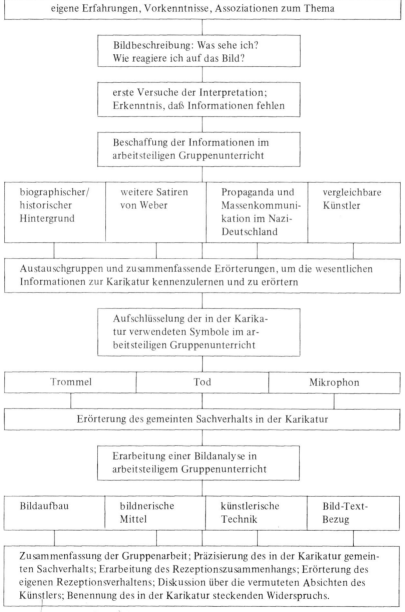

Der Austausch der Ergebnisse sollte nicht auf Referate oder Verlesen von Thesen beschränkt bleiben. Wie im „Baustein" 1 bereits erläutert, gibt es eine Fülle methodischer Möglichkeiten, die Austauschprozesse anregender zu gestalten. Für unser Beispiel sind nicht nur schriftliche Kommunikation und Feedback-Karten während des Referats denkbar, sondern auch Diskussionen nach dem Muster der Innen- und Außengruppe. In besonderer Weise sind Formen der Moderation geeignet, die Realitätssicht des Künstlers und die der Lernenden gegenüberzustellen (z.B. imaginäre Gespräche zwischen den Lernenden und *A. Paul Weber,* fiktive Interviews, Rollenspiele, die die Situation A. Paul Webers verdeutlichen und die veränderten Bedingungen der Lernenden dazu in Beziehung setzen).

c) Zu den Lernzielen 3 und 4:

Der Zugang zur Pressekarikatur und zum Cartoon ist über arbeitsteiligem Gruppenunterricht möglich. Die Arbeitsaufträge sollten so abgefaßt sein, daß die Unterschiede zwischen den beiden Formen der Karikatur deutlich werden. Es empfiehlt sich, die Aufträge so zu stellen, daß den Lernenden damit ein Schema zur Verfügung gestellt wird, das sie auf ähnliche Karikaturen übertragen können. Hier sind Beispiele für mögliche Arbeitsaufträge:

Gruppe 1: Bitte interpretiert die Karikatur von *Haitzinger.* „Wir haben folgende Entscheidung der Bundesregierung beschlossen." Die in der Zeitschrift *„Pardon"* zuerst gebrachte Karikatur tauchte 1978 in einer Artikelserie des „Spiegels" über das Bundesverfassungsgericht wieder auf. Bitte lest euch den Text genau durch. Bei der Interpretation kann euch folgendes Schema helfen:
1) Was wird in dem „Spiegel"-Artikel kritisiert? Welches ist die Auffassung des Autors?
2) An welchem Ort spielt die Szene in der Karikatur?
3) Was ist anders als in der Wirklichkeit?
4) Zu welchem Zweck ist die Wirklichkeit verfremdet worden? Was entlarvt diese Verfremdung?
5) Mit welchen bildnerischen Mitteln wird die Aussage der Karikatur verdeutlicht? – Welchen Gesichtsausdruck haben die Beteiligten? – Wo sind welche Personen? – Was soll damit deutlich gemacht werden? – Welche Gegenstände befinden sich auf dem Bild? – Was symbolisieren sie? – Wie sind sie angeordnet? – Was soll damit verdeutlicht werden?
6) Was soll der Text der Karikatur aussagen? In welchem Zusammenhang steht er zum Bild?
7) In welcher Beziehung stehen die Aussagen im „Spiegel"-Artikel zur Karikatur?

Gruppe 2: Bitte interpretiert den Cartoon von *Harald Sattler:* „Reklamation".
Bei der Interpretation kann euch folgendes Schema helfen:
1) Worin besteht der Witz dieses Cartoons?
2) Wie wird diese Idee bildnerisch verdeutlicht? Denkt an den Bildaufbau, die einzelnen Beteiligten und ihre Beziehungen zueinander.

Der Arbeitsaufwand der Gruppe 2 ist deutlich geringer als der der anderen Gruppe. Es ist empfehlenswert, eine weiterführende Aufgabe hinzuzufügen. Beispiele:

3a) Bitte setzt die Bildidee pantomimisch um.
3b) Bitte nehmt den Cartoon zum Anlaß zu einem Rollenspiel, in dem der „schwarze Humor" der Vorlage deutlich wird.
3c) Bitte zeichnet oder collagiert einen Cartoon, der mit dem Tod makabren Scherz treibt.

Für den Austausch der Gruppenergebnisse bieten sich verschiedene Möglichkeiten an: Austauschgruppen, Methode der Innen- und Außengruppe, um die wesentlichen Unterschiede zwischen diesen beiden Formen der Karikaturen zu verdeutlichen, Inszenierung der Pantomime/des Rollenspiels mit Aussprache im Gesprächskreis.

3 Personenkarikaturen

3.1 Eigenart und Ursprünge der Personenkarikatur

Im Gegensatz zur Pressekarikatur, in der die Personen in einen bestimmten, tagespolitischen Situationszusammenhang eingebettet sind, konzentriert sich die Personenkarikatur auf die Abbildung einer (meist bestimmten) Person. Dabei ist das *Wie* der Abbildung das entscheidende Merkmal, um die Personenkarikatur z. B. von einem Porträt zu unterscheiden: Schematisierung und Verzerrung führen im Zusammenhang mit anderen Verfremdungstechniken zu einer humorvoll/komischen Wirkung.

Personenkarikaturen dieser Art entstanden um 1600 in Italien. Die Brüder *Carraci* untersuchten, wie sich die Formen eines Porträts vereinfachen lassen und wie dadurch die Wirkung des Bildes steigt. Formvereinfachung und Schematisierung als Mittel der karikaturistischen Gestaltverwandlung verbanden sich bei den *Carraci* mit der Untersuchung, welche komischen Wirkungen durch Umbildung und Verschiebung von Körperproportionen erreicht werden konnten. Die Staatliche Graphische Sammlung München (Standort-Nr. 434) enthält Beispiele [29]. In vielen Zeichnungen sind z. B. extrem große Köpfe auf zwergenhafte Leiber gesetzt oder winzige Köpfe riesigen Leibern zugeordnet. Unter den Schülern und Freunden der *Carraci* brach eine wahre Leidenschaft für das Karikieren aus. Gleichwohl war diese Art der Karikatur zu Beginn nicht viel mehr als ein Atelierscherz, von Künstlern für Künstler ersonnen und außerhalb der Werkstätten nur wenigen Vertrauten bekannt. Erst durch *Bernini*, der die Versuche der *Carraci* fortsetzte, wurde die Karikatur bekannter. Die Karikaturen von *Bernini* heften sich nicht nur an die äußere Erscheinung des Menschen, sondern stellen auch die charakterlichen Eigenarten bloß.

Als Beispiel mag die Karikatur „Ein Feldhauptmann Papst Urbans VIII" dienen [30]. Die Formen sind sehr knapp gehalten; mit nur wenigen Strichen ist die Karikatur angefertigt worden. Kopf und Hals haben die Form eines Phallus, die Augen sind zu winzigen Punkten geschrumpft: ein deutlicher Hinweis darauf, wie *Bernini* den Feldhauptmann charakterlich eingeschätzt hat.

Was ist nun das Besondere dieser in der Renaissance entstandenen Personenkarikaturen? Die komische Wirkung entsteht allein aus der gezeichneten Wiedergabe der Person. Schematisierung und Verzerrung wahren den Zusammenhang mit dem Naturvorbild, das trotz der Verfremdung erkennbar bleibt. Es wird nichts beigefügt, nichts kommentiert, keine Analogie verwendet, der Mensch nicht in tierischer Gestalt gezeichnet, wie dies bei den Karikaturen aus dem Mittelalter üblich war. Vielmehr wurde das Objekt der Kritik auf seine Unstimmigkeiten hin untersucht. Diese Unstimmigkeiten wurden durch Übertreibung verdeutlicht (s. unser Beispiel). Trotz dieser Verfremdung blieb das Zerrbild dem Vorbild verpflichtet. Gerade durch dieses verwandschaftliche Verhältnis gewann die Karikatur ihre komische Wirkung. Unsere heutigen Personenkarikaturen sind diesen Vorbildern verpflichtet: Die damals ent-

Giovanni Lorenzo Bernini: Ein Feldhauptmann Papst Urbans VIII., vor 1644 (Rom, Corsiana)

wickelten Mittel der karikaturistischen Gestaltverwandlung sind Grundlage aller Entwicklungen bis in unsere heutige Zeit und gelten unverändert.

3.2 Formen der Personenkarikatur

1) Ein gutes Beispiel für die Verfremdung des äußeren Erscheinungsbildes in heute angefertigten Karikaturen sind die Arbeiten von *Jean Mulatier*. Der

Künstler ist insbesondere durch Titelbildkarikaturen im „Spiegel" und im „Stern" einer breiteren Leserschicht bekannt geworden. So sind aus Anlaß der Bundestagswahl 1976 Karikaturen der führenden Politiker *Schmidt, Genscher, Kohl* und *Strauß* als Titelbilder im „Spiegel" erschienen.

Die Karikatur von *Genscher* wollen wir uns etwas näher ansehen: Im Vergleich zu Fotografien des Politikers fällt die Verzerrung bestimmter Gesichts-

Jean Mulatier: Hans-Dietrich Genscher

partien auf. Die Augen und der Mund sind verkleinert. Die Nase erscheint spitzer und in die Länge gezogen. Der Augenabstand ist deutlich verringert worden. Die Fleischesfülle des Gesichts hat erheblich zugenommen. Im komischen Kontrast dazu stehen die stark vergrößerten, wie „Lauscher" aufgestellten Ohren. Das Objekt der Karikatur ist auf seine körperlichen Besonderheiten hin untersucht, diese sind durch Übertreibung verdeutlicht worden. Die Verfremdung wahrt den Zusammenhang mit dem Naturvorbild und gewinnt daraus seine komische Wirkung. Eine satirisch-politische Absicht ist nicht erkennbar. Das Bild bleibt auf eine „reine Personenkarikatur" beschränkt. Es wird nichts beigefügt, nichts kommentiert, keine Analogie verwendet. Die sehr feine und genaue farbige Strichführung, die im Detail „schwelgt", macht den besonderen ästhetischen Reiz dieser Karikatur aus.

2) Die humorvoll-komische Darstellung wird bei *Blaumeiser* zu einer (wenn auch recht oberflächlichen) *Charakterisierung* ausgebaut (s. Karikatur von *Curd Jürgens* im Abschnitt 2.1). Mit ähnlichen Absichten arbeitet auch *Levine*. Es geht ihm darum, das Wesen der jeweils karikierten Person herauszuarbeiten [31]. Beispielhaft ist die Karikatur von *Sigmund Freud* [32]: Überdimensioniert sind Kopf und Zigarre (Penissymbol! – aber ganz anders gemeint als bei *Bernini*), verkümmert klein ist der Körper (wie übrigens bei allen Karikaturen von *Levine*). Der Kopf ist nicht nur mit humorvoll-komischer Wirkungsabsicht karikiert worden. In den herausgestellten körperlichen Besonderheiten wird auch etwas vom Charakter *Sigmund Freuds* deutlich: Die aufmerksam, zu „Lauschern" aufgespannten Ohren, die zu Schlitzen verengten Augen und der graue Bart mit den nach unten gezogenen Mundwinkeln ergeben das Bild eines konzentriert zuhörenden, abgeklärt-resignierenden, alten Mannes.

3) Auch charakterisierend, jedoch mit deutlich *satirisch-politischer Absicht* sind die Personenkarikaturen von *A. Paul Weber*. Das machte es notwendig, von der „reinen Personenkarikatur" abzugehen, den Objekten tierische Gestalt zu geben oder als Gebrauchsgegenstände zu zeichnen [33]. Häufig wird die kritische Absicht auch durch charakteristische Beifügungen vermittelt. Besonders deutlich wird das in der Karikatur „Tricky Dick" [34]. *Richard Nixon* trägt eine Karnevalsmaske, um sich vor dem Erkennen seines wahren Wesens zu schützen. Die Taten, die dieses Wesen ausmachen, lassen sich aus seinem Gesicht nicht ablesen. Sie umzüngeln ihn als Strahlenkranz: ein brutaler Vietnamkrieg, Mord und Brand, Telefonabhöraffären, Finanzskandale, falsche Friedensgesten, Halsabschneiderei. All dies geschieht im Zeichen des „geheiligten Mammons", einer betenden Geldkröte mit einer Dollarmünze als Kopf. Heiligenschein und US-Flaggen vervollständigen das Symbol und verdeutlichen die Gründe, aus denen *Richard Nixon* so handelte. Aber die Porträtbüste *Richard Nixons* zeigt schon einen Sprung und einer Maskierung folgt die in diesem Falle notwendige und peinliche Demaskierung. In der Absicht der Verdeutlichung psychologischer Charakterzüge in der Karikatur ist *A. Paul Weber*

Levine: Sigmund Freud

durchaus mit *Bernini* vergleichbar. In seinen Darstellungsmitteln greift er jedoch (auch) auf ältere Vorbilder zurück [35].

A. Paul Weber: Tricky Dick

4) Einen Schritt weiter in der satirischen Absicht geht *George Grosz*. Ihm geht es bei seinen Personenkarikaturen darum, in der Kritik einer einzelnen Person eine bestimmte gesellschaftliche Situation zu bezeichnen und über die Person hinaus *gesellschaftliche Mißstände* bloßzustellen. Dies gilt z.B. auch für die Karikatur über *Friedrich Ebert:* „Aus dem Leben eines Sozialisten" [36]. In der Person *Friedrich Eberts* wird die Sozialdemokratie angegriffen: Sie habe ihre Ziele verraten, ihre Repräsentanten hätten sich zu kleinen, dicken und behäbi-

gen Bürgerkönigen „gemausert" (winzige Krone, Monokel, livrierter Diener). Die Äußerlichkeiten verdeutlichen die Unangemessenheit des Anspruchs, „Volkssouverän" zu sein: Die Krone ist zu klein; Hände und unrasiertes

George Grosz: Aus dem Leben eines Sozialisten

Äußeres verweisen auf die proletarische Herkunft. Die Karikatur bezeichnet den Widerspruch, in dem sich die Sozialdemokratie nach Auffassung von *Grosz* befand: Angetreten, alte Herrschaftsverhältnisse abzubauen, wurden lediglich die Repräsentanten durch eigene Leute ersetzt, ohne die gesellschaftlichen Verhältnisse wirklich zu verändern. Der Zeichenstil von *Grosz* ist im Vergleich zu den bislang vorgestellten Personenkarikaturen knapp und eindeutig; nur wenige Striche genügen, um das, was als wesentlich erkannt wurde, festzuhalten.

5) Eine noch weitergehende Schematisierung, verbunden mit der Ablösung von einer konkreten Person zeigen diejenigen Karikaturen von *Grosz,* bei denen es ihm darauf ankommt, bestimmte Personengruppen zu typisieren, seien es Offiziere, standesbewußte Junker, Kaisertreue, Kapitalisten, Nazis, Antisemiten [37]. Diese *Typisierungskarikaturen* finden sich bereits bei den Karikaturisten des „Simplizissimus" während der Kaiserzeit [38]. Gemessen daran ist *Grosz* bissiger und schärfer in der Kritik. Die Karikatur eines im Profil gezeichneten Offiziers trägt den Titel: „Die deutsche Pest" [39]. Mit wenigen Strichen ist das Charakteristische erfaßt worden: Zusammengekniffener Mund, zu Sehschlitzen verengte Augen, kantiges Kinn, „Boxernase", nach oben aufgezwirbelter Schnurrbart, herabgezogene, buschige Augenbrauen, steifer Kragen und steife Mütze vermitteln das Bild eines aggressiven, harten, starren Mannes ohne Gefühl für seine Mitmenschen.

6) Die *Titelbild-Karikatur* von *Helmut Schmidt* im „Stern", Heft 31/1978: „Stürzen die Grünen Helmut Schmidt?" stellt einen Übergang zur Pressekarikatur dar. Auf ein bestimmtes tagespolitisches Geschehen wird deutlich angespielt (Zuwachs an Wählerstimmen für die „Grünen Listen"). Es geht nicht darum, die Person von *Helmut Schmidt* zu karikieren bzw. zu charakterisieren. In der Karikatur ist er lediglich „Statist", um einen bestimmten tagespolitischen Umstand wirkungsvoll zu visualisieren: Das Bild von *Helmut Schmidt* und den grünen Kletterpflanzen, die ihn umranken, gegen die er machtlos zu sein scheint, ist das visuelle Gegenstück zur Überschrift, der Bildkommentar für die aktuelle politische Situation. Auch in ihrer Machart unterscheidet sich diese Karikatur deutlich von den vorigen: Das Titelbild ist collagiert worden; es setzt sich zusammen aus einem Porträtfoto von *Helmut Schmidt* und gemalten Teilen (Oberkörper und Pflanzen). Die Porträtkarikatur als Fotocollage finden wir bereits bei *Heartfield* [40], hier jedoch mit deutlich satirisch-politischer Absicht. Die *F. J. Strauß*-Karikaturen von *Staeck* setzen diese Tradition fort [41]. Der Fotocollage werden wir uns noch im Abschnitt 5 gesondert zuwenden.

George Grosz: Die deutsche Pest

„Stern"-Titel: Stürzen die Grünen Helmut Schmidt?

3.3 Foto und Karikatur im Vergleich

Personenkarikaturen bringen einen Ausschnitt aus der Wirklichkeit des Karikierten. Welcher Ausschnitt gewählt wird, hängt von den Absichten, Vorstellungen und Auffassungen des jeweiligen Künstlers ab. Der Karikaturist ist Herr über sein Objekt: Er kann diesen oder jenen Aspekt betonen, dieses oder jenes Merkmal herausstellen, in dieser oder in jener Weise sein Objekt verfremden. Der Fotografie traut man gemeinhin diese Fähigkeit nicht zu. Von ihr geht immer noch der unzutreffende Ruf aus, Wirklichkeit objektiv abzubilden. Richtig ist, daß die Fotografie stärker als die Karikatur an die visuelle Erscheinung ihres Objekts gebunden ist. Jedoch: Bildausschnitt, Aufnahmewinkel, verwendetes Objektiv, aufgenommene Situation und vieles andere während der Aufnahme und während der Laborarbeit geben dem Fotografen nahezu unbegrenzte Möglichkeiten, gewünschte Aspekte und Merkmale der Person herauszustellen. Die Technik macht es auch ihm möglich, Herr über sein Objekt zu werden. Viele Fotografien von *Leonid Breschnew* belegen, wie unterschiedlich der Führer der Sowjetunion aufgenommen werden kann. Wir wollen drei Karikaturen einer Fotografie und einem Foto von einem Porträt [42] gegenüberstellen: es sind Arbeiten von *Blaumeiser* [43], *Mulatier* [44] und *Hofmekler* [45]. Wir wollen untersuchen, welche Aspekte der „fotografischen Wirklichkeit" in diese Karikaturen eingeflossen sind.

Mulatier verzerrt das äußere Erscheinungsbild am stärksten: Die unteren Gesichtspartien sind stark vergrößert; Mund- und Halsbereich haben sich in einen wabbeligen, faltigen Fleischberg verwandelt. Die charakteristische Mundhaltung beim Sprechen (s. Foto) ist deutlich herausgehoben. Dagegen sind Nase, Augen und Stirn in ihrer Größe vermindert worden; der Kopf läuft nach hinten spitz zu. Die Karikatur ähnelt Bildern aus Zerrspiegeln, in denen die dem Spiegel am dichtesten zugewandten Gesichtspartien stark vergrößert, die anderen verkleinert erscheinen. Wie bei der Genscher-Karikatur überwiegt auch hier die humorvoll-komische Wirkungsabsicht und der ästhetische Reiz der sehr feinen, differenzierten Strichführung. In Kenntnis anderer Arbeiten von *Mulatier* läßt sich eine satirisch-politische Absicht nicht annehmen (keiner der Karikierten sieht besonders vorteilhaft aus!). Die Publikumsreaktionen auf die Karikatur (als Titelbild im „Stern" anläßlich des Staatsbesuchs von *Breschnew* in der BRD erschienen) waren jedoch ausgesprochen heftig (s. Leserzuschriften S. 80): Übereinstimmend wurde in der Karikatur eine Beleidigung eines Staatsgastes gesehen. Das lag wohl nicht so sehr an der Karikatur selbst als vielmehr an dem Kontext, in dem die Abbildung erschien (Titelbild in einer der bekanntesten politischen Illustrierten) und an dem Zeitpunkt ihres Erscheinens (Staatsbesuch des Karikierten in der BRD).

Die „konventionell" gezeichnete und in einem Karikaturenband veröffentlichte Arbeit von *Blaumeiser* wirkt dagegen eher „zahm". Die typischen

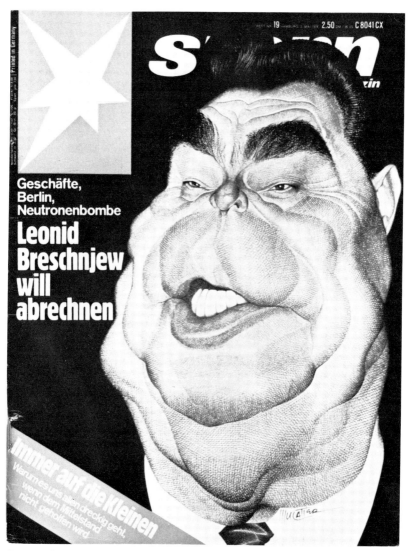

Jean Mulatier: Leonid Breschnew

körperlichen Merkmale sind durch leichte Verzerrung hervorgehoben: starke Wangenknochen, ausgeprägter Kieferbereich, faltiges Gesicht, Schlitzaugen, buschige Augenbrauen. Bei kontextunabhängiger Beurteilung ist diese Karikatur weit weniger „neutral" als die von *Mulatier*: Der Blick aus den Augenwinkeln wirkt tückisch und böse; die Mundpartie vermittelt einen grimmigen Eindruck. Die wenig erfreulichen Gesichtszüge finden ihre Entsprechung in einer

Bösartig und geschmacklos

STERN-Titelbild Nr. 19/1978: »Leonid Breschnjew«.

Ich habe meinen Augen nicht getraut, als ich die abscheuliche Karikatur des sowjetischen Parteichefs Breschnjew auf dem Titelblatt der Ausgabe Nr. 19 Ihrer Illustrierten sah. Eine richtige Teufelsfratze haben Sie aus diesem Gesicht gemacht. Welch eine Dummheit, Instinktlosigkeit und Bosheit.
HANS WOLFGANG RUTZ
Bretzfeld-Waldbach

Einem Menschen, von dem man noch sagt, daß er krank ist oder eine schwere Krankheit hinter sich hat, so auf ein Titelblatt zu bringen, ist geschmacklos und unverschämt.
GÜNTER H. APELRATH
Meerbusch

Pfui, was ist das Titelbild für eine Teufelei!
Dipl.-Ing. HEINZ HAHN
Frankfurt

Was hat sich nur Ihre Redaktion bei dieser journalistischen Untat gedacht?
Dr. ROGOWSKI
Oldenburg

Ein häßlicheres Titelblatt konnten Sie wohl nicht auswählen! Nach meinem Empfinden ist es noch nicht einmal ein miserables Werk der Poster- und Plakatkunst, sondern schlicht eine Schmiererei.
OSKAR MARTIN
Düsseldorf

Eine Affenschande.
JOSEF LURZ
Großeibstadt

Fiel Ihren Reportern nichts Besseres ein, als eine solch häßliche Karikatur zu bringen? Was Regierung und Diplomatie mühsam aufbauen, zerstören Sie bei vielen Menschen mit einem so häßlichen Bild.
JULIA MARIA OSING
Hennef

Der Russe war als Gast hier.
HANS ABURI
Lindenberg/Allgäu

Das Titelbild stellt eine sinnlose Provokation dar, zu der der STERN von seinen Lesern nicht legitimiert wurde. Bei solchem Mißbrauch der Pressefreiheit fällt es schwer, junge Soldaten davon zu überzeugen, daß auch solche Torheiten zu den verteidigungswerten Gütern zählen, für deren Bewährung sie notfalls ihr Leben lassen müssen.
GERT BASTIAN
Generalmajor
Veitshöchheim

Leserzuschriften auf die Breschnew-Karikatur von Jean Mulatier („Stern" 22/1978)

überdimensionierten Handsichel (Staatssymbol der Sowjetunion), die Kopf und Brust der Karikatur einrahmen. Nicht zu vergessen ist schließlich das sackartige Gewand, auf dem eine Vielzahl von Orden verteilt sind. Hierzu gibt es eine malerische Entsprechung, die den (noch etwas jüngeren) *Breschnew* in „voller Ordenspracht" zeigen. Während die Orden auf dem Gemälde den Eindruck unterstützen, daß es sich bei Breschnew um einen Sowjetführer handelt, der bedeutsam ist und sich um sein Land verdient gemacht hat, wirken die

Josef Blaumeiser: Leonid Breschnew

Orden auf der Karikatur eher komisch, unterstützen den negativen Gesamteindruck. Letztlich visualisiert die Karikatur nur ein Vorurteil, das bei uns über Sowjetführer verwurzelt sein mag: tückisch, böse, grimmig und dabei ein wenig lächerlich.

Viel subtiler ist da die Karikatur von *Hofmekler*. Durch die malerische Ausführung wirkt sie zunächst eher als ein Porträt. Schematisierungen und deut-

Ori Hofmekler: Leonid Breschnew

liche Verzerrungen fehlen; die Verwandtschaft mit einem Foto ist im Vergleich zu den beiden anderen Karikaturen deutlicher (s. zum Vergleich das Foto von *Breschnew* hinter einem Schreibtisch). Auch der Bildausschnitt der Karikatur erinnert an eine fotografische Aufnahme (man beachte nur die angeschnittene Hand und die Körperhaltung). Möglicherweise ist die Karikatur auch von einem Foto angefertigt worden (die eingezogenen Schultern lassen eine sitzende Körperhaltung vermuten). Vergleicht man die Karikatur etwas genauer mit einem Foto von *Breschnew*, dann fallen bestimmte äußerliche Merkmale

*Leonid Breschnew
©by Associated Press
(Ausschnitt eines
Porträts, das der
Maler Iwan Penzow
von Breschnew als
Marschall anfertigte.)*

*Leonid Breschnew
©by Werek,
Pressebildagentur*

auf, die durch geringfügige Verzerrungen herausgestellt werden: dunkle, buschige Augenbrauen, kleine Augen, ausgeprägte untere Gesichtshälfte, niedrige Stirn. Die Gestalt wirkt gedrungen, das Gesicht grobschlächtig. In eigenartigem Kontrast dazu steht die ausgesprochen zierliche, kaum auszumachende Brille, so, als ob auf einen Widerspruch zwischen der Wirklichkeit der Person und den intellektuellen Anforderungen seines Amtes angespielt würde. Der ausgestreckte linke Zeigefinger mag etwas Wichtiges unterstreichen, um Aufmerksamkeit bitten, vielleicht auch drohen. Die Karikatur läßt dies offen, wie sie auch in ihrer Gesamtaussage relativ unbestimmt ist.

3.4 Herstellen von Personenkarikaturen

Aus der Kunstgeschichte gibt es Beispiele, wie sich Porträts durch Verformung verändern lassen. Im Gegensatz zu *Leonardo da Vinci*, der die Deformierung durch Beobachtung entdeckte, erschloß sie *Dürer* theoretisch. Er zeichnete ein Idealbild und verformte es in jedem möglichen Sinn [46]. Das erste Lehrbuch für Karikaturisten von *Francis Grose* zeigt bemerkenswerte Ähnlichkeiten mit *Dürers* Zeichnungen [47]. Das Verfahren, Vorlagen systematisch zu verfremden, läßt sich auch als Hilfe beim eigenen Herstellen von Personenkarikaturen verwenden. Zunächst sollte jedoch anhand von Fotografien die Wahrnehmung für charakteristische Merkmale im menschlichen Gesicht verfeinert werden.

Eine Porträtfotografie (Vorderansicht) kann ein guter Ausgangspunkt für das Verfahren der Verfremdung sein. Das ausgewählte Foto wird entlang der Hauptachsen des Gesichts zerschnitten (vertikale Symmetrieachse; Horizontalachsen in Augenhöhe, Nasenwurzel und Mund). Je nach den körperlichen Merkmalen, die durch die Verzerrung verdeutlicht werden sollen, können die Achsen auch anders gelegt werden. Die entstandenen Bildsegmente werden entsprechend den karikaturistischen Absichten ineinandergeschoben bzw. auseinandergezogen. Auf das Puzzle wird dann ein Stück transparentes Papier gelegt und das veränderte Bild durchgezeichnet. Es entsteht so eine „Rohkarikatur". Die Puzzleteile sollte man in dieser experimentellen Phase nicht festkleben. Es ist vielmehr günstiger, durch viele Versuche des Stauchens bzw. Auseinanderziehens der Bildteile die Möglichkeiten der karikaturistischen Verzerrung zu untersuchen und die verschiedenen „Rohkarikaturen" miteinander zu vergleichen. Die am besten geeignete „Rohkarikatur" wird dann in ihren wesentlichen Linien auf einen Bogen Zeichenpapier durchgedrückt bzw. durchgepaust und weiter bearbeitet (Vervollständigung der Linien, Hinzufügung von Details und Texten). Beabsichtigt man, großformatige Karikaturen bzw. Plakate anzufertigen, sollte die Rohkarikatur auf Klarsichtfolie gezeichnet werden. Durch Projektion dieser Folie mit Tageslichtprojektor auf ein entsprechend großes Blatt Papier, das an der Wand befestigt ist, lassen sich Karikaturen in der gewünschten Größe herstellen.

Neben der Methode des Stauchens bzw. Auseinanderziehens von Bildteilen lassen sich karikaturistische Wirkungen auch durch die Collagetechnik erzielen. Ein Personenfoto läßt sich durch das Einmontieren neuer Bildelemente (z. B. andere Augen, anderer Mund, vergrößerte Augenbrauen, große Ohren, andere Umgebung, andere Kleidung) beliebig verändern. Besonders vielfältige gestalterische Möglichkeiten ergeben sich dann, wenn das Ausgangsmaterial doppelt vorhanden ist. So könnte man z. B. durch Zerlegen des Materials in 5–20 mm breite Streifen und gezieltes Montieren die charakteristischen äußerlichen Merkmale in besonderer Weise herausarbeiten. Beim Auseinanderziehen bräuchten z. B. die Zwischenräume nicht zeichnerisch ausgefüllt zu werden, sondern man könnte auf das Zweitmaterial zurückgreifen und damit Gesichtsformen und Details verlängern, verbreitern, verfremden.

3.5 Didaktischer Kommentar

Im diesem Teil des 2. „Bausteins" sollen die Gestaltungsmittel und Erscheinungsformen der Personenkarikatur kennengelernt und eigene bildnerisch-praktische Versuche unternommen werden. Es stellt sich die Frage: Womit beginnen? Ist es günstiger, zunächst mit dem Rezeptionsteil zu beginnen und die praktische Arbeit folgen zu lassen? Der umgekehrte Weg erscheint mir angemessener. Eigentätigkeit und Rezeption lassen sich bei diesem Weg besser miteinander verzahnen; die individuelle Situation der Lernenden läßt sich leichter einbringen und mit dem Lerngegenstand verflechten. Eine genaue Abfolge der Lernziele ist nicht anzustreben. Vielmehr sollten sich im Lernprozeß die Ziele „fließend" aus den vorhergehenden ergeben, je nachdem, welchen Verlauf der Lernprozeß nimmt, wo sich die Interessen der Lernenden artikulieren, wo Defizite erkennbar sind, Anregungen und Informationen gewünscht werden. Mit anderen Worten: Der Pädagoge sollte offen sein für das, was in der Lerngruppe entsteht und darauf angemessen antworten. Werden die bildnerisch-praktischen Versuche an den Anfang gestellt, müßten folgende *Lernziele* zunächst angesteuert werden:

1 Die Lernenden können anhand eines Porträtfotos (Vorderansicht) mit der Methode des Zerschneidens entlang den Hauptachsen des Gesichts eine Personenkarikatur zeichnen, indem sie charakteristische äußere Merkmale verzerren.

2 Sie können eine Personenkarikatur mit Hilfe der Collagetechnik herstellen, indem sie neue Bildelemente einmontieren.

Die Ziele sollten sich nicht auf das praktische Erlernen einer bildnerischen Technik beschränken. Um wieviel bedeutsamer werden die Ziele, wenn sie mit der konkreten Lebenssituation der Lernenden verbunden werden, wenn

Gegenstand der Karikaturen Menschen aus dieser Lebenssituation sind (z. B. Lehrer, Lehrlingsausbilder, Chefs), wenn im Erlernen der Technik die Fähigkeit weiter ausgebildet wird, Bedürfnisse zu äußern, Meinungen mitzuteilen, Diskussionen auszulösen, Mißstände zu verdeutlichen, Interessen zu vertreten!

Je nach Entwicklung des Lernprozesses können nun folgende Lernziele bedeutsam werden:

3 Die Lernenden können anhand einer Arbeit von Bernini die Eigenart von Personenkarikaturen benennen (Formvereinfachung und/oder Verzerrung als Mittel der Gestaltverwandlung; Zusammenhang mit dem Naturvorbild).

Zu diesem Lernziel kann es notwendig sein, etwas über die Anfänge der Personenkarikatur in der Renaissance zu erfahren.

4 Die Lernenden können an ausgesuchtem Bildmaterial unterschiedliche Formen der Personenkarikatur benennen und im Vergleich charakteristische Unterschiede herausstellen („reine" Verfremdung äußerer Merkmale, Charakterisierung in humorvoller bzw. satirischer Absicht, Kritik gesellschaftlicher Zustände, Kritik an bestimmten Personengruppen, Darstellung tagespolitischen Geschehens).

Während dieses Lernziel auf Informationserweiterung und Ausbilden der Differenzierungsfähigkeit gerichtet ist, haben die folgenden Lernziele mit dem Problem zu tun, welche Aspekte des darzustellenden Objektes in eine Karikatur und in ein Foto einfließen können und welche Wirkungsabsichten damit verfolgt werden.

5 Die Lernenden können anhand von mehreren Fotografien die jeweils deutlich werdenden Aspekte und Merkmale der Person benennen.

6 Sie können mit Blick auf die Fotografien die Auswahlgesichtspunkte bei drei ausgewählten Personenkarikaturen bezeichnen.

7 Sie können die Wirkungsabsicht und die wesentlichen formalen Merkmale der drei Personenkarikaturen benennen.

Alle Ziele dieses Abschnitts lassen sich nur in einem stetigen Wechselbezug zueinander optimal verwirklichen. Die Kenntnisse aus den rezeptiven Lernprozessen sind geeignet, der praktischen Arbeit Substanz und Anregungen zu geben. Die praktische Arbeit schafft Motivationen, sich mit Beispielen der Personenkarikatur unter verschiedenen Betrachtungsschwerpunkten auseinanderzusetzen. Die eigenen Erfahrungen mit der praktischen Arbeit können helfen, z. B. die Eigenarten, Wirkungsabsichten, Auswahlgesichtspunkte, besondere formale Merkmale besser wahrzunehmen und zu verstehen. Damit soll kritische Distanz zu Personenkarikaturen vermittelt und zugleich gelernt werden, wie Personenkarikaturen für eigene Interessen eingesetzt werden können.

3.6 Methodische Überlegungen

Ziel der methodischen Planung müßte es sein, die Lernziele flexibel miteinander zu verknüpfen und zur Lebenssituation der Lernenden in Bezug zu setzen. Im Rahmen einer projektorientierten Arbeitsweise läßt sich diese Zielsetzung am ehesten erreichen. Der Beginn der Arbeit könnte darin bestehen, daß die Lernenden Fotos von Personen aussuchen oder mitbringen, von denen sie besonders stark angesprochen werden. Diese Bilder werden vorgestellt und Assoziationen ausgetauscht. Die für die Betrachter charakteristischen Merkmale sind der Ansatzpunkt für die praktische Arbeit.

a) Zum Lernziel 1:

In einem Gespräch über die Frage, wie sich die charakteristischen Merkmale einer Person in einer Zeichnung verdeutlichen lassen, wird sicher die Karikatur als eine geeignete Möglichkeit benannt werden. Anhand der besprochenen Fotografien könnten mit der bei 3.4 erläuterten Methode des Zerschneidens entlang den Hauptachsen des Gesichts die ersten Personenkarikaturen hergestellt werden. In dieser Phase der Arbeit sollten noch keine ausgefeilten Ergebnisse angestrebt werden. Wichtiger ist es, daß die Lernenden experimentieren, in stetem Rückbezug auf die fotografische Vorlage ihre Wahrnehmung für charakteristische Merkmale im menschlichen Gesicht schärfen. Vor der genauen Ausarbeitung der Personenkarikatur sollten die „Rohkarikaturen" in einer Zwischenbesprechung vorgestellt und ihre Eignung für die endgültige Fassung diskutiert werden. Trotz der eingegrenzten Aufgabenstellung darf man sicher sein, sehr unterschiedliche Ergebnisse zu bekommen. Möglich wäre eine breite Palette von Lösungen, angefangen von der „reinen Personenkarikatur" über verschiedene Formen der Charakterisierung, der Ausstattung der Karikatur mit verschiedenen Attributen bis hin zu Typisierungskarikaturen (z.B. die Karikatur eines bestimmten Schlagersängers als Typisierung des Schlagersängers schlechthin). An dieser Stelle könnte man zur Erweiterung der Kenntnisse der Lernenden eine Zäsur machen und die verschiedenen Formen der Personenkarikatur erarbeiten lassen.

b) Zu den Lernzielen 3 und 4:

In arbeitsteiligem Gruppenunterricht könnten die Lernenden die Eigenarten der jeweiligen Personenkarikatur herausfinden. Den einzelnen Gruppen sollten, je nach dem Stand ihrer Fähigkeiten, mehr oder weniger gezielte Leitfragen an die Hand gegeben werden. Hier sind mögliche Arbeitsaufträge:

Gruppe 1: Während des Bundestagswahlkampfes erschienen im politischen Wochenmagazin „Der Spiegel" die Karikaturen von *Schmidt, Genscher, Kohl* und *Strauß*. Bitte untersucht die von *Jean Mulatier* angefertigte Karikatur des Politikers *Genscher* nach folgenden Gesichtspunkten:
1) Bitte vergleicht die Karikatur mit der beigefügten Fotografie und stellt fest, was der Karikaturist verzerrt bzw. verändert wiedergegeben hat.
2) Ist Genscher auf der Karikatur noch erkennbar? Woran liegt das?
3) Welche Wirkungsabsicht steckt hinter der Karikatur?
4) Bitte beschreibt den Stil, in dem die Karikatur angefertigt wurde. Fallen bestimmte Besonderheiten auf?

Gruppe 2: In dem Karikaturenband von *Levine:* „Levines lustiges Literarium" sind Karikaturen von international bekannten Persönlichkeiten (insbesondere Schriftsteller) enthalten. Aus dem Band stammt auch die Karikatur über *Sigmund Freud*. Bitte untersucht diese Karikatur nach folgenden Gesichtspunkten:
1) Wer war *Sigmund Freud?*
2) Welche Teile fallen an der Karikatur besonders auf, sind hervorgehoben worden?
3) Wie wirkt *S. Freud* auf euch? Läßt sich aus der Karikatur etwas vom Charakter *S. Freuds* ablesen? Was?
4) Welche Wirkungsabsicht steckt hinter der Karikatur?
5) Bitte beschreibt den Stil, in dem die Karikatur angefertigt wurde. Fallen bestimmte Besonderheiten auf?

Gruppe 3: Im kritischen Kalender 1974 ist die Karikatur „Tricky Dick" von *A. Paul Weber* erschienen. Bitte untersucht diese Karikatur nach folgenden Gesichtspunkten:
1) Wer ist die abgebildete Person? Wodurch hat sie Aufsehen erregt?
2) Welche Teile sind zur „reinen Personenkarikatur" hinzugefügt worden? Was bedeuten sie?
3) Läßt sich aus der Karikatur etwas vom Charakter der abgebildeten Person ablesen? Was? Welche Stellung bezieht der Karikaturist?
4) Welche Wirkungsabsicht steckt hinter der Karikatur?
5) Bitte beschreibt den Stil, in dem die Karikatur angefertigt wurde. Fallen bestimmte Besonderheiten auf?

Gruppe 4: Die Karikatur über *Friedrich Ebert:* „Aus dem Leben eines Sozialisten" stammt von *George Grosz* und erschien zuerst in der Zeitschrift „Die Pleite", die sich aus kommunistischer Sicht kritisch mit der damaligen SPD auseinandersetzte. Bitte untersucht die Karikatur nach folgenden Gesichtspunkten:

1) Wer war *Friedrich Ebert*? Wie stand er zu kommunistischen Kräften in der Weimarer Republik?
2) Welche Teile sind zur „reinen Personenkarikatur" hinzugefügt worden? Was bedeuten sie?
3) Läßt sich aus der Karikatur etwas von dem Charakter der abgebildeten Person und ihrer politischen Einschätzung durch den Karikaturisten ablesen? Was?
4) Welche Wirkungsabsicht steckt hinter der Karikatur?
5) Bitte beschreibt den Stil, in dem die Karikatur angefertigt wurde. Fallen bestimmte Besonderheiten auf?

Gruppe 5: Die Karikatur: „Die Deutsche Pest" stammt von *George Grosz* und ist 1919 in der Zeitschrift „Die Pleite" erschienen, die sich aus kommunistischer Sicht kritisch mit gesellschaftlichen Gruppen in der Weimarer Republik auseinandersetzte. Bitte untersucht die Karikatur nach folgenden Gesichtspunkten:
1) Wer ist abgebildet? Handelt es sich um eine bestimmte Person oder ist eine Personengruppe gemeint?
2) Welche Teile in der Karikatur sind deutlich herausgearbeitet worden?
3) Wie wirkt die abgebildete Person auf euch?
4) Welche Wirkungsabsicht steckt hinter der Karikatur? In welcher Weise bezieht der Karikaturist Partei?
5) Bitte charakterisiert den Stil, in dem die Karikatur angefertigt wurde. Fallen bestimmte Besonderheiten auf?

Gruppe 6: In der Zeit der Landtagswahlen 1978, bei denen die „Grünen Listen" erhebliche Stimmengewinne erzielten, erschien als Titelbild im „Stern" die Karikatur mit *Helmut Schmidt*. Bitte untersucht diese Karikatur nach folgenden Gesichtspunkten:
1) Aus welchen Teilen besteht die Karikatur? Wie ist sie hergestellt worden?
2) Wie wirkt die abgebildete Person auf euch? Was will die Karikatur ausdrücken?
3) Welche Wirkungsabsicht steckt hinter der Karikatur?
4) Bezieht die Karikatur Partei?
5) Bitte charakterisiert den Stil, in dem die Karikatur angefertigt wurde. Fallen bestimmte Besonderheiten auf?

Nach der Phase der Gruppenarbeit wären Austauschgruppen geeignet, um einen möglichst breiten Kenntnisstand in sozial angemessener Weise zu erreichen. Wie an mehreren Stellen bereits erläutert, werden die Austauschgruppen aus je einem Mitglied aus jeder der (in diesem Falle sechs) Arbeitsgruppen gebildet. Die Mitglieder der Austauschgruppen informieren sich gegenseitig über die Ergebnisse in ihrer jeweiligen Arbeitsgruppe. Im Plenum kommt es danach darauf an, die Ergebnisse zusammenzufassen, zu systematisieren und zu vergleichen. Dabei könnte ein Schema wie das folgende entstehen:

	1	2	3	4	5	6
Verzerrung äußerer Merkmale	++	+	+	+	+	–
humorvolle Charakterisierung	+	++	–	–	–	–
satirische Charakterisierung	–	–	++	+	+	–
Kritik an gesellschaftlichen Zuständen	–	–	+	++	+	–
Kritik an bestimmten Personengruppen	–	–	–	–	++	–
Visualisierung tagespolitischen Geschehens	–	–	–	–	–	++
Attributierung der Person	–	+	++	+	–	+
Collage	–	–	–	–	–	++
differenzierte Strichführung	++	–	++	–	–	–
knappe Strichführung – Schematisierung	–	+	–	+	++	–

Anhand dieses Schemas können die Lernenden ihre selbst angefertigten Personenkarikaturen differenzieren, miteinander und mit den sechs fremden Karikaturen vergleichen. Dabei bilden sie nicht nur ihr Differenzierungsvermögen weiter aus, sondern erhalten auch Anregungen für die praktische Arbeit. Bei entsprechendem Interesse der Lernenden können historische Vorbilder (z.B. die Karikatur von *Bernini*) mit herangezogen, vorgestellt und ggf. auch erörtert werden. Die Karikatur von *Bernini* eignet sich auch recht gut, das Gemeinsame aller gezeichneten Karikaturen zu verdeutlichen: Formvereinfachung und/oder Verzerrung als Mittel der Gestaltverwandlung; Zusammenhang mit dem Naturvorbild. Aus der Reihe fällt lediglich die Fotocollage mit *Helmut Schmidt* (Bild 6). Die Collage ist nicht zeichnerisch hergestellt worden. In der Erörterung dieser neuen Technik kann das Interesse geweckt werden, die Möglichkeiten dieser Technik bei Personenkarikaturen selbst auszuprobieren.

c) Zum Lernziel 2:

Nach ersten Versuchen, durch Einmontieren neuer Bildelemente ein Personenfoto karikaturistisch zu verändern, kann als Anregung vorgeschlagen werden, zwei gleiche Fotos in schmale Streifen zu zerschneiden und so zu kombinieren, daß die äußerlichen Merkmale des Gesichts durch Stauchung oder Vergrößerung verzerrt werden. Meist führt das Einmontieren neuer Bildelemente dazu, das Gesicht durch groteske Veränderungen zu überzerren oder die karikaturistische Wirkung im wesentlichen durch übertriebene Attributierung zu erreichen. In der Besprechung der Arbeiten sollte ein Augenmerk auch auf die verschiedenen Auswahlgesichtspunkte bei der Herstellung der Karikatur gelegt werden: Welche Merkmale sind hervorgehoben worden? In welchem Licht steht der Karikierte, wie wirkt er? Was soll mit der Karikatur ausgesagt werden? Wird ein bestimmtes Ziel verfolgt? Mit diesen Besprechungsschwerpunkten wird darauf hingewirkt, daß nicht nur die handwerkliche Fähigkeit beim Herstellen der Personenkarikaturen gefördert wird, sondern auch das Vermögen, diese Fähigkeit zielbewußt einzusetzen. An diesem „Gelenkstück" kann es sinnvoll sein, das Problem der Auswahlgesichtspunkte an Beispielen zu verdeutlichen.

d) Zu den Lernzielen 5, 6 und 7:

Anhand von Fotografien von *Breschnew* läßt sich in einer Erörterung mit der gesamten Lerngruppe relativ leicht herausfinden, wie unterschiedlich der Führer der Sowjetunion fotografiert werden kann, welche unterschiedlichen Auswahlgesichtspunkte maßgebend geworden sind (*Breschnew*-Fotografien lassen sich in Illustrierten leicht finden). Der Sachgegenstand läßt sich auch in einem Kooperations- und Entscheidungsspiel erarbeiten und bietet dann den Vorteil, fachbezogene mit sozialen Zielen zu verbinden. Es werden Gruppen mit jeweils etwa sechs Teilnehmern gebildet. Jede Gruppe erhält einen Satz Fotografien und folgenden Arbeitsauftrag:

Ihr seid ein Team von sechs Redakteuren einer kleineren illustrierten Wochenzeitung in der BRD. Ihr wollt in einem Artikel euren Lesern einiges über Leonid Breschnew mitteilen. Zu diesem Artikel sollen ein bis zwei Fotos erscheinen. Bitte einigt euch, welche der vier Fotos davon in Betracht kommen. Bitte wählt einen Sprecher, der das Ergebnis den anderen mitteilt und es begründet.

Kommen sehr unterschiedliche Ergebnisse zustande, kann es reizvoll sein, die Sprecher der einzelnen Gruppen miteinander diskutieren und eine Einigung finden zu lassen. Während der Diskussion können Zuhörer die wesentlichen Argumente für oder gegen die Verwendung der jeweiligen Fotografie auf großen, gut sichtbaren Bögen notieren (große Schrift, nach Möglichkeit farbige Stifte). Eigene Ergänzungen und Fragen können aufgeschrieben und an die Diskussionsgruppe weitergeleitet werden. Neben der sachbezogenen Auswertung lassen sich auch interaktionsdynamische Gesichtspunkte einbeziehen: Wie haben die Gruppen zusammengearbeitet? Konnte jeder seine Meinung sagen? Wie war das Klima der Diskussion? Wie kam die Entscheidung zustande? Nach welchen Gesichtspunkten wurde der Gruppenleiter gewählt? Haben sich bestimmte Rollen während der Diskussion herausgebildet? Ein Gruppenbeobachter in jeder Diskussionsgruppe würde eine intensivere Auswertung dieses Teils des Spiels ermöglichen.

Das Spiel bildet die Grundlage für einen arbeitsteiligen Gruppenuntersicht, in dem die Lernenden mit Blick auf die Fotografien untersuchen, welche Aspekte der Person in der jeweiligen Karikatur betont wurden, welche Teile der „fotografischen Wirklichkeit" in die Karikaturen eingeflossen sind. Jede Gruppe erhält eine Karikatur, den Satz der vier Fotografien und einen Arbeitsauftrag.

Gruppe 1: Die von *Blaumeiser* gezeichnete Karikatur ist in einem Karikaturenband erschienen, der viele ähnliche Arbeiten enthält. Bitte untersucht die Karikatur nach folgenden Gesichtspunkten:
1) Bitte vergleicht die Karikatur mit den Fotografien und stellt fest, was der Karikaturist verzerrt bzw. verändert wiedergegeben hat.
2) Wie wirkt die Karikatur von Breschnew auf euch? Welche Wirkungsabsicht läßt sich vermuten?
3) Welche Fotos enthalten charakteristische Bestandteile, die in der Karikatur wieder aufgetaucht sind?
4) Wie wirken diese Fotos im Vergleich zur Karikatur?

Gruppe 2: Die von *Mulatier* gezeichnete Karikatur ist als Titelbild im „Stern" anläßlich des Staatsbesuchs von *Breschnew* in der BRD erschienen und hat heftige Leserreaktionen ausgelöst (s. beigefügte Leserzuschriften). Bitte untersucht die Karikatur nach folgenden Gesichtspunkten:
(wie bei Gruppe 1)

Gruppe 3: Im Rahmen einer Berichterstattung über *Breschnew* im „Zeit-Magazin" erschien die Karikatur von *Hofmekler*. Bitte untersucht die Karikatur nach folgenden Gesichtspunkten:
(wie bei Gruppe 1)

Das wechselseitige Kennenlernen der Gruppenergebnisse könnte wieder in Austauschgruppen stattfinden. Bei Zweifelsfragen oder Unklarheiten müßte noch eine abschließende Besprechung in der Gesamtgruppe stattfinden. Hier wäre auch dann der Zeitpunkt des Transfers, der Umsetzung des Gelernten, des Versuchs, Erfahrungen, Kenntnisse und Fähigkeiten für die eigene Lebenssituation fruchtbar zu machen, d. h.: Personenkarikaturen herzustellen und einzusetzen, um eigene Bedürfnisse und Gefühle zu äußern, Meinungen mitzuteilen, Diskussionen auszulösen, Mißstände zu verdeutlichen, Interessen zu vertreten.

Aus Gesprächen mit den Lernenden ergeben sich häufig Anhaltspunkte dafür, was in deren Lebenssituation als problematisch bzw. änderungsbedürftig empfunden wird. Diese Situationen oder Umstände können in Gesprächen mit der Gesamtgruppe und in Rollenspielen näher erforscht, Hintergründe und Änderungsmöglichkeiten herausgefunden werden. Projektthemen entstehen jedoch nicht nur mit Blick auf problematische Lebenssituationen, vieles entwickelt sich auch aus Spaß an bestimmten Gestaltungsaufgaben. Die ersten Ansätze entstehen meist schon während der Arbeit an den verschiedenen Problemen oder beim praktischen Tun. Wie nun das projektorientierte Arbeiten mit seinen frei bestimmten Zielen und Aktivitäten verbinden mit den bislang erörterten, eher grundlegenden Lernaktivitäten und Zielen?

Die Beschäftigung mit Personenkarikaturen setzt vieles an Kenntnissen, Erfahrungen und Fähigkeiten bereits voraus, wenn man gleich zu Beginn angemessene Ziele selbst finden und verwirklichen will. Dies kann man bei den meisten Lernenden jedoch nicht voraussetzen. Die Folgen könnten Überforderungen sein: Es werden sehr schwer realistische Ziele gefunden; die Ergebnisse befriedigen sie nicht; vieles läuft konfus, improvisiert und führt häufig zu Enttäuschungen und Unwilligkeit weiterzumachen. In diesem Stadium helfen dann „Stützprogramme", die vom Pädagogen angeboten werden, auch nicht mehr viel. Der umgekehrte Weg ist häufig auch nicht viel besser. Die gesamte zur Verfügung stehende Zeit wird zunächst ausschließlich für die grundlegenden Lernaktivitäten verwendet. Wenn die Grundlage dann erworben ist (wann ist sie schon erworben?!), soll sich ein Projekt anschließen, das dann meist aber nicht klappt. Die Lernenden sind durch den vorher stattfindenden Lernprozeß bereits so eingeengt und festgelegt worden, daß ihre eigenen Ideen und Gestaltungswünsche, ihr Interesse und Engagement häufig bereits im Keim erstickt sind.

Ein dritter Weg der flexiblen und kontinuierlichen Verzahnung von grundlegenden Lernprozessen (Fundamentum) und projektorientierten Arbeiten vermag die Schwierigkeiten mit den beiden anderen Modellen ein wenig auszugleichen.

Begonnen wird mit dem Fundamentum, etwa in der Weise, wie wir es beschrieben haben, also in einer flexiblen, ineinander verzahnten Abfolge von Lernschritten. Sobald sich Ansätze für eigenständige Arbeit oder ausgeprägte Interessen bei den Lernenden zeigen, werden diese aufgegriffen und ihnen zunehmend mehr Zeit zur Verfügung gestellt. Die Fortentwicklung im Fundamentum müßte sich flexibel auf das entstehende projektorientierte Arbeiten einstellen, die Akzente sollten dann so gesetzt sein, daß dieses Arbeiten kontinuierlich davon angeregt und befruchtet wird. In dem Maße als sich das projektorientierte Lernen fortentwickelt und die Motivation der Lernenden stärker erfaßt, kann das Fundamentum in seinem Umfang abnehmen und sich zunehmend stärker den im projektorientierten Arbeiten herausgebildeten Inhalten zuwenden und von ihm angeregt werden, bis schließlich die projektbezogene Aktivität so erstarkt ist, daß sie unter Fortfall des Fundamentums in die eigentliche Projektphase einmünden kann: Wirkungen nach außen, Ausstellungen, Aktionen, Untersuchungen. Die Abbildung verdeutlicht die Verzahnung von Fundamentum und Projekt.

Wie sieht das praktisch aus? Welche projektorientierten Aktivitäten können sich um den Inhalt „Personenkarikatur" ranken?

In der Schule kann sich Kritik an Lehrern oder am Hausmeister in Form von Personenkarikaturen äußern. Es kann sich auch ein Projekt entwickeln, die Mitschüler und/oder die Lehrer einer Klasse in humorvoll-komischer Darstellung zu charakterisieren. Um dieses Projekt zu verwirklichen, müssen Fotos angefertigt werden (fotografieren, Dunkelkammerarbeit). Hierbei müssen zusätzlich Kenntnisse und Fähigkeiten erworben werden, deren Vermittlung vom Zeitbedarf her sehr aufwendig werden kann [48]. Auch an medienkritische Projektinhalte wäre zu denken. Die Schüler würden in diesem Falle ihre eigenen Erkenntnisse mit dem Mittel der Personenkarikatur anderen mitteilen: Kritik am Starrummel durch Karikaturen bekannter Künstler; „Durchleuchtung" von Fernsehfolgen mit Hilfen von Karikaturen über die Hauptakteure und die von ihnen vermittelten Normen und Verhaltensweisen.

Verzahnung von Fundamentum und Projekt

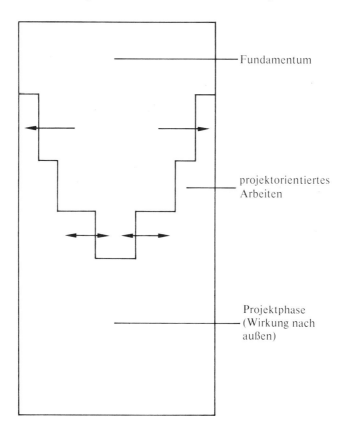

4 Stile und Themen

4.1 Vergleich der Stile und Themen

Den Erscheinungsformen der Karikatur haben wir uns bislang mit der Absicht genähert, ihre Vielfalt nach eher formalen Gesichtspunkten zu erschließen und übergeordnete Gesichtspunkte zu finden. Um die jeweiligen Besonderheiten der Karikaturen, um Stilmerkmale und persönliche Gestaltung eines Themas durch einen Karikaturisten soll es uns nun gehen.

Die erste Zugangsmöglichkeit haben wir über Ausstellungskataloge. Eine breite Übersicht vermitteln die internationalen Karikaturenausstellungen in Berlin [49]. Die große Stile- und Themenvielfalt von europäischen und außereuropäischen Künstlern gibt einen Eindruck, wie unterschiedlich Themen gestaltet werden können. Da von jedem Künstler nur eine Arbeit gebracht wird, ist eine intensivere Auseinandersetzung mit einem einzelnen Künstler nicht möglich. Die breite Palette aller möglichen Themen steht einem genaueren Vergleich der Künstler entgegen. Gleichwohl ermöglichen die Ausstellungskataloge einen Eindruck, was an Stilen, Themen und Auffassungen auf dem Gebiet der Karikatur zur Zeit möglich ist. Andere Ausstellungen beschränken sich auf wenige (meist bekannte) Karikaturisten, die dann mit mehreren Arbeiten vertreten sind [50]. Hier bietet sich eher die Möglichkeit, unterschiedliche Stile miteinander zu vergleichen, die Stilmerkmale, die thematischen Schwerpunkte und Auffassungen eines Künstlers im Vergleich zu anderen zu bestimmen.

Besonders ergiebig wird dies dann, wenn von verschiedenen Künstlern Arbeiten zu einem Thema vorliegen. Hier bietet die Zeitschrift „Pardon" reichhaltiges Material: In loser Folge erschienen Karikaturen von verschiedenen Künstlern zu einem vorgegebenen Thema, z.B.: „Warum lieben sie Musik?", „Was versprechen Sie sich vom Fortschritt?", „Wie stellen Sie sich das Paradies vor?", „Wie stellen Sie sich die Welt im Jahre 2000 vor?", „Was ist, wenn die Amis abziehen?", „Wie stellen Sie sich Ihr Lieblingsdenkmal vor?" Zu den Themen „Erotik" und „Auto" erschienen Sammelbände mit den Arbeiten vieler Karikaturisten [51]. Die Möglichkeit eines Vergleichs wird bei diesen Bänden noch dadurch erhöht, daß von manchen Künstlern mehrere Arbeiten abgedruckt sind.

Welche grundsätzlichen Lernmöglichkeiten erschließen sich bei dem Vergleich zwischen verschiedenen Karikaturisten? Zunächst wird der Blick für die Stilmerkmale einzelner Künstler geschärft: Themengestaltung, Einfallsreichtum, Originalität, Strichführung, Wort-Bild-Bezug, Witz, Symbolik können untersucht und verglichen werden. Aber dies allein würde ein gesondertes Lernangebot nicht rechtfertigen. Gibt es zu einem für die Lernenden wichtigen Thema von verschiedenen Künstlern Karikaturen, die sich in Aussagegehalt und Stilmerkmalen unterscheiden, dann hätten die Lernenden die Möglichkeit zu einer umfassenden und mehrschichtigen Betrachtung. Sie könnten untersuchen, wie Form und Inhalt sich bei den jeweiligen Künstlern zu einer bestimmten Aussage zusammenfinden und welche Unterschiede im einzelnen festzustellen sind. Dieser Vergleich ermöglicht es ihnen, sich mit dem dargestellten Inhalt aus verschiedener Sicht, unter Berücksichtigung unterschiedlicher Aspekte, auseinanderzusetzen und ihre eigenen Auffassungen und Lebenshintergründe dazu einzubringen.

4.2 „Cartoons for Amnesty"

Es ist – wie wir gesehen haben – nicht unwichtig, an welchen Inhalten die Stilvielfalt untersucht werden soll. Es muß sich um einen Inhalt handeln, der für die Lebenssituation der Lernenden von Bedeutung ist. Dies gilt zweifellos für das Problem der Menschenrechte und die Lage der Gefangenen. Der vor kurzem erschienene Band „Shut up!" [52] enthält eine Fülle von Karikaturen zu diesem Thema. Zum Problem, gefangen zu sein, habe ich aus diesem Band drei in ihrem Aussagegehalt unterschiedliche Karikaturen ausgewählt: 1) von *Claude Serre*, 2) von *Paul Flora* und 3) von *Paul Audin* (Avoine).

1) Bei *Serre* ist das Gefangensein ein Weltproblem. Die Welt hat sich für den Menschen in ein Gefängnis verwandelt. Diese Aussage wird originell ins Bild gesetzt: Es wird ein Globus gezeigt; die Längen- und Breitengrade haben sich in Gitterstäbe verwandelt. In der „Weltkugel" schmachtet ein Mensch; die Hände mit Eisenketten an den Fuß des Globus gefesselt. Der Globus ist von Menschen gemacht: Gefangensein ist den Menschen nicht a priori auferlegt; Menschen haben anderen Menschen dieses Los auferlegt; es gibt Verantwortliche.
  Die Zeichnung ist sorgfältig und genau (man könnte fast sagen: naturalistisch) ausgeführt. Feine Strichführung, Schraffuren, perspektivische Darstellung, Licht- und Schattenwirkung erhöhen die realistische Ausführung der Zeichnung: Die Symbolik der Zeichnung trifft die Wirklichkeit; die Welt hat sich für den Menschen in ein Gefängnis verwandelt; Gefangensein ist ein Weltproblem.

2. Das Weltproblem wird bei *Flora* zu einem institutionellen. Der Käfig, in dem der Gefangene steht, ist Teil eines gesichtslos-bulligen Gefängniswärters. Er gehört zu dem Wärter und gehört doch nicht zu ihm. Das Käfiggestell ist an die Stelle des menschlichen Körpers getreten. Es sind die Menschen, die andere einsperren, die durch dieses Tun soviel an Menschlichkeit eingebüßt haben, daß ihre institutionelle Aufgabe Teil von ihnen selbst geworden ist. Im Vergleich zu *Serre* ist die Strichführung einfacher, schematischer. Die Karikatur ist auf wenige charakteristische Details beschränkt: Schlüsselbund, über die Augen geschobene Schirmmütze. Die Anonymität und Austauschbarkeit der

Claude Serre

Personen, die einsperren und die eingesperrt werden, wird durch diese Stilmerkmale verdeutlicht.

3) Dagegen bezieht sich *Avoine* auf die persönlichen und gefühlsbezogenen Aspekte des Eingesperrtseins, generalisiert und analysiert nicht, sondern fordert zu Mitgefühl und Hilfe auf. Der winzig kleine, hochgereckte Kopf eines

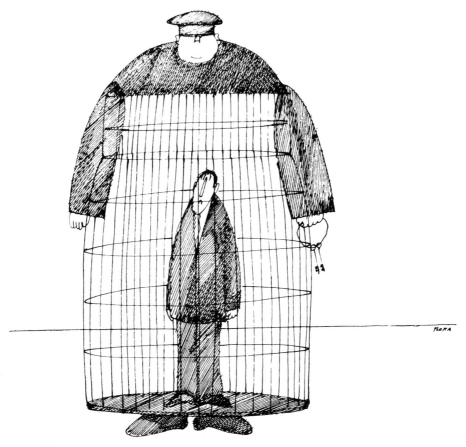

Paul Flora

Menschen schaut aus einem Zellenfenster hinaus. Deutlich zu erkennen ist nur das weit aufgerissene Auge: der verzweifelte Versuch, Kontakt nach außen zu bekommen. Das Zellenfenster hat die Gestalt eines schreienden Mundes angenommen und verstärkt den Appell, das Leiden der Gefangenen zu hören und ihnen zu helfen. Die Stilmerkmale der Karikatur entsprechen dieser Wirkungsabsicht: feiner Strich, Sorgfalt in der Wiedergabe von Details, gedämpfte Colorierung, im Bildaufbau eine deutliche Konzentration zur Mitte (großflächig an den Rändern, zur Mitte differenzierte, kleinere Flächen).

Alle drei Karikaturen erschließen Aspekte ein und desselben Problems: daß Menschen gefangen gehalten werden. *Serre* betrachtet das als einen weltumfassenden Mißstand: Alle Menschen sind davon betroffen. Bei *Flora* wird der institutionelle Aspekt vorgeführt: Die Menschen internalisieren ihre „Wärter-

Paul Audin (Avoine)

rolle"; die Aufgabe, Menschen einzusperren, wird Teil ihrer Person. Der persönliche Bezug, die Aufforderung, Anteil zu nehmen, sich zu engagieren, kennzeichnet die Karikatur von *Avoine*.

4.3 Didaktischer Kommentar

Ziel dieses Lernabschnittes ist eine inhaltliche Auseinandersetzung mit dem Problem des gefangen gehaltenen Menschen. Der Vergleich der Stilmerkmale und Wirkungsabsichten von drei verschiedenen Karikaturen hilft, die unterschiedlichen Aspekte zu diesem Problem zu erfassen, sich selbst und die eigene Lebenssituation dazu in Beziehung zu setzen. Das Problem selbst, die Menschenrechte und die gefangen gehaltenen Menschen, mag zwar nicht unmittelbar in die Lebenssituation der Lernenden hineinragen und vielleicht bei uns nicht so aktuell sein. Gleichwohl werden mit diesem Problem Mißstände bezeichnet, bei denen wir nicht still bleiben dürfen, die bei uns nicht ein für allemal gebannt sind, gegen deren Wiederkehr wir uns wehren müssen. Darum gilt es, Erkenntnisse über dieses Problem bei den Lernenden zu vermitteln, ihre Widerstandskraft gegen das Grauen zu stärken. Die Eigenart von Karikaturen kommt dieser Zielsetzung entgegen: Die bildhaft-anschauliche Darstellung begünstigt einen emotionalen Bezug zum Problem, steigert das persönliche Betroffensein. Die parteiliche Wertung des dargestellten Sachverhalts durch die Karikatur erwartet vom Betrachter eine Stellungnahme und eigenes Handeln. Gemessen an diesen übergreifenden Zielvorstellungen macht sich das folgende fachbezogene Lernziel recht bescheiden aus:

1 Die Lernenden können anhand von drei ausgewählten Karikaturen die wesentlichen stilistischen Merkmale, die Wirkungsabsichten und die Aussagegehalte miteinander vergleichen.

Zu dieser kognitiven Erschließung müßte der affektive Bereich in Beziehung gesetzt werden!

2 Die Lernenden können ihre eigenen Auffassungen und Gefühle zum Problem des gefangen gehaltenen Menschen austauschen, Stellung beziehen, die Möglichkeiten eigenen Handelns in bezug auf das Problem erörtern.

Dabei wird es voraussichtlich notwendig sein, Informationen über die Verletzung der Menschenrechte, die Lage der Gefangenen, die Arbeit von „Amnesty International" auszutauschen. Der Bezug zur eigenen Lebenssituation gestaltet sich etwas schwieriger, fehlt doch den Lernenden in der Regel die Erfahrung des Gefangenseins, der Kontakt zu Gefangenen. Gleichwohl haben sie Erfahrungen mit Vorformen: Stubenarrest, Nachsitzen in der Schule, Strafarbeiten, so daß auch dieses Lernziel möglich wäre:

3 Die Lernenden können das Problem der gefangenen Menschen zu den Erfahrungen aus ihrer eigenen Lebenssituation in Beziehung setzen.

Die hier skizzierten Lernprozesse wären möglicherweise auch eine gute „Startphase" für ein Projekt oder eine Unterrichtseinheit über das Problem der Gefangenen. In bezug auf unser Thema „Satire und Karikatur" ist der für diesen Abschnitt ausgewählte Inhalt exemplarisch: Es können auch andere, für die Lernenden wichtige Inhalte an seine Stelle treten.

4.4 Methodische Überlegungen

Bei Lernprozessen, die an die Inhalte so stark gebunden sind, wie dies hier der Fall ist, sollte man die formale Analyse von Karikaturen nicht zum Mittelpunkt machen. Notwendiges Engagement und emotionales Beteiligtsein kann durch „Formalübungen" leicht versanden. Daher müßte zunächst versucht werden, einen persönlichen Bezug zur Problematik zu gewinnen.

a) Zum Lernziel 2:

Ein sachlicher Meinungsaustausch zum Problem des gefangenen Menschen bedarf einer Stimulierung, vielleicht auch zusätzlicher Informationen, z.B. durch einen Film, eine Geschichte. Um den eigenen emotionalen Hintergrund besser auszuleuchten, könnte eine Assoziationsübung weiterhelfen.

Es werden Fotos von Gefangenen, von Gefängnissen, von den räumlichen und menschlichen Bedingungen vorgegeben. Die Lernenden wählen sich aus diesen Fotos einige aus und erzählen der Gruppe, was ihnen dazu einfällt, welche Assoziation sie dazu haben. Die geäußerten Gefühle, Meinungen, Erinnerungen, Einfälle werden notiert und in einem Schaubild systematisiert (auf Folie für die Tageslichtprojektion oder auf der Wandtafel). Die Assoziationsstruktur der Lerngruppe über das Problem Gefängnis/Gefangene bietet den Ausgangspunkt für ein Gespräch: Zu welchen Bereichen kamen viele Assoziationen, zu welchen wenige? Wie sind die einzelnen Bereiche inhaltlich und von der „Tönung" her aufgefüllt worden? Fehlen mögliche Bereiche? Welche Rückschlüsse auf die Lerngruppe läßt dies zu? Wie „persönlich" sind die Assoziationen? Gibt es einen gemeinsamen Assoziationsbestand zu den Bildern? Wie lautet dieses Gemeinsame?

b) Zum Lernziel 1:

Ist ein emotionaler Bezug zum Thema hergestellt, können die ausgewählten Karikaturen einbezogen werden. Bei „konventioneller" Form des Lernprozesses (z.B. frontale Erarbeitung oder Gruppenarbeit) kann die aufgabenbezogene Orientierung so stark werden, daß die emotionalen Bezüge wie Engagement und Beteiligtsein wieder verschüttet werden und die Betroffenheit verlorengeht. Hingegen böte ein Kooperations- und Entscheidungsspiel mehr Chancen, die emotionale Anbindung zu festigen. Bei dem Spiel werden Gruppen zu etwa sechs Lernenden gebildet. Jede Gruppe erhält die drei Karikaturen und folgenden Arbeitsauftrag:

„In Zusammenarbeit mit „Amnesty International" betreut eure Gruppe einen jungen Gefangenen in einem lateinamerikanischen Staat. Die Zeitung in eurer Stadt will über eure Arbeit einen Artikel bringen. Ihr seid gebeten worden, eine Karikatur beizusteuern. Für die drei Karikaturen besitzt ihr eine Abdruckgenehmigung. Bitte wählt für den vorgesehenen Zweck eine der drei Karikaturen aus. Um eure Entscheidung möglichst rational zu gestalten, fertigt bitte eine Vergleichsübersicht nach folgendem Muster an:

	1	2	3
Welche wesentlichen Stilmerkmale sind erkennbar?			
Was sagt die Karikatur aus? Gegen was richtet sich ihre Kritik?			
Welche Wirkungsabsicht läßt sich vermuten?			
In welcher Weise kommentiert die Karikatur die Arbeit von „Amnesty"?			

Bitte wählt einen Sprecher, der das Ergebnis eurer Entscheidung mitteilt und es anhand der Vergleichsübersicht begründet.
Der weitere Verlauf und die Auswertung kann in Anlehnung an die Anregungen bei 3.6 (d) erfolgen.

c) Zum Lernziel 3:

Gespräche über eigenen Erfahrungen mit Vorformen des Eingesperrtseins (Stubenarrest usw.) könnten die dritte Lernphase einleiten. Rollenspiele über das Leben im Gefängnis wären eine weitere Möglichkeit, sich der Erfahrungswelt von Gefangenen zu nähern. Anregungen zu diesen Rollenspielen könnten Berichte von Gefangenen sein oder auch Bilder, Zeitungsartikel und Filme. Was im einzelnen sinnvoll ist, hängt insbesondere hier sehr von Art und Zusammensetzung der Lerngruppe ab.

d) Zum Lernziel 2:

Bei entsprechend engagierten Lerngruppen könnten die Möglichkeiten, Gefangenen zu helfen, erörtert werden. Man könnte auch daran denken, diese Möglichkeiten in Planspielen und Planspieldiskussionen [53] intensiver durchzuspielen. Vielleicht gelingt danach der Schritt in die soziale Wirklichkeit: Kontaktaufnahme zu „Amnesty", Briefpatenschaften mit Strafgefangenen, Betreuung entlassener Gefangener, z.B. in Zusammenarbeit mit einer sozialpädagogischen Wohngemeinschaft, die entlassene Strafgefangene aufnimmt.

5 Fotomontage

5.1 Entwicklung und Erscheinungsformen der Fotomontage

Im Abschnitt 3.2./6 hatten wir bereits unter dem Gesichtspunkt der Personenkarikatur eine Fotomontage vorgestellt: das Titelbild einer Ausgabe des „Stern" mit *Helmut Schmidt* und der „grünen Gefahr". Der Entwicklung und den Erscheinungsformen dieser bildnerischen Technik wollen wir uns jetzt etwas genauer zuwenden.

Die Anfänge liegen im 19. Jahrhundert. Bei komplizierten szenarischen Motiven, die nicht einfach abgelichtet werden konnten, behalfen sich die Fotografen mit der Fotomontage. Sie schnitten Teile der Fotografie aus, klebten sie mit anderen Teilen zusammen und konnten diese Montagen neu fotografieren [59]. Mit Hilfe dieser Montagen konnten die Fotografen große Kontrastunterschiede zwischen verschiedenen Motivteilen überbrücken und eine ungewöhnlich große Tiefenschärfe erreichen. Diese ersten Fotomontagen waren keine Karikaturen; sie hatten keinerlei Merkmale einer Satire. Das änderte sich erst durch die Dada-Bewegung im Berlin des Ersten Weltkriegs. *Roul Hausmann, Hannah Höch* und *Kurt Schwitters* schufen mit der Schere eine phantastisch-skurile, heitere und teilweise kritische Bildwelt. Der Surrealismus brachte andere Aspekte der Fotomontage zutage: *Max Ernst*, einer der wichtigsten Vertreter, zerlegte Fotografien, stellte sie mit Elementen der Grafik und Malerei in neue Zusammenhänge und komponierte so Bilder phantastischen Inhalts. Der für unser Thema „Satire und Karikatur" wichtigste Exponent der Fotomontage in dieser Zeit war jedoch zweifellos *John Heartfield*. Nach seinem Eintritt in die KPD entwickelte er stark plakative Bilder mit politisch-agitatorischer Zielsetzung. Im Mittelpunkt stand sein Kampf gegen das Nazi-Regime. Geführt wurde dieser Kampf mit künstlerischen Mitteln auf den Titelseiten der „Arbeiter-Illustrierten Zeitung". In ähnlicher Weise wie *Heartfield* arbeitete der Karikaturist *Marinus Jacob Kjelgaard*. Seine Fotomontagen erschienen zwischen 1932 und 1940 in der französischen Zeitschrift „Marianne". *Klaus Staeck* gilt als der „Nachfolger" *Heartfields* auf dem Gebiet der satirisch-politischen Fotomontage. Wie sein Vorgänger greift *Staeck* direkt in das politische Geschehen ein, bezieht Partei, kritisiert Mißstände (Umweltvergiftung, Ausbeutung der Gastarbeiter, Mängel im Gesundheitswesen) und stellt sich offen gegen die CDU/CSU und ihre Repräsentanten. Die Fotomontagen werden im Selbstverlag bzw. in Zusammenarbeit mit dem Steidl Verlag als Plakate (auch als Postkarten und Aufkleber) herausgebracht. Neben *Staeck* sind insbesondere *Ernst Volland, Christian Schaffernicht* und *Jürgen Holtfreter* durch ihre satirisch-politischen Fotomontagen in der BRD bekanntgeworden [60].

Was ist nun das besondere der satirisch-politischen Fotomontage? Anstelle von zeichnerischen und malerischen Formen werden Teile von Fotografien verwendet und durch Kleben in eine neue Ordnung gebracht. Durch die fotografischen Teile wird der Eindruck erweckt, die Montage sei Reproduktion von etwas Wirklichem. Der Herstellungsprozeß widerspricht zunächst diesem Eindruck. Die fotografischen Teile werden durch ihre Umgebung, ihren Kontext, in dem sie stehen, definiert. Die Schere entfernt diesen Kontext und gibt die Möglichkeit, die fotografischen Teile in einen neuen Zusammenhang einzuordnen. Was ist damit gewonnen? Es können Beziehungen hergestellt werden, die in der Wirklichkeit visuell nicht wahrzunehmen sind. Diese ungewohnten, oft schockartigen Beziehungen vermögen die gesellschaftliche Wirklichkeit in ihrer Mehrschichtigkeit und ihrer Widersprüchlichkeit zu durchdringen, indem sie gedankliche und sprachliche Kombinationen ins Bild setzen. Wir wollen dies anhand einer bekannten Fotomontage von *John Heartfield* beispielhaft vorführen und dabei die inhaltlichen und formalen Besonderheiten dieser Form der satirisch-politischen Karikatur näher kennenlernen.

5.2 Satirische Fotomontage am Beispiel John Heartfield

Der Band von *Eckhardt Siepmann:* „Montage: John Heartfield. Vom Club Dada zur Arbeiter-Illustrierten Zeitung" [61] enthält eine Fülle von Abbildungen und Dokumenten zum Werk John Heartfields. Diesem Band haben wir auch die Fotomontage „Der Sinn des Hitlergrußes" entnommen [62]. Mit dieser Montage wollen wir uns jetzt näher auseinandersetzen:

Aus drei Bildteilen setzt sich die Montage zusammen: 1) aus einem Geldgeber, 2) aus einem Foto von Hitler und 3) aus einem Bündel Geldscheinen. 1) Anzug, Brilliantring, Doppelkinn, Geldbündel sind Erkennungsmerkmale für „Unternehmer", „Kapitalist". Der Kopf des Geldgebers ist stark angeschnitten; die Person wird nicht deutlich, bleibt anonym; sie ist Ausdruck der gesellschaftlichen Schicht der reichen Unternehmer. 2) Hitler ist an den Merkmalen des Gesichts, insbesondere am schwarzen Schnurrbart und an der scharf geschnittenen Nase erkennbar. Er trägt militärische Kleidung und hat die Hand zum „Hitlergruß" erhoben. Mimik und Gestik, erhobene Hand, geneigter Kopf, gesenkter Blick, halb geschlossenes Auge, leicht gerunzelte Stirn und ein wenig zusammengezogene Brauen deuten auf höchste Konzentration und innere Sammlung hin. Diese Körperhaltung und Mimik war typisch für Hitlers Erscheinungsbild auf rituellen Veranstaltungen der Nazi-Partei, wie z.B. „Fahnenweihe" und „Vereidigung". Das Ausmontieren der Hitler-Figur aus diesen gewohnten Kontexten verwirrt den Betrachter, weil damit seine Sehkonventionen relativiert werden. Anstelle des inneren Bezuges Hitlers zu den versammelten Massen verschiebt sich für den Betrachter der Montage die Bedeutung von Gestik und Mimik auf die Konzentration bei der Entgegennahme eines Geldbündels. 3) Dieses Geldbündel „verbindet" den Geldgeber mit Hitler; es befindet sich in der Mitte einer Diagonalen, die vom angeschnit-

John Heartfield

tenen Gesicht des Geldgebers, dessen Brilliantring, der ausgestreckten Hand Hitlers bis zu dessen Nase verläuft und damit die Bildteile 1) und 2) miteinander verbindet.

Der Sprachteil ist mit den bildnerischen Teilen verklammert: Die Überschrift: „Der Sinn des Hitlergrußes" ist ein internes Montageelement und hat den Zweck, den Hitlergruß zu entlarven: deutlich zu machen, was hinter dem äußerlichen Erkennungsmerkmal der Nazis, das Einheitlichkeit und Geschlossenheit dokumentieren soll, steckt. Der Satz „Millionen stehen hinter mir" ist ein Quasi-Zitat, ein Ausspruch Hitlers, der ausdrücken soll, daß Millionen Menschen ihn unterstützen, seine Ziele gut finden. *Heartfield* gibt diesem Ausspruch einen anderen Sinn: Es sind nicht Millionen von Menschen, sondern Millionen von Reichsmark, die hinter Hitler stehen, Gelder aus anonymen Quellen des Großkapitals. Der als Bilderläuterung eingeführte Textteil „Kleiner Mann bittet um große Gaben" unterstreicht den Gesichtspunkt „Hitler als Gabenempfänger des Kapitals", macht deutlich, daß das Kapital groß (an Einfluß und Macht) und Hitler klein ist. Dies findet seine Entsprechung im Bildteil. Der Geldgeber ist fast doppelt so groß wie Hitler. Beide Bildteile stehen in einer Ebene, die parallel zur Bildfläche verläuft. Das wird durch die unscheinbare Überschneidung der Scheine durch die Hand von Hitler erreicht. Ohne diese Überschneidung hätten die unterschiedlichen Körpergrößen den Schein überzeugt, als stehe die kleinere Figur (Hitler) tiefer im Raum als der Geldgeber. Durch die Überschneidung kann sich die Verfremdung gegenüber der optisch-logischen Sehweise durchsetzen.

Die Kritik in der Montage begnügt sich nicht damit, Hitler als Beleg zu verwenden, daß hinter ihm das Kapital steht. Vielmehr richtet sich die Kritik auch gegen die religiös gestimmte Ästhetik der groß „aufgezogenen" Massenveranstaltungen, gegen die Identifizierungsrituale, gegen die Ideologie von der großen, versöhnten Volksgemeinschaft, in der es keine Klassen mehr gibt und in der sich der Führer als Versinnbildlichung und Garant dieser großen Einigkeit ausweist. Der Hitlergruß als Schluß und Höhepunkt der ritualisierten Massenveranstaltungen, mit dem sich Hitler als Mittler zwischen der Volksgemeinschaft und dem Schicksal darstellt, wird von *Heartfield* als visuelles Zitat in einen entlarvenden Kontext eingebettet. Damit wird nicht nur der Inhalt politischer Aussagen angegriffen, sondern zugleich auch der ästhetische Schein zerstört, mit dessen Hilfe die Aussagen der Nazis erzeugt und aufrechterhalten werden. Indem *Heartfield* die Bilderwelt, derer sich die Nazis bedienten, herbeizitiert, sie aus ihrem vorgegebenen Zusammenhang entfernt, durch neue Bildteile ersetzt, gibt er nicht nur Gegeninformationen, sondern macht gleichzeitig die Mittel sichtbar, mit deren Hilfe die Nazis ihre versteckten Informationen und Ideologismen übermitteln.

5.3 Satirische Fotomontage heute

Der Schein des Authentischen in verfremdeter Gestalt macht die Fotomontage auch heute zu einer wichtigen satirisch-politischen Bildform. Die politische

Bewegung von Studenten und Intellektuellen hat die Fotomontage belebt. Durch diese Bewegung wurde das Bewußtsein für gesellschaftliche Konflikte und Widersprüche geschärft. Die satirische Fotomontage wurde zu einem angemessenen Ausdrucksmittel, diese Konflikte und Widersprüche deutlich zu machen, aufklärerisch zu wirken, Partei zu beziehen. Der Aufsplitterung der Wahrnehmung in den Massenmedien, der Darstellung der Welt als Ansammlung von Einzelinformationen, die nicht miteinander zusammenhängen und scheinbar nur der Unterhaltung dienen, will die Fotomontage Widerstand entgegensetzen. Dabei hat sich eine neue Form der Veröffentlichung von Fotomontagen gebildet: der Vertrieb von Plakaten und Posters durch die Künstler selbst oder durch einen Zwischenhändler. Die Themen der Fotomontagen sind dem aktuellen politischen Geschehen entnommen, kommentieren gesellschaftliche Probleme, die gerade im Gespräch sind, setzen sich mit der Warenwelt auseinander oder beziehen sich auf Konflikte zwischen Lohnarbeit und Kapital [60]. Alle Arbeiten sind mehr oder weniger in ihrer Gestaltungsform den Montagen *Heartfields* verpflichtet. Von den damals entwickelten Verfahrenstechniken und Montage-Ideen wird heute noch gezehrt (ohne dessen Höhe vielfach zu erreichen). Eine Ausnahme mag *Klaus Staeck* sein, der zwar *Heartfield* als seinen Anreger bezeichnet, in manchen seiner Arbeiten jedoch neue Montageideen entwickelt hat. Als Beispiel für diese neuen Ideen haben wir die (für *Staeck* eigentlich untypische) Montage „Fremdarbeiter" ausgewählt.

Steht im Zentrum der Arbeiten von Staeck die kritische Auseinandersetzung mit der CDU/CSU, so ist mit dieser Montage ein allgemeines gesellschaftliches Problem in der BRD angesprochen worden: die Situation der Gastarbeiter. Auch formal hebt sich diese Arbeit von den meisten anderen ab: Es ist kein Text verwendet worden; die Montage beschränkt sich auf ein einziges Detail: einen grün/weiß/rot gestreiften sechszackigen Stern. Das Schwarz-Weiß-Bild zeigt im Vordergrund einen Müllarbeiter im Arbeitsanzug. Hinter ihm leert ein Mann seinen Müllkasten in einen Müllcontainer. Ohne den Stern würde es sich um ein einfaches Schwarz-Weiß-Foto handeln, das unsere Aufmerksamkeit kaum erregen würde. Durch den einmontierten, farbigen Stern an der linken Brust des Müllarbeiters erhält das Foto eine satirisch-politische Aussage. Dieser Stern in den Farben der Nationalflagge Italiens ähnelt in seiner Form dem Judenstern, zeigt an, daß unsere „Gast"-Arbeiter Fremdarbeiter sind: mit niederer Arbeit beschäftigt, diffamiert, ausgestoßen, nicht zugehörig zu unserer Gesellschaft – vergleichbar mit jenen Fremdarbeitern, die Hitler als Arbeitssklaven während des Krieges nach Deutschland verschleppen ließ. Wir nehmen dies aber in der Regel nicht wahr; unsere Wahrnehmung hat sich gegen diese Erkenntnis „gepanzert". Erst der auffällig farbige Stern durchbricht die eingeschränkte Wahrnehmungsfähigkeit und eröffnet die Möglichkeit, unsere alltägliche Umwelt in diesem Punkt bewußt wahrzunehmen. Der Montage fehlt die Geste des Agitatorischen. Es

Klaus Staeck: Fremdarbeiter

wird keine bestimmte Partei oder gesellschaftliche Gruppe angegriffen. Wir selbst sind gemeint, uns soll bewußt gemacht werden, daß wir bei Gastarbeitern diesen Stern sehen und danach handeln. Die bei heutigen Fotomontagen üblichen „lauten Töne" sind einer eher stillen Aufforderung zum Nachdenken gewichen. Damit kann diese Fotomontage für den einzelnen Betrachter wirkungsvoller sein als agitatorische Arbeiten, die sich in ihren Themen, Argumenten und Montage-Ideen abgenutzt und die eher Wiedererkennungs- und Bestätigungsfunktionen für „Insider" haben als kritische Impulse für sonstige Betrachter auszulösen vermögen. Die gezeichnete satirische Karikatur ist auch zu Aussageformen gelangt, die der hier vorgestellten Arbeit von *Klaus Staeck* ähnlich sind. Dies wird insbesondere bei *Halbritter* deutlich [63].

Wenn wir mit *Brecht* davon ausgehen, daß weniger denn je eine einfache „Wiedergabe der Realität" etwas über die Realität aussagt, daß eine Wiedergabe des Erlebbaren die Realität selbst nicht wiedergibt, dann entsteht die Frage, wie Kunst, in unserem Falle die satirische Karikatur, beschaffen sein muß, damit sie etwas über die Realität aussagt. Die Realität in unserer Gesellschaft wird in ihren Beweggründen und Zusammenhängen zunehmend unanschaulicher, uneinsehbarer, widersprüchlicher. Es entsteht das Bild einer „zusammengesetzten Welt", die aus Bruchstücken, d.h. von einander unabhängigen Elementen zu bestehen scheint. Die Fotomontage *Heartfields* und seiner Nachfolger setzt sich mit dem Schein einer heilen, „ganzen" Welt auseinander. Indem sie Bruchstücke zu einer Aussage zusammenfügt, entspricht sie der gesellschaftlichen Zerrissenheit und Widersprüchlichkeit. Die Montagen *Heartfields* erhielten ihre Brisanz dadurch, daß Bewußtsein und Wahrnehmung der meisten Menschen damals von der Vorstellung oder dem Streben nach einer „ganzen", „versöhnten", in sich verständlichen Welt geprägt waren. Dem widersprachen die Fotomontagen, indem sie Realitätsfragmente so ordneten, daß der Schein einer „versöhnten", in sich verständlichen Welt nachhaltig zerstört wurde.

Einen solchen Schock können Fotomontagen heute nicht mehr auslösen. Das Bewußtsein einer „montierten" Welt ist zu weit fortgeschritten, wird doch diese Welt tagtäglich von den Massenmedien in „feuilletonistischer" Manier vorgeführt, so daß wir es verlernt haben, nach einer „versöhnten", widerspruchsfreien Welt Ausschau zu halten. Nimmt es da wunder, daß auch die politische Fotomontage „ohne Beschwerden" konsumiert wird, daß sie, sei sie noch so agitatorisch, nicht mehr eindringt, daß die Menschen sich gegen ihr inhaltliches Anliegen abschließen? Kann die Fotomontage in dieser Gesellschaft etwas anderes sein als einer unter vielen unterhaltsamen Sträußen, in denen Wirklichkeitsfragmente zusammengebunden sind und mehr oder weniger dekorativ zur Schau gestellt werden? Der aufklärerische Impuls dringt in der heutigen Zeit (wenn überhaupt!) nur dann ein, wenn sich der Betrachter im Bild wiederfindet, sich selbst in seinem gesellschaftlichen Umfeld widergespiegelt sieht. Das vermögen Fotomontagen, wie sie jetzt in der Regel hergestellt werden, nicht zu erreichen. Die mit dem Montageprinzip verbundene Verfremdung löst ein Betroffensein nicht mehr aus.

Das vermag nur noch die Fotografie, die als Zitat der Realität anders wahrgenommen wird als die Montage von Realitätszitaten.

„Jedes satirisch ummontierte Einzelfoto verkleinert aber die Dimension der Wirklichkeit eher, auf die es sich bezieht, als daß es ihr gerecht würde: ein montierter *F. J. Strauß* fällt gegenüber dem wirklichen immer harmloser aus. Die sich ins Unfaßbare auswachsende Realität läßt sich mit einem montierten Bild nicht mehr fassen, annäherungsweise nur noch mit ihrem eigenen. Meine Konsequenz ist, das visuelle Zitat einzusetzen; die Bilder der widersprüchlichen Wirklichkeit liefern das entlarvende Potential in sich selber am überzeugendsten" [64].

Wir werden uns der satirischen Fotografie im folgenden Abschnitt noch etwas genauer zuwenden. Nur soviel noch: Die satirische Fotografie ist an die wahrnehmbare Welt gebunden; sie kann keine Realitätsfragmente in neue, ungewohnte Kontexte betten. Sie kann aber wahrnehmbare Widersprüche und Probleme der gesellschaftlichen Wirklichkeit unmittelbar vorführen. Die geistige Anstrengung des Betrachters, die in dem Foto zitierten Widersprüche wahrzunehmen, zu verstehen und sich selbst dazu in Beziehung zu setzen, ist ein Stück auf dem Wege der Selbstaufklärung. Die satirische Fotografie ist das Medium, mit dessen Hilfe dieser Prozeß ausgelöst oder stimuliert werden kann. Die satirische Fotografie liefert keine fertigen Interpretationen der Wirklichkeit, sie zitiert lediglich einen Ausschnitt aus dieser Wirklichkeit und überläßt es dem Betrachter, was er damit anfangen will. Durch dieses relative Offensein, durch das Vertrauen in die Fähigkeit des Betrachters wird ein aufklärerischer Impuls freigesetzt, der den agitatorisch angelegten Fotomontagen verlorengegangen zu sein scheint.

Die Funktionen der politischen Fotomontagen sind anderer Art. Es geht zunächst darum, den politischen Freunden und Sympathisanten Bestätigungserlebnisse zu vermitteln, ihr eigenes Denken und Handeln als richtig auszuweisen. Das wird an der Freude deutlich, wenn dem politischen Gegner „so gekonnt" eins ausgewischt wurde. Mit politischen Fotomontagen wird „Flagge gezeigt", wird ausgewiesen, daß die eigene politische Partei Kritikfähigkeit und den Mut zur politischen Auseinandersetzung besitzt. Politische Fotomontagen sind Mittel des politischen Kampfes. Häufig gerinnt der Inhalt dabei zu griffigen Formeln oder breitgetretenen Vorurteilen. Die Fotomontagen lösen Reaktionen des politischen Gegners aus, die in der Regel nicht argumentativ sind. Gegen die Fotomontagen wehrt sich der politische Gegner in vielen Fällen durch juristische Schritte. An diesen Reaktionen lassen sich gut Studien zur gesellschaftlichen Wirklichkeit betreiben. Am Beispiel *Klaus Staeck* gelingt dies besonders gut [65]. So gesehen kann die Fotomontage als Sonde verstanden und eingesetzt werden, politische Wirklichkeit zu veranlassen auszusprechen, was sie verbirgt. Darin liegt eine ihrer didaktischen Bedeutungen und einer der Gründe, sich näher mit ihr auseinanderzusetzen.

5.4 Herstellen von Fotomontagen

Am Beispiel *John Heartfield* kann man gut ablesen, mit welcher Sorgfalt und mit welchem Arbeitsaufwand Fotomontagen hergestellt wurden [66]. Dieser technisch-handwerkliche Aufwand läßt sich üblicherweise in Lerngruppen mit Schülern und Lehrlingen, im Rahmen von Schule oder außerschulischen pädagogischen Institutionen nicht verwirklichen. Wir wollen daher die Techniken beschreiben, die von den Lernenden ausgeführt werden können bzw. die erprobten Montagetechniken soweit vereinfachen, daß sie für die in Betracht kommenden Lerngruppen handhabbar werden. Man kann vier Möglichkeiten, Montagen herzustellen, unterscheiden:

1) Die schwierigste Form ist die *Negativmontage*. Im Vergrößerer werden mehrere Negative auf ein und dasselbe Fotopapier aufbelichtet. Das klingt zunächst recht einfach. Die Schwierigkeit besteht darin, durch Abwedeln, Nachbelichten, Zwischennegative und andere technische Möglichkeiten die einzelnen Elemente zu einer geschlossenen Komposition zu verbinden, das bedeutet: allmähliche Übergänge zu schaffen, Größenverhältnisse zu verändern, Dichteunterschiede der Negative auszugleichen. Wegen dieser technischen Kompliziertheit sind Negativmontagen eigentlich nur in der experimentellen, künstlerischen Fotografie anzutreffen. Bilder mit satirischem Gehalt sind selten [67].

2) Die *Positivmontage* wird am häufigsten verwendet und eignet sich auch recht gut als Technik für unterschiedliche Lerngruppen. Ausgangsmaterial sind Bilder aus Illustrierten, Zeitungen, Büchern – aber auch eigene Fotos. Diese Bilder werden ausgeschnitten (aus ihren ursprünglichen Kontexten gelöst) und zu einer neuen Komposition durch Kleben zusammengefügt (in einen neuen Kontext eingebettet). Dabei steht zunächst der Spaß am Montieren im Vordergrund. Nachdem erste Erfahrungen mit dem Montieren gemacht sind, kann in zwei Richtungen weitergearbeitet werden: a) Ausfeilen der Montagetechnik und b) gezieltes Umsetzen von Einfällen und Bildideen in einer Fotomontage.
a) Der Spaß am Montieren entsteht, weil man Köpfe, Glieder, Symbole, Gegenstände aus dem gewohnten Zusammenhang herausnehmen und mit ihnen spielen kann. Dadurch befreit man sich von den eigenen Sehgewohnheiten, macht sich zum Herrn über ausgewählte Objekte. Will man über dieses spielerische Montieren hinaus möglichen Betrachtern neue Zusammenhänge mitteilen, einen anderen Blick für die Wirklichkeit vermitteln, dann ist es notwendig, an die Sehgewohnheiten und Sehbedürfnisse dieser Betrachter anzuknüpfen und damit auch an die ästhetischen Gestaltungsprinzipien, mit denen sich unsere Warenwelt präsentiert.
Die erste Schwierigkeit entsteht durch die unterschiedliche Beschaffenheit des Ausgangsmaterials. Man denke z.B. nur daran, in welchen möglichen Qualitäten Papier auftreten kann. Dann können sich für die Gestaltung der

Montage ungünstige Größenverhältnisse der einzelnen Bildelemente ergeben: z.B. zu kleiner Kopf im Verhältnis zum Körper. Diese Schwierigkeiten lassen sich durch Zwischenaufnahmen von Details umschiffen. Man erhält durch die Vergrößerung der Negative gleichbeschaffenes Ausgangsmaterial in den richtigen Proportionen. Die Vergrößerungen können auf herkömmlichem und auch auf kunststoffbeschichtetem Fotopapier gemacht werden. Mit einer scharfgeschliffenen Schneidefeder wird die Umrißlinie des für die Montage wichtigen Bildteils von oben leicht angeritzt, so daß man die Filmschicht vom Papier lösen kann, sobald das Detail rundherum mit der Feder umfahren ist. Durch die Trennung von Trägerpapier und Fotooberschicht erhält man eine ziemlich dünne Bildkante, die im aufgeklebten Zustand kaum noch zu sehen ist. Um das Ergebnis noch zu verbessern, kann mit einer Rasierklinge und feinstem Schmirgelpapier die Rückseite des Bildteils so dünn und glatt wie es irgend geht abgeschabt werden. Das sollte mit äußerster Vorsicht und immer von der Mitte nach außen erfolgen. Das fertige Detail kann nun aufgeklebt werden. Dazu sollte man Montagekleber verwenden, mit dem man ganzflächig kleben kann und der sich auch zu Korrekturzwecken wieder lösen läßt. Die Wirkung der Collage kann man erhöhen, wenn man mit auf das Fotopapier abgestimmter Retuschefarbe ein paar Schatten und Reflexe aufretuschiert und so die Verbindung zwischen den einzelnen Bildelementen deutlicher herstellt.

b) Was nützt nun alle Technik, wenn die Einfälle und Bildideen fehlen? Wichtige Voraussetzung dafür ist ein größerer Bestand an möglichst geordneten und archivierten Bildern. Wird von einem bestimmten Problem ausgegangen, sollte dieses Problem gründlich studiert und die Assoziationen der Lernenden dazu in Beziehung gebracht werden. Mögliche geeignete Bilder lassen sich dann aus der Bildersammlung leichter entnehmen und ihre Beziehung zum Problem herstellen. Das Rohmaterial wird dann spielerisch so lange geordnet, bis eine erste Bildidee entsteht. Diese Idee wird modifiziert, das Rohmaterial den Erfordernissen dieser Idee angepaßt, die Bildelemente so zueinander in Beziehung gesetzt, bis die Aussage mit den bildnerischen Mitteln deutlich wird. Es folgt die technische Ausfeilung wie unter a) beschrieben. Ausgangspunkt kann auch ein bestimmtes Bild sein, zu dem sich spontan Bildideen einstellen, d.h. Ideen, wie dieses Bild in einem anderen Kontext entlarvend wirken könnte.

3) Eine Sonderform der Positivmontage ist das *kommentierte Dokumentarfoto:* Fotos werden aus ihrem ursprünglichen Textzusammenhang herausgenommen und mit einem anderen Text oder Slogan unterlegt. Durch die neuen Kombinationen werden Spannung und Widerspruch erzeugt. Diese Idee hat bereits *Grosz* in seinen Zeichnungen verwirklicht [69]. Bei dieser Form der Fotomontage kommt dem Sammeln von Fotos und Texten (z.B. Aussprüche von Politikern, Werbeslogans) ein besonderes Gewicht zu. Während die übliche Positivmontage Bildteile verfremdet und damit in der Gefahr steht, die Wirklichkeit eher zu verkleinern als ihr gerecht zu werden, konfrontiert das kom-

mentierte Dokumentarfoto zwei Zitate in satirischer Absicht: ein Bildzitat und ein Textzitat. Die Schwierigkeit bei der Herstellung besteht darin, die geeigneten Widerspruchspaare zu finden und sie bildnerisch geschickt zueinander in Beziehung zu setzen.

4) Bei manchen Montagen wird es nötig, Bildteile über *Stellfotos* zu erlangen: Im Atelier oder sonstwo wird eine Szene aufgebaut und fotografiert. Dieses Foto (oder Ausschnitte davon) wird dann in die Montage eingefügt. So sind z. B. wesentliche Elemente aus dem Plakat von *Klaus Staeck:* „Die Luft gehört allen!" im Atelier hergestellt worden [70]. Häufig ist dieses Verfahren einfacher und wirkungsvoller als mühsam hergestellte Collageteile.

5.5 Didaktischer Kommentar

Wie bei der Personenkarikatur (Abschnitt 3) sollen auch hier Gestaltungsmittel und Erscheinungsformen kennengelernt und eigene bildnerisch-praktische Versuche unternommen werden. Ob mit der praktischen Arbeit oder mit der Reflexion über vorliegende Fotomontagen angefangen wird, hängt vom Kenntnisstand und von den aktuellen Interessen der Lernenden ab. Auf jeden Fall sollte versucht werden, Eigentun und Reflexion eng miteinander zu verzahnen und mit der konkreten Lebenssituation der Lernenden in Beziehung zu setzen. Wird mit den bildnerisch-praktischen Versuchen begonnen, sollten die ersten Lernziele recht bescheiden sein:

1 Die Lernenden können Elemente aus Fotos ausschneiden (ausgliedern) und zu einer neuen Bildaussage zusammenfügen.

Dieses Lernziel wird vom Thema her nicht näher bestimmt. Es soll den Spaß der Lernenden freisetzen, mit Bildelementen zu spielen, neue und überraschende Seherfahrungen zu machen, witzige Einfälle zu verwirklichen. Damit werden die Voraussetzungen geschaffen, um mit Einfallsreichtum und Spaß satirische Gestaltungsaufgaben zu lösen und Probleme aus der eigenen Lebenssituation in Fotomontagen aufzugreifen. Es empfiehlt sich, auf dem Wege zu diesen Folgezielen ab und zu die Auseinandersetzung mit Arbeiten wichtiger Fotomonteure einzubeziehen, so daß ein Wechselbezug zwischen eigenem bildnerischen Tun, Reflexion über die angefertigten Arbeiten und Auseinandersetzung mit Künstlern und ihren Fotomontagen erreicht wird.

2 Die Lernenden können anhand zweier Fotomontagen die Besonderheiten dieser Bildform, die Wirkungsabsichten und die bildnerischen Mittel benennen.

Gerade bei der Fotomontage ist es wichtig, sich aussagekräftiges Ausgangsmaterial zu beschaffen und verfügbar zu halten.

3 Die Lernenden können sich allein oder gemeinsam in der Gruppe ein Foto- und Textarchiv einrichten.

Dazu sind Fotos und Texte aus Zeitungen und Zeitschriften geeignet, die nach bestimmten Ordnungsgesichtspunkten abgelegt werden. Wichtig können auch Materialien sein, die die Lernenden aus ihrer unmittelbaren Umgebung „sammeln" (z.B. Aussprüche und Fotos von Lehrern und Schülern; eigene Fotos von der Schule, von der Stadt, von Spielplätzen, Wohnhäusern, Einkaufsstraßen, Bauplätzen usw.). Der so vorbereiteten eigenen bildnerischen Arbeit kommt das Hauptaugenmerk dieses Abschnitts zu.

4 Die Lernenden können eine Positivmontage mit satirischem Aussagegehalt unter Verwendung von gesammelten Foto- und Textmaterialien herstellen.

Dieses Lernziel geht über das Lernziel 1 hinaus, indem es den satirischen Aussagegehalt mit einbezieht. In der Reflexion über die eigenen Arbeiten werden Unzulänglichkeiten in der Handhabung der Technik sicher deutlich. Anhand von Beispielen können Anregungen zur Verbesserung gegeben werden. Danach ließen sich folgende zusätzliche Lernziele erreichen:

5 Die Lernenden können eine Positivmontage satirischen Aussagegehalts mit der Technik der Zwischenaufnahme von Bildteilen herstellen. Sie können bei den Bilddetails Bildschicht von Trägerschicht lösen, die Rückseite der Bildschicht dünn und glatt abschaben und durch Retusche die Verbindung zwischen den einzelnen Bildelementen deutlich herstellen.

6 Sie können eine satirische Montage in der Form eines kommentierten Dokumentarfotos gestalten.

7 Sie können bei ihren Montagen eigene Stellfotos einbeziehen.

Die Ziele 4 bis 7 sollten nicht lehrgangsmäßig, losgelöst von der Lebenswirklichkeit der Lernenden und ihren vielfältigen Interessen und Bedürfnissen verwirklicht werden. Vielmehr sollten sich die Inhalte für die Montagen aus den Problemen ergeben, mit denen die Lernenden sich auseinandersetzen müssen, die sie belasten und die sie mit Hilfe von anderen lösen können. Am besten wäre es, wenn sich Teilgruppen finden würden, die sich zu bestimmten Problemen aus ihrer Umwelt mit dem Mittel der Fotomontage äußern wollen.

5.6 Methodische Überlegungen

Die methodische Planung steht vor der Notwendigkeit, die einzelnen Lernziele flexibel miteinander zu verbinden und thematisch zur Lebenssituation der

Lernenden in Beziehung zu setzen. Dazu bietet sich eine projektorientierte Arbeitsweise an, die durch einige Zielvorgaben vorstrukturiert bzw. eingeleitet wird. Zu Beginn ist es sicher legitim, die Lernenden durch ein gezieltes Angebot „auf den Geschmack" zu bringen.

a) Zum Lernziel 1

Zwei Dias werden gleichzeitig projiziert; es können auch zwei geeignete, große Fotos gezeigt werden. Die Lernenden nennen Einfälle, in welcher Weise Elemente aus dem einen Foto ausgegliedert und in das andere Foto eingegliedert werden können. Die Ausgangsfotos müssen so beschaffen sein, daß den Lernenden spontan witzige Lösungen dazu einfallen können. Danach erhalten die Lernenden einen Arbeitsauftrag, der wie folgt abgefaßt sein könnte:

Bitte sucht euch aus den mitgebrachten Illustrierten ein möglichst großes Bild aus. Überlegt, welche Teile sich gegen andere auswechseln lassen. Blättert darauf hin eure Illustrierte durch und sucht Teile, die zu eurem Ausgangsbild passen könnten. Schneidet möglichst viele solcher Teile aus und probiert, welche davon am besten geeignet sind. Montiert diese Teile ein. Versucht, möglichst eine witzige Bildaussage zu erreichen.

Die Besprechung der Arbeiten sollte unter dem Schwerpunkt erfolgen, was der Wechsel des Kontextes bewirkt hat und welchen Einfluß die technische Qualität des Montierens auf diese Wirkung hat. Die Lernenden werden zu dem Ergebnis gelangen, daß sowohl die Bildidee als auch die technische Qualität die Wirkung der Montage beeinflußt. Damit ist die Überleitung geschaffen zur Auseinandersetzung mit Fotomontagen bekannter Künstler.

b) Zum Lernziel 2

Um das Spektrum der Möglichkeiten sowohl von der Technik als auch von den Inhalten vorzuführen, wurde eine Montage von *Heartfield* und eine von *Staeck* ausgewählt. Es empfiehlt sich, die beiden Montagen in arbeitsteiligem Gruppenunterricht zur erarbeiten und für den Austausch der Ergebnisse reichlich Zeit einzuplanen. Hier sind mögliche Arbeitsaufträge:

Gruppe 1: Die Montage „Der Sinn des Hitlergrußes" stammt von *John Heartfield* und erschien 1932 als Titelbild in der Arbeiter-Illustrierten Zeitung (A-I-Z). *John Heartfield* gehörte zu den Künstlern, die sehr engagiert den Faschismus in ihren Werken bekämpft haben. Die A-I-Z war eine von der kommunistischen Partei maßgeblich beeinflußte Zeitung, für die *Heartfield* regelmäßig die Titelbilder lieferte.

Zur historischen Situation: Nach 1930 erhielt die Hitler-Partei die ersten massiven finanziellen Zuwendungen durch die Industrie. Im Herbst 1932 bezahlte eine Industriellengruppe einen Teil der Wahlkampfschulden und stellte eine Million Reichsmark für die Finanzierung der SS zur Verfügung.
Bitte untersucht die Montage nach folgenden Gesichtspunkten:
1) Aus welchen Bildteilen besteht die Montage? In welcher Beziehung stehen die Teile zueinander?
2) Bitte beschreibt die einzelnen Teile der Montage. Was bedeuten sie? Was drücken sie für sich gesehen aus?
3) Wie verändern sich die einzelnen Teile durch ihren Zusammenhang zueinander und zum Bildganzen?
4) Aus welchen Textteilen besteht die Montage? In welcher Beziehung stehen Textteile zu Bildteilen?
5) Was ist der „Sinn" des Hitlergrußes in seiner ursprünglichen Bedeutung und in der Bedeutung, die ihm Heartfield in der Montage gibt?
6) Was bedeutet der Satz „Millionen stehen hinter mir", wenn man davon ausgeht, daß Hitler diesen Satz mehrfach benutzt hat? Was bedeutet er im Zusammenhang der Montage?
7) In welchem Verhältnis stehen Hitler und der Geldgeber in der Montage? Denkt z. B. an die Größenunterschiede.
8) Gegen was richtet sich die Kritik in der Montage? Welches sind die historischen Grundlagen?

Gruppe 2: Die Montage „Fremdarbeiter" stammt von *Klaus Staeck* und wurde 1975 im Offsetverfahren gedruckt (als Plakat und als Postkarte) und im Selbstverlag vertrieben. Bitte untersucht die Montage nach folgenden Gesichtspunkten:
1) Aus welchen Teilen besteht die Montage? In welcher Beziehung stehen die Teile zueinander?
2) Bitte beschreibt die einzelnen Teile der Montage. Was bedeutet der Stern in den Farben grün/weiß/rot?
3) In welcher Weise bestimmt dieser Stern die Aussage der Montage?
4) In welchem Zusammenhang steht der Titel „Fremdarbeiter" zur Montage?
5) Woran erinnert der sechszackige Stern und der Begriff „Fremdarbeiter"?
6) Was hat das mit der Montage zu tun?
7) Gegen was richtet sich die Kritik in der Montage?

Für die Auseinandersetzung mit den einzelnen Arbeitsergebnissen sind zunächst Austauschgruppen recht sinnvoll. Hier können die Ergebnisse wechselseitig vorgestellt und diskutiert werden. Zu denken wäre auch an Szenen, die die einzelnen Gruppen zu ihren Montagen vorführen (z. B. Rollenspiel mit „Heartfield und seinen Mitarbeitern über die Wirkungsabsichten der Montage"). In einem anschließenden Gespräch können die offenstehenden Punkte geklärt und die thematischen Probleme weitergeführt werden. An dieser Stelle bietet es sich an, die jetzt aktuellen Probleme in der Gesellschaft und in der näheren Umgebung der Lernenden zur Sprache zu bringen. In diesem Gespräch könnten erste Ansatzpunkte für eine projektorientierte Phase gefunden werden.

c) Zum Lernziel 3

Unter dem Gesichtspunkt der jeweils interessierenden bzw. für wichtig gehaltenen Problematik könnten nun einzelne Teilgruppen daran gehen, sich ein Foto- und Textarchiv anzulegen. Das Material können sich die Lernenden über Zeitungen und Illustrierte beschaffen; sie können es aber auch für sich (und auch für andere Teilgruppen) selbst herstellen (z.B. durch das Fotografieren geeigneter Objekte). Zum Sammeln des Materials eignen sich große, beschriftete Briefumschläge oder Klarsichthüllen. Um den Zugriff zum Material zu erleichtern, kann der Bestand systematisiert auf Karteikarten erfaßt werden. Ein so eingerichtetes Archiv sollte jedoch nicht zum Selbstzweck werden. Es empfielt sich deshalb nicht, zu viel Zeit darauf zu verwenden.

d) Zum Lernziel 4

Am günstigsten ist es, wenn sich bereits Teilgruppen gebildet haben, die sich einer bestimmten Problematik zuwenden wollen. Die Positivmontage mit satirischem Aussagegehalt ergibt sich dann im Fluß der gemeinsamen Arbeit. Der Pädagoge sollte die einzelnen Gruppen beraten, ihnen helfen, Bildideen zu finden und anhand von Beispielen Anregungen geben.

e) Zu den Lernzielen 5, 6 und 7

Je nach Lernfortschritt, Absicht und Anspruchsniveau der Gruppen kann der Pädagoge in der Weise beraten, daß er den Lernenden hilft, ihre technischen Fähigkeiten bei der Anfertigung von Montagen weiter auszufeilen und neue Möglichkeiten zu erproben. Vieles hängt auch davon ab, wieviel Zeit und welche Material- und Geräteausstattung (Fotoapparate, Laboreinrichtung usw.) zur Verfügung steht. Ein wesentlicher Teil der gemeinsamen Arbeit besteht darin, die Gruppenergebnisse einer breiteren Öffentlichkeit vorzustellen. Beispiele: Ausstellung der Montagen in Schule und „Häusern der Jugend"; Befragung der Mitschüler und anderer Ausstellungsbesucher; Anfertigung eines Ausstellungsprospekts; zusätzliche Dokumentation, um die Aussagen in den Fotomontagen zu untermauern und zu verdeutlichen.

Welche Themen eignen sich für die Projektphase? Grundsätzlich sind alle Themen legitim, für die sich die Lernenden interessieren und die ihre Kritik hervorrufen. Es kann sich um allgemeine gesellschaftliche Probleme handeln wie „Gastarbeiter", „Vergangenheitsbewältigung und Neo-Nazismus", „Umweltverschmutzung" und „Kernkraftwerke". Häufig werden Themen behandelt, die deutlicher in die Lebenssituation der Lernenden hineinragen: Probleme mit Schule, Unterricht, Lehrern und Bewertung von Schulleistungen; Lehrstellenknappheit, Ausbildungsmisere, Jugendarbeitslosigkeit und numerus clausus. Die Technik der Fotomontage ist das geeignete bildnerische Verfahren, um eine kritische Einstellung der Problemvielfalt gegenüber auszudrücken. Sie ist Stimulus, sich mit diesen Problemen intensiver auseinanderzusetzen, eine Meinung zu bilden und diese anderen mitzuteilen.

6 Fotografie und Karikatur

6.1 Können Fotografien Karikaturen sein?

Fotos sind Beweismaterial dafür, daß etwas existiert oder existiert hat, das dem gleicht, was auf der fotografischen Abbildung zu sehen ist. Fotografie scheint daher eine genauere Beziehung zur sichtbaren Wirklichkeit zu haben als andere bildnerische Produkte. Während eine gezeichnete Karikatur nie etwas anderes sein kann als eine engbegrenzte Interpretation der Wirklichkeit, ist das Foto ihr engbegrenztes Spiegelbild. Es ist nicht Spiegelbild schlechthin, sondern Bruchstück der Welt, Miniatur der Realität, die jederman anfertigen und erwerben kann. In dieser bruchstückhaften Spiegelung von Wirklichkeit unterliegen die Fotos den gleichen Bedingungen wie Karikaturen auch: „Bei der Entscheidung, wie ein Bild aussehen sollte, bei der Bevorzugung einer von mehreren Aufnahmen zwingen die Fotografen ihrem Gegenstand stets bestimmte Maßstäbe auf. Auch wenn es in gewisser Hinsicht zutrifft, daß die Kamera die Relität einfängt und nicht nur interpretiert, sind Fotos doch genauso eine Interpretation der Welt wie Gemälde und Zeichnungen" [54]. Die Fotografie interpretiert Wirklichkeit nicht mit künstlerischen Stilmitteln, sondern indem sie mit fotografischen Mitteln Wirklichkeitsfragmente zitiert. Karikatur und Fotografie sind sich also darin gleich, Wirklichkeit zu interpretieren.

Die Karikatur erzielt durch Verfremdung humorvoll-komische bis satirische Wirkungen. Diese Wirkungen können auch von Fotografien ausgehen; der Begriff „Lachende Kamera" verweist auf Fotos, die zum Lachen reizen. Man denke z.B. an die regelmäßig im „Stern" erscheinenden Fotos von Menschen und Tieren in komischen Situationen. Der Bildband „La vie est belle" [55] versammelt 99 Fotos „für Leute, die Augen haben". Von der Wirkungsabsicht wird man Ähnlichkeiten zu den gezeichneten Cartoons feststellen: Es überwiegt das Humorvolle und Komische. An die Stelle der witzigen Bildidee bei einem Cartoon tritt bei den humorvollen Fotos die witzige Situation, die der Fotograf gesehen und „festgehalten" hat. Auf der einen Seite also Gestaltung mit künstlerischen Mitteln, um eine witzige Bildidee zu verwirklichen, auf der anderen Seite die Wahrnehmung einer witzige Situation und das Ingangsetzen einer technischen Apparatur. Sind damit komische Fotografien dem Bereich der Karikatur zuzuordnen? Problematisch an dieser Zuordnung ist, daß das die Karikatur bestimmende Kriterium der Verfremdung den komischen Fotografien zu fehlen scheint. Fotografie als Spiegelbild der Wirklichkeit, als Zitat der Realität kann bei erster Betrachtung eigentlich nichts verzerren oder verfremden. Aber dies scheint nur so zu sein. Bereits die gezielte Auswahl, der Aufnahmestandpunkt, der Ausschnitt, die Perspektive, die verwendeten Objektive und Filme usw. machen die gestalterischen Möglichkeiten des Fotografen deutlich und damit auch die Fähigkeit, Objekte zu verfremden und zu verzerren. Offensichtlich wird dies bei ungewohnter Sehweise, ungewöhnlichen Perspektiven und bei der Verwendung von Spezialobjektiven (z. B. fish-eye-Objektiven). Aber auch die Auswahl des Motivs, die Festlegung eines bestimmten Ausschnitts kann Verfremdung sein, wenn dieses Motiv, wenn dieser Ausschnitt das Abgebildete in einen unüblichen, unerwarteten und komischen Zusammenhang rückt, wenn der Fotograf im Alltäglichen das Ungewöhnliche aufspürt. Es ist im Ergebnis nichts anderes, als wenn der Cartoonist eine witzige Bildidee zum Mittelpunkt seiner Darstellung macht: Der Fotograf *findet* das Komische und Ungewöhnliche, der Cartoonist *er*findet es. Der Fotograf „verfremdet" also, wenn er eine komische Tatsache festhält, ein komisches Ereignis dort sieht, wo ein Vorübergehender nichts sehen würde, weil er das Übliche anders, das Bekannte verfremdet wahrnimmt und es auch so aufzeichnet.

Die feste Vorstellung beim Betrachter, daß die Fotografie die Wirklichkeit objektiv wiedergibt, behindert, daß die fotografischen Mittel, durch die Verfremdung und humorvoll-komische Wirkungen entstehen könnten, überhaupt wahrgenommen werden. Wir sind gegenüber der Fotografie noch viel zu sehr durch die Wiedergabe von Wirklichkeitssplittern fasziniert, als daß wir über die fotografischen Mittel der Darstellungen lachen könnten. Zu sehr an die Abbilder unserer Wirklichkeit fixiert, gelingt es uns nicht, diese Wirklichkeit in den Bildern zu transzendieren; ja, diese Bilder sind zunehmend an die Stelle der Wirklichkeit getreten. Die fotografische Karikatur gewinnt ihre komische Kraft aus der Vergewaltigung der Norm erstarrter Sichtweisen und aus der Distanz zur „blinden" Bildgläubigkeit.

6.2 Satirische Fotografie

Wenn Fotografien Karikaturen sein können, müßte es auch satirische Formen geben: Fotografien, die die Elemente „Angriff", „verletzte Norm" und „Verfremdung" enthalten. Dazu möchte ich eigene Fotos vorstellen und an ihnen Möglichkeiten satirischer Fotografie diskutieren [56].

1) Das Foto „*Kein Kinderspielplatz*" habe ich in der Nähe meiner Wohnung gemacht. Der Steinmetzbetrieb, von dem das Foto stammt, befindet sich in einem Wohngebiet am Rande einer größeren Stadt. An dem Betrieb war ich jahrelang vorbeigegangen, ohne daß mir etwas Besonderes aufgefallen wäre. Wie durch Zufall entdeckte ich eines Tages im Vorgarten dieses Betriebes das Verbotsschild „Kein Kinderspielplatz", das neben einer beschädigten Jesusfigur angebracht war. Diese Figur stand inmitten von Grabplatten und Grabsteinen. In hohen Pflanzgefäßen gleich hinter dem Zaun waren Geranien gepflanzt. Die blühenden Geranien standen zum kühlen, monochromen Hintergrund in deutlichem Kontrast. Ich studierte das Motiv zu verschiedenen Tageszeiten und bei unterschiedlichen Beleuchtungsverhältnissen. Selbst bei strahlendem Himmel wirkte die Jesusfigur starr und kalt. Lediglich bei der Nach-

mittagssonne, bei einem bestimmten Sonnenstand, wurde die Figur angestrahlt und „belebte" sich; das Schild blieb jedoch im Schatten. Mit einem Teleobjektiv (135 mm) und mittlerer Blendeneinstellung ließen sich die einzelnen Elemente gut komprimieren. Dabei habe ich auf das Verbotsschild scharfgestellt und damit erreicht, daß die Geranien im Vordergrund auf dem Foto unscharf wurden. Die Konzentration auf das wesentliche Bildmotiv (Jesusfigur und Verbotsschild) konnte dadurch besser herausgearbeitet werden.

Die Besitzerin der Steinmetzerei beobachtete mich beim Fotografieren und sprach mich an. Ich sagte ihr, daß ich die Jesusfigur und das Verbotsschild als Widerspruch erlebt habe und daß mich solche Widersprüche aus fotografischer Sicht reizen würden. Wortreich erklärte mir die Besitzerin, warum dieses Schild dort stünde, daß Kinder ihren Besitz beschädigten und daß sie sich dagegen wehren wolle. Einige Tage später wurde das Schild entfernt und an einer anderen Stelle des Betriebes neu angebracht.

Mittelpunkt der Fotografie ist der komisch wirkende Widerspruch zwischen der Jesusfigur und dem Verbotsschild. Die Figur mit der Geste: „Laßt alle

Kindlein zu mir kommen" widerspricht dem Schild: „Kein Kinderspielplatz – Eltern haften für ihre Kinder". Komisch wirkt dieser Widerspruch dadurch, daß diese beiden, einander widersprechenden Teile eng zusammenstehen, so, als ob der eine Teil den anderen kommentiere. Durch die formale Bildgestaltung wird dieser Eindruck noch unterstützt: Schild und Figur sind scharf konturiert, in monochromem Grau gehalten (von graublau zu einem warmen Grauton in den Lichtpartien der Figur) und bilden als in sich geschlossenen Teil einen Gegensatz zum stark farbigen, unscharfen Vordergrund. Vordergrund und bildwichtiger Hintergrund trennen eine Mauer aus dunklen, graublauen Grabsteinen. Ist der Vordergrund von seiner Charakteristik eher malerisch angelegt, überwiegt beim Hintergrund eindeutig das graphische Element (Schrift, Faltenwurf des Gewandes). Dieser deutliche Kontrast zwischen Vordergrund und Hintergrund forciert einerseits den Widerspruch zwischen dem analogen Teil (ausgebreitete Arme der Jesusfigur, die zum Kommen auffordert) und dem digitalen Teil (Schrift, mit der das Verbot ausgesprochen wird zu kommen). Andererseits schweißt der Kontrast aber auch diesen Widerspruch zusammen und verschmilzt ihn zu etwas Einheitlichem.

Damit wird ins Bild gesetzt, was in dieser Gesellschaft tagtäglich geschieht: der Versuch, Widersprüche so zu einer Einheit zusammenzuschweißen, daß man die Widersprüche als Widersprüche nicht mehr wahrnimmt. Wir stören uns nicht mehr daran, daß man mit Begriffen wie „saubere Bombe" hantiert, daß in den Nachrichten Informationen über Greueltaten unverbunden neben Sportberichten gebracht werden. Wie sollten wir uns also daran stören, daß die durch die Jesusfigur symbolisierte Botschaft der Liebe mit einem Verbotsschild gekoppelt wird?! Das Bild macht deutlich, daß zu einer Einheit zusammengeschweißt sind: Verkauf von Grabsteinen, Schutz gegen finanzielle Schäden, Symbolgehalt der Jesusfigur, ihr Verkaufs- und Demonstrationswert. Alle einzelnen Bedeutungsebenen haben ihren Eigencharakter eingebüßt; unverbunden sind sie unter dem einheitsstiftenden Moment der Ware zusammengebracht worden.

Für diese Feststellung bedarf es keines Bildes; sie wird bereits durch die Wahrnehmung des Wirklichkeitsausschnittes offenkundig. Was verändert sich nun durch die fotografische Abbildung? Dadurch, daß man etwas gesehen und in bewußter Gestaltung festgehalten hat, rückt das Objekt aus der Normalität „täglichen Sehens" heraus und nimmt so eine andere Gestalt an: Es verwandelt sich in etwas „Sehenswertes", für das andere Normen und Verstehensregeln gelten als für „frei" beobachtete Wirklichkeitsausschnitte. Das Spiegelbild gewinnt gegenüber dem Gespiegelten einen Eigencharakter, weil dieses Bild von seiner „gewohnten Umgebung" isoliert wurde, weil es aus den täglichen Sehgewohnheiten ausgegliedert und in neue Kontexte mit anderen Sehgewohnheiten eingegliedert wurde. Nur durch diese Kontextveränderung wird Satire möglich: Die Wirklichkeit mag noch so widerspruchsvoll und komisch sein, sie wird erst dann zur Satire, wenn sie in einem Medium (wie z. B. dem der Fotografie) gespiegelt wird. Diese Widerspiegelung ist auch in der Fotografie nicht „schlicht", sondern in der Regel bewußt gestaltet. Wie ich es anhand des Fotos zeigen wollte, habe ich das Motiv bewußt ins Bild gesetzt, um eine bestimmte Aussage zu gewinnen, um den in der Wirklichkeit vorgefundenen Widerspruch deutlich herauszuarbeiten. Damit ist die satirische Fotografie *didaktisches Zitat der Realität,* Abbild eines Ausschnitts der Wirklichkeit, um daran Widersprüche zu verdeutlichen, um mit Blick auf eine verletzte Norm etwas Kritikwürdiges anzugreifen. So gesehen ist das Bild „Kein Kinderspielplatz" eine Satire auf den Mißbrauch religiöser Symbole, eine Kritik unchristlicher „Formalchristlichkeit", eine Kritik an unserer Warenwelt, die alles in sich verschlingt: religiöse Traditionen, Menschlichkeit, christliche Symbole.

Wo bleibt aber in einer satirischen Fotografie das dritte, Satiren konstituierende Moment: die Verfremdung? Reicht das Anfertigen eines Fotos bereits aus, diesen Verfremdungseffekt zu erreichen? Vermutlich nicht, weil dann eine Vielzahl sozialkritischer Fotografien diesem Bereich zuzurechnen wären. Wie also muß ein Foto beschaffen sein, damit eine satirische Wirkungsabsicht erkennbar wird? Würde das Foto „Kein Kinderspielplatz" als Zeichnung vorliegen, etwa noch mit der Überschrift „Laßt alle Kindlein zu mir kommen", dann bestünde nicht der geringste Zweifel, daß es sich um eine satirische Karikatur handeln würde. In komischer Weise wäre ein Gegenstand so dargestellt, daß er in seiner Widersprüchlichkeit und Kritikbedürftigkeit erkennbar wäre. Das Merkmal der komischen Darstellungsweise mit dem Ziel, Widersprüche aufzudecken und Kritik zu üben, fehlt den sozialkritischen Fotografien; eine komische Darstellungsweise läßt sich an ihnen nicht entdecken; sie sind daher nicht satirisch. Die Schwierigkeit satirischer Fotografie besteht darin, Gegenstände so zu fotografieren, daß sie komisch wirken und durch ihre Komik die satirische Absicht zum Ausdruck bringen. Das ist bei satirischen Zeichnungen relativ einfach, weil das Objekt in viel größerem Maße der Manipulation durch den Künstler unterliegt, als dies je in der Fotografie möglich wäre. Die Fotografie muß sich auf das je Vorfindbare beschränken. Und das finden wir in der Regel nicht komisch oder widersprüchlich oder besser: Wir haben gelernt, es so nicht zu empfinden. Nur an einigen besonders offenkundigen Stellen können wir das Universum einer versöhnt-unversöhnten Welt der Widersprüche aufbrechen. In der Regel „schützt" uns ein Wahrnehmungspanzer davor, diese Widersprüche in unserer Umwelt als Widersprüche wahrzunehmen. Dieses und die folgenden Fotos sind Beleg für die Risse und Fugen in unserer abgepanzerten Wahrnehmungswelt. Wie der Satiriker unversöhnliche Teile findet und erfindet, sie zum Zwecke der Kritik zusammenbringt und den Widerspruch vorführt, der in ihnen steckt, so muß auch die satirische Fotografie aus einer satirischen Wirklichkeit Wirklichkeitsfragmente in ihrer Widersprüchlichkeit vorführen.

Wiederholt ist gesagt und geschrieben worden, wie schwer es sei, eine Satire auf die Wirklichkeit zu schreiben: Sie sei schon satirisch genug. Eine „Verlarvung" eines kritikbedürftigen Gegenstandes zum Zwecke seiner „Entlarvung" ist vielfach nicht mehr vonnöten. Zitate reichen aus, sind häufig noch besser und wirkungsvoller. Auf dem Gebiet der Literatur denke man z. B. nur an *Karl Kraus,* der mit dem Mittel des Zitats eine satirische Qualität erreichte, die durchaus mit der eines *Tucholsky* vergleichbar ist. Die satirische Karikatur hat sich in der Widerspiegelung der Realität inzwischen bis zu diesem Punkt weiterentwickelt. Beispielhaft dafür ist *Halbritter,* der die satirische Wirkungsabsicht dadurch erzielt, daß er das Verhalten und die Redeweisen des „normalen" Bürgers vorführt [57]. Die satirische Fotografie als didaktisches Zitat der Wirklichkeit markiert den letzten Schritt in der Entwicklung der satirischen Karikatur, den unmittelbaren Reflex auf die Realität, das „Scharfstellen" auf ein Objekt des täglichen Sehfeldes, um daran Widerspruchserfahrungen zu machen und zu vermitteln.

Gegenüber der satirischen Zeichnung hat die satirische Fotografie mit der Schwierigkeit zu tun, sich deutlich einzugrenzen, aus der Fülle des wahrnehmbaren Materials das für die Aussage wesentliche auszuwählen und mit fotografischen Mitteln ins Bild zu setzen. Dem satirischen Zeichner stellt sich das Problem so nicht: Er kann vor der Gestaltung auswählen, die einzelnen Elemente seiner Bildidee unterordnen, das Wesentliche betonen, Beiwerk und Unwesentliches weglassen. Sein Gestaltungswille wird allenfalls von seinen künstlerischen Fähigkeiten relativiert. Ganz anders der Fotograf: Alle Elemente liegen vor; Auswählen, Betonen, Weglassen sind nur insofern möglich, als sich dies fototechnisch einrichten läßt. Der Fotograf hat mit einer Fülle von Details zu tun, die den Widerspruchsbestand seiner Aussage außerordentlich komplex, verwoben und mehrschichtig werden lassen. So hat in unserem Beispiel die Jesus-Figur eine abgeschlagene rechte Hand; an der linken Hand fehlen Finger. Die linke Hand deutet auf einen Grabstein, dessen Kreuz so verdeckt ist, daß es wie ein Schwert aussieht. In dem Fenster links oben ist ein Maschinenteil zu sehen, das mit einer optischen Linse Ähnlichkeit hat. Diese und andere Details greifen in die Gesamtaussage ein, bieten Raum für symbolische Ausdeutungen, reichern die Rezeption des Bildes mit persönlichen Assoziationen und theoretischen Vorstellungen an. Wird davon ausgegangen, daß der Fotograf sein Bild genauso gründlich gestaltet wie ein Zeichner, ist eine solche detailbezogene Interpretation nicht ganz unberechtigt. Wichtiger für das Verständnis einer satirischen Fotografie als die randständigen Details sind jedoch die fotografischen Einwirkungsmöglichkeiten wie Bildausschnitt, verwendetes Objektiv, Licht/Schatten, Schärfe/Unschärfe.

2) Die satirische Wirkung des Bildes *„Landschaftsschutzgebiet"* wird aus ähnlichen Quellen gespeist wie beim vorigen Bild. Sie entsteht aus dem Widerspruch zwischen dem Schild „Landschaftsschutzgebiet" und der trostlosen

Gegend: abgeholzte Bäume, vertrocknendes Laub, aufgestapeltes „Nutzholz". Gerade, glatt und glänzend, in voller Schärfe, mit dem kräftigsten Grün steht das Schild vor den Naturformen und trennt „Nutzholz" und „Abfallholz". Das „Nutzholz" scheint vom linken Rand auf das Schild hin gestapelt zu sein, der „Abfall" gliedert sich nach rechts aus. Dieser mit fotografischen Mitteln erzielte Bildaufbau unterstützt die satirische Grundaussage und präzisiert sie: Landschaftsschutz schützt nicht vor Ausbeutung der Natur, macht nicht halt vor der Verwertung des Waldes, seiner Umformung in „Nutzholz" und „Abfall". Hinter der glänzenden Fassade „Landschaftsschutz" kann ungehindert Profitstreben und Verwandlung der lebenssteigernden Kräfte der Natur in Ware fortschreiten. Es besteht ein Widerspruch zwischen vordergründigen Absichtserklärungen und hintergründiger Wirklichkeit.

3) Auf dem Gebiet der Werbung ist die Wirklichkeit so sehr zur Satire geworden, daß es schwerfällt, Produkte der Werbeindustrie nicht-satirisch aufzufassen. Man denke z.B. nur an bunte Werbewelten, plakativ herausgestellt vor tristen Wohngebieten, an die „Lebensqualität" durch Zigarettengenuß, an das „traute Familienleben" durch das „richtige" Waschmittel. Das Bild *„Der Sex... bedient Sie persönlich"* soll exemplarisch für diesen Bereich der satirischen Fotografie herangezogen werden. Es ist ferner ein Beispiel dafür, wie die Wirklichkeit der Satire davonläuft, sie überbietet mit ihren Ausdrucksmitteln und ihrem Formenbestand.

In den letzten Jahren schossen in größeren und mittleren Städten „Sex-Shops" wie Pilze aus dem Boden. An einem dieser Läden war mit großen Buchstaben ausgewiesen „Der Sex-Chef bedient Sie persönlich". Diese Ankündigung, eine weitere Vergröberung der in diesem Laden angebotenen „Sensationen", ist für sich schon unfreiwillige Komik, Verzerrung unserer Warenwelt ins Satirische. Für eine Geflügelschau wurde durch Aufkleber geworben. Einer dieser Aufkleber landete auch auf der Schaufensterscheibe des „Sex-Shops" und verdeckte das Wort „Chef". Zufall oder Absicht? Es entstand auf jeden Fall durch die Fotografie dieser „Montage" ein Bild, das eher als das Ergebnis eines satirischen Zeichners anzusehen ist als das eines naturgetreuen Abbildes der Realität. Unter der Überschrift „Programmwechsel" (rote Schrift, gelbes Feld) steht der Aussagesatz: „Der Sex... bedient Sie persönlich". Die „Übersetzung" dazu liefert der Aufkleber: ein Hahn (roter Kamm, gelbe Körperumrisse) mit der Ankündigung einer Jung-Geflügel-Schau. Der Hahn als männliches Sexualsymbol und als Symbol der Geflügel-Ausstellung vermittelt zwischen beiden Inhaltsebenen, fügt sie in komischer Weise zusammen und macht damit die Verwandtschaft zwischen der Ausstellung von Junggeflügel und dem Handel mit Pornographie deutlich. In beiden Fällen geht es um die Zurschaustellung von Ware.

Im Zuge der „Aufklärungswelle" wurde Sexualität nicht „befreit", sondern in die Form der Ware überführt. Diese Ware „Sexualität", zu Beginn der Entwicklung noch mit dem „Reiz des Verbotenen" behaftet, hat sich in ihrer Wirkung abgenutzt, verflacht sich zunehmend und bedarf immer stärkerer Kaufanreize, um noch an den „Mann" gebracht zu werden. Es wird versucht, auf partielle Triebimpulse und sexuelle Vorlieben der potentiellen Kunden mit einem „individuell" abgestimmten Warenangebot zu „antworten", um auch weiterhin Absatz zu haben. Dieses Marktverhalten der Anbieter kommt auch in unserem Bild zum Ausdruck und zwar in dem Hinweis, daß *persönlich* bedient wird. Dies wird im Bild karikiert durch den Hahn, der die versprochene „persönliche Bedienung" leisten soll, ein Hahn, der zugleich als Ausstellungsobjekt in einer Geflügelschau fungiert und als „Sex"-Hahn symbolisch einsteht für männliche Sexualität. Im Zusammenhang des Bildganzen gesehen, „liest" sich das wie die Beschreibung der Eigenart des Sex-Shops und seines Warenangebots: Die persönlichen sexuellen Vorlieben des Mannes finden sich im Laden in Warengestalt wieder (z.B. in Form von Magazinen und Porno-Filmen), und jeder kann sich, da die Waren zur Schau ausgestellt sind, persönlich bedienen. Damit richtet sich die Kritik im Bild gegen die Verdinglichung des Sexualbereichs des Menschen, gegen die Verwandlung von Sexualität in Ware. Das satirische Foto macht deutlich, daß in unserer Gesellschaft zwischen der zu Bildern gerinnenden Sex-Welt und einer Jung-Geflügel-Schau ein grundsätzlicher Unterschied nicht mehr auszumachen ist.

4) Einen völlig anderen Zugang zur satirischen Fotografie eröffnet das Bild „*Umleitung*". Hier ist auf den ersten Blick nichts Satirisches zu entdecken. An einem Betonmast ist ein zerbogenes Umleitungsschild montiert. Es hebt sich sehr scharf und plastisch vom unscharfen Hintergrund (Zaun mit Vorgarten und Eingangstür eines Hauses) ab. Betrachtet man das Schild etwas genauer, entdeckt man eine komisch wirkende, weil unbeabsichtigte Verdichtung und Entsprechung digitaler und analoger Zeichen. Das Schild „Umleitung" signalisiert durch seine digitalen Bestandteile (Schriftsprache) und seinen als bestimmtes Verkehrsschild ausgewiesenen Zeichenbestand (Verkehrshinweis), daß eine Fahrstraße (meist wegen Straßenarbeiten) vorübergehend einen anderen Verlauf nimmt, umgeleitet wird. Die analogen Bestandteile (zerbogenes Schild und provisorische Aufhängung) entsprechen den digitalen Zeichen: Hier ist etwas verbogen worden (der Straßenverlauf) und dies ist nur vorübergehend (provisorische Aufhängung). Durch die Entsprechung der digitalen mit den analogen Zeichen verliert das Umleitungsschild seine neutrale und sachliche Eigenschaft. Analoge Zeichen sind mehrdeutig; indem sie sich mit digitalen verschweißen, können sie digitale Bestandteile überformen. In unserem Falle teilt das Verkehrsschild durch diese Überformung mehr mit, als es soll. Das Bild erhält so einen Doppelsinn, wird satirisch. Wie geschieht das? „Umleitung" heißt auch, daß etwas verbogen wird. Das braucht nicht nur der Straßenverlauf zu sein. Das kann sich auch auf die Veränderung der Umwelt durch den Stra-

ßenbau beziehen [58]. Das Umleitungsschild steht dann ein für das „Zerbiegen" der menschlichen Kulturlandschaft, signalisiert nicht mehr nur einen anderen Fahrverlauf, sondern auch ein anderes Leben in einer veränderten Umgebung. Im konkreten Fall wurde die Umleitung notwendig, weil die Bundesstraße in mehrjähriger Arbeit neu gestaltet wurde, um eine höhere Kraftfahrzeug-Dichte zuzulassen. Von diesen baulichen Maßnahmen waren Kleingärten und freie Geländestücke betroffen, und damit die Kinder dieser Umgebung, denen Spielmöglichkeiten verlorengingen und Erwachsene, die ihre Gärten verloren und so Möglichkeiten der Freizeitgestaltung einbüßten. Eine Ausdeutung des Fotos in dieser Richtung wird durch den Betonpfahl und den Zaun nahegelegt: symbolhafte Hinweise auf häßliche Betonstraßen und eine weitere Eingrenzung des Lebens. Die satirische Fotografie durchdringt die „Unschuld" des Verkehrsschildes, deutet an, was sich dahinter verbirgt und kritisiert das „Zerbiegen" menschlicher Lebensmöglichkeiten durch eine „Betonstraßenmentalität".

6.3 Didaktischer Kommentar

Die satirische Fotografie ist insofern in besonderer Weise didaktisch fruchtbar, als sie es erfordert, die Umgebung bewußt wahrzunehmen, sie zu durchdringen und damit neue Sichtweisen zu gewinnen. Die neue Sichtweise der Realität läßt sich als „Widerspruchserfahrung" umschreiben: Die Lernenden erfahren, daß einander widersprechende Teile unverbunden zusammenstehen. Die satirische Fotografie zerlegt diesen Widerspruch, macht ihn als Widerspruch mitteilbar. Das Medium, mit dem erfahrene Widersprüche mitgeteilt werden, also die Fotografie, ist für die Lernenden relativ einfach praktizierbar. Die Ergebnisse sind leicht zu gewinnen und anderen mitzuteilen. Gleichwohl ist es notwendig, daß die Lernenden die Möglichkeiten bewußter Gestaltung sich nach und nach zueigen machen.

Der Beginn des Lernprozesses ist relativ schwierig: Das als Einheit begriffene Universum unversöhnlicher Widersprüche muß erst aufgebrochen werden. Dazu ist es notwendig, daß die Lernenden sich zunächst mit satirischen Fotos intensiv auseinandersetzen.

1 Die Lernenden können anhand von vier ausgewählten satirischen Fotografien ihren satirischen Gehalt bezeichnen, insbesondere die dargestellten Widersprüche und die bildnerischen Mittel herausstellen.

Wenn die Lernenden die in den satirischen Fotos dargestellten Widersprüche nicht als eine Besonderheit, sondern als generelles Phänomen verstanden haben, sollte zur Aufgabe übergeleitet werden, eigene satirische Fotos anzufertigen. Vielleicht haben die Lernenden bereits Beobachtungen mit satirischen Wirklichkeitsfragmenten gemacht, anhand derer die Möglichkeiten der

Gestaltung diskutiert werden könnten. Das Fotografieren selbst müßte der Einzelinitiative oder der Gruppe überantwortet werden, erfordert es doch viel Zeit, Muße und Übung in Wahrnehmung und Gestaltung, um zu angemessenen Ergebnissen zu gelangen.

2 Die Lernenden können allein oder in der Gruppe satirische Motive aus ihrer Umgebung wahrnehmen und sie bewußt gestaltend fotografieren.

Die angefertigten Bilder sind Gegenstand von Erörterungen in der Gesamtgruppe mit dem Ziel, Gestaltungsmöglichkeiten kennen- und verbessern zu lernen, die Vielfalt satirischer Darstellungen in der Fotografie zu erfassen und weitere Widerspruchserfahrungen zu machen, um die Fähigkeit zu steigern, Umwelt bewußt und kritisch wahrzunehmen.

6.4 Methodische Überlegungen

Aufgabe der methodischen Planungen ist es, die Fähigkeiten und Motivationen der Lernenden für die fotografische Arbeit angemessen zu unterstützen. Die Auseinandersetzung mit satirischen Fotografien soll auf diese Arbeit vorbereiten und den Blick schärfen für wahrnehmbare Widersprüche in der Umwelt der Lernenden.

a) Zum Lernziel 1

Je nach Fähigkeiten der Lernenden und Entwicklungsstand der Gruppe ist frontale Erörterung oder arbeitsteilige Gruppenarbeit angemessen, um den satirischen Gehalt in den Fotografien zu erkennen und sich mit den bildnerischen und fotografischen Mitteln auseinanderzusetzen. Bei arbeitsteiliger Gruppenarbeit sind sehr genaue Arbeitsaufträge notwendig, um die in den Fotografien dargestellten Widersprüche zu erfassen.

Gruppe 1: Bitte untersucht das Foto „Kein Kinderspielplatz" insbesondere nach folgenden Gesichtspunkten:
1) Was ist auf dem Foto abgebildet?
2) Wie ist das Foto aufgebaut? Wie stehen die einzelnen Teile des Bildes zueinander?
3) Welche bildnerischen Kontraste enthält das Bild (Farbkontraste, scharf/unscharf-Kontraste, Beleuchtungskontraste)?
4) Mit welchem Objektiv ist die Aufnahme vermutlich gemacht worden (Weitwinkel-, Normal- oder Teleobjektiv)? Was bewirkt diese Objektivwahl?
5) Welche beiden Bildmotive sind die wesentlichen? Wodurch wird das deutlich?

6) Wie wirkt das Foto auf euch? (z. B. sachlich, witzig, widerspruchsvoll)
7) Was drückt die Jesusfigur aus, was das Schild?
8) Entsprechen sich die Aussagen von Figur und Schild oder widersprechen sie sich?
9) Bitte untersucht, ob dieses Foto eine Satire ist. Eine Satire enthält die Bestandteile „Angriff", „verletzte Norm" und „Verfremdung".
10) Gegen was könnte sich die Kritik in dem Foto richten?

Gruppe 2: Bitte untersucht das Foto „Landschaftsschutzgebiet" insbesondere nach folgenden Gesichtspunkten:
1) Was ist auf dem Foto abgebildet?
2) Wie ist das Foto aufgebaut? Wie stehen die einzelnen Teile des Bildes zueinander?
3) Welches Bildmotiv ist das wesentliche? Wodurch wird das deutlich?
4) Wie wirkt das Foto auf euch? (z. B. sachlich, witzig, widerspruchsvoll)
5) Was drückt das Schild aus? In welchem Verhältnis dazu steht das aufgestapelte „Nutzholz" und das „Abfallholz"?
6) Bitte untersucht, ob dieses Foto eine Satire ist. Eine Satire enthält die Bestandteile „Angriff", „verletzte Norm" und „Verfremdung".
7) Gegen was könnte sich die Kritik in dem Foto richten?

Gruppe 3: Bitte untersucht das Foto „Der Sex... bedient Sie persönlich" nach folgenden Gesichtspunkten:
1) Was ist auf dem Foto abgebildet?
2) Wie ist das Foto aufgebaut? Wie stehen die einzelnen Teile des Bildes zueinander?
3) Das Foto bildet einen Teil des Schaufensters eines Sex-Shops ab. Was wird in solchen Geschäften verkauft?
4) Der ursprüngliche Aussagesatz hieß: „Der Sex-Chef bedient Sie persönlich." Was hat sich durch das Überkleben verändert?
5) Welche beiden Inhaltsebenen enthält das Foto? Was besagt die eine, was die andere?
6) Welches Bildelement „vermittelt" zwischen diesen beiden Inhaltsebenen und macht damit die Verwandtschaft zwischen beiden Ebenen deutlich?
7) Wie wirkt das Foto auf euch? (z. B. sachlich, witzig, widerspruchsvoll)
8) Bitte untersucht, ob dieses Foto eine Satire ist. Eine Satire enthält die Bestandteile „Angriff", „verletzte Norm" und „Verfremdung".
9) Gegen was könnte sich die Kritik in dem Foto richten?

Gruppe 4: Bitte untersucht das Foto „Umleitung" insbesondere nach folgenden Gesichtspunkten:
1) Was ist auf dem Foto abgebildet? Bitte genau beschreiben!
2) Wie ist das Foto aufgebaut? Wie stehen die einzelnen Teile des Bildes zueinander?

3) Welches Bildmotiv ist das wesentliche? Wodurch wird das deutlich?
4) Wie wirkt das Foto auf euch? (z. B. sachlich, witzig, widerspruchsvoll)
5) Was bedeutet das Schild „Umleitung"? Was geschieht, wenn ein solches Schild aufgehängt wird? Was kann dies für die Menschen, die dort wohnen, an Auswirkungen haben?
6) Die weitere Bedeutung des Schildes erschließt sich aus seiner äußerlichen Besonderheit (zerbogen und provisorisch aufgehängt). Bitte untersucht diese Bedeutungsebene im Zusammenhang des Bildganzen.
7) Verbindet man die bei 5) und 6) gefundenen Bedeutungen miteinander, erhält das Bild einen Doppelsinn. Was könnte, so gesehen, „Umleitung" noch bedeuten, wofür steht dieses Schild dann noch ein? Bitte denkt bei diesem Doppelsinn auch an die weiteren Bildbestandteile (Betonpfahl und Zaun).
8) Bitte untersucht, ob dieses Foto eine Satire ist. Eine Satire enthält die Bestandteile „Angriff", „verletzte Norm" und „Verfremdung".
9) Gegen was könnte sich die Kritik in dem Foto richten?

Die Ergebnisse der einzelnen Gruppen lassen sich am besten in Austauschgruppen diskutieren. Die Lernenden erfahren dann sehr schnell und recht intensiv etwas über die vielfältigen Möglichkeiten der satirischen Fotografie und werden vielleicht auch an ähnliche eigene Beobachtungen erinnert. Nach den Diskussionen in den Austauschgruppen sollten in einer gemeinsamen Erörterung die Widerspruchserfahrungen theoretisch untermauert und als generelles Phänomen herausgestellt werden.

b) Zum Lernziel 2

Die eigene praktische Arbeit, das Auffinden satirischer Motive, die fotografische Gestaltung und ggf. die Anfertigung von Abzügen im Fotolabor hängt in seinen methodischen Möglichkeiten sehr stark von den jeweiligen Gegebenheiten der Lerngruppe ab. Bei den Fotos sollte es nicht sein Bewenden haben. Vielmehr können sich um verschiedene Fotos Versuche zur Dokumentation und ggf. auch Ausstellungsprojekte ranken, um so die eigenen Erfahrungen an andere weiterzugeben und Diskussionen auszulösen.

Dritter „Baustein"

Zusammenwirken von Text, Bild und Musik in Satire und Karikatur

1 Didaktische Leitvorstellungen

Dieser „Baustein" ist eine Fortführung der Auseinandersetzung mit humorvoll/komischen Formen – diesmal nicht auf Bilder beschränkt, sondern umfassend auf Bild, Sprache und Musik bezogen. Ziel dieser Auseinandersetzung ist es, das Zusammenwirken von Text, Bild und Musik zu untersuchen. Das kann sowohl 1) auf ein *einzelnes Werk* bezogen sein, als auch 2) ein *bestimmtes Problem* (oder Thema) aus dem sozial-kulturellen Umfeld meinen, zu dem Texte, Bilder und musikalische Werke in einer didaktisch durchgedachten Weise zugeordnet werden, um dieses Problem zu durchdringen und umfassend zu verstehen.

Zunächst werden wir die Wechselbezüge zwischen Text, Bild und Musik untersuchen und die Möglichkeiten diskutieren, wie sich Sprachliches, Bildnerisches und Musikalisches miteinander verbinden läßt. Danach wenden wir uns den satirisch/karikaturistischen Werken zu, in denen Sprache und Bild miteinander verknüpft sind. Ziele sind, die Vielfalt auf diesem Gebiet kennenzulernen, die Wechselbezüge zwischen Sprache und Bild in einem Werk zu untersuchen, Anregungen für die eigene bildnerische Praxis zu gewinnen. Die folgenden beiden Abschnitte beziehen sich jeweils auf ein bestimmtes Problem, das im Rahmen eines „fächerverdichtenden" Ansatzes erschlossen wird. Dabei wollen wir die inhaltliche Seite des jeweiligen Problems kennenlernen, uns mit bestimmten Werken auseinandersetzen und den Bezug dieser Werke zueinander und zum Problem untersuchen.

2 Wie lassen sich Texte, Bilder und Musik miteinander verbinden?

2.1 Wechselbezüge zwischen Text, Bild und Musik

Bereits im ersten „Baustein" haben wir Wechselbezüge in einem Werk kennengelernt. Welche Funktionen haben nun die Verknüpfungen von Text, Bild und Musik? Stellen wir z.B. die im ersten „Baustein" untersuchte Goebbels-Karikatur dem Gedicht „Joebbels" gegenüber, dann erläutern sich Bild und Text wechselseitig, eröffnen einander neue Perspektiven, durchdringen den Gegenstand „mehrdimensional". Wir bezeichnen diese Funktion als *„parallele Kongruenz"*: Sie kommt zustande, wenn zwei voneinander unabhängige Werke sich in Thema und Aussagegehalt gleichen. Würden wir dem Gedicht „Joebbels" ein Propagandafoto von Goebbels gegenüberstellen (oder gar das Foto eines jetzigen Spitzenpolitikers), dann wäre die Kongruenz von Thema *und* Aussagegehalt nicht mehr gegeben. Vielmehr stünden sich Gedicht und Propagandafoto im Aussagegehalt einander widersprechend gegenüber: als *„paralleler Kontrast"*. Der Rezipient wird durch die Kontrastfunktion zur selbständigen Auseinandersetzung mit den einander widersprechenden Aussagen angeregt. Eine *„parallele Interpretation"* zum Gedicht „Joebbels" und zur Goebbels-Karikatur habe ich im ersten „Baustein" gegeben. Solche „parallelen Interpretationen" können im Lernprozeß hilfreich sein, wenn die Lernenden sich in kurzer Zeit selbsttätig in ein neues, für sie unbekanntes Gebiet einarbeiten möchten.

Geht es um Text/Bild-Bezüge bzw. Text/Musik-Bezüge in jeweils einem Werk, liegen in der Regel *„komplementäre Funktionen"* vor: Wörter, Bilder und Musikteile ergänzen und unterstützen sich im Rahmen ihrer spezifischen Möglichkeiten. Das kann auf eine *„komplementäre Kongruenz"* hinauslaufen, wenn Bild- und Textteile (oder auch Text- und Musikteile) sich in gleicher Aussage ergänzen. Typisch dafür ist z.B. die Goebbels-Karikatur, bei der Bild und Text eine „geistige Überlegenheit" gegenüber der Nazi-Ideologie und eines ihrer Repräsentanten ausdrücken. Der im ersten „Baustein" erörterte „Kälbermarsch" ist ein gutes Beispiel, wie sich Textliches und Musikalisches ergänzen. Seltener ist der *„komplementäre Kontrast"*: der Widerspruch zwischen Bild- und Textteil. Typisch dafür sind einige Karikaturen von *Grosz*, z.B. die Abbildung einer fetten Nazi-Visage mit dem Ausspruch „Trotz Hunger und Schmach, wir lassen uns nie und nimmer in die Knie zwingen" [1]. Einige Fotomontagen von *Christian Schaffernicht* gewinnen ihre satirische Wirkung ebenfalls aus einem komplementären Kontrast [2]. Die satirische Fotografie, wie wir es an einigen Beispielen sehen konnten, findet komplementäre Kontraste in der Umwelt vor und setzt sie mit satirischer Wirkungsabsicht ins Bild.

Warum können Texte, Bilder und Musik überhaupt miteinander verknüpft werden? Texte, Bilder und Musik sind als Bedeutungsträger Material des Denkens; sie sind verschiedenartige, aber gleichrangige Repräsentationsleistungen des menschlichen Geistes; keine dieser Repräsentationsleistungen läßt sich aus einer anderen herleiten, sondern jede von ihnen stellt eine bestimmte geistige Auffassungsweise dar und begründet damit eine eigene Seite der Wirklichkeit. Gleichwohl bestehen deutliche Wechselbeziehungen zueinander: Der Gegenstand wird in Form seines Begriffs wahrgenommen. Der Begriff „formt" einen Gegenstand in einer abstrakt-verallgemeinernden Weise, so daß die menschliche Wahrnehmung in den konkreten Wahrnehmungsdaten dieses Verallgemeinerte wiedererkennt. Daher ist das wahrgenommene Ding niemals mehr von seinem Begriff zu trennen, sobald der Mensch die Sprache erlernt hat. Bilder, Sprache und Musik lassen sich als Repräsentanten für Wirklichkeit, für bildhafte Eindrücke, für Bewegungen, für akustische Ereignisse einsetzen. Der Mensch verfügt so über ein System von Begriffen oder geistigen Schemata und über bildhafte und akustische Erinnerungen, die einen Symbolwert erhalten haben.

Für unsere Eingangsfrage ist wichtig, daß eine Wechselbeziehung zwischen dem Begriffssystem des Menschen und seinen konkreten Symbolen (bildhaft und/oder akustisch) besteht: Vorhandene Begriffe organisieren komplexe Wahrnehmungen – das Begriffssystem entwickelt sich aus bildlichen und akustischen Vorstellungen. Indem nun Texte, Bilder und Musik komplementär oder parallel miteinander verknüpft werden, wird der Austausch zwischen Begriffssystem und konkreten Symbolen intensiver, differenzierter, vielschichtiger. Satire und Karikatur „leben" davon, erstarrte Weisen dieses Austausches aufzubrechen, indem sie „Stolpersteine" einbauen: „geistige Fallen", die das menschliche Erkenntnisvermögen anspornen, belasten, „jung" halten. Sie vermögen, das Begriffssystem mit anderen Formen konkreter Symbole zu konfrontieren, die bislang mit den jeweiligen Begriffen nicht verknüpft waren. Satiren und Karikaturen befähigen damit den Menschen, ausgeblendete Wirklichkeitsaspekte angemessen wahrzunehmen.

2.2 Komplementäre Verknüpfung bei komplexen Text/Bild/Musik-Werken

Eine Vielzahl solcher Werke haben wir bereits vorgestellt: Karikaturen mit humorvoll-komischen bis satirischen Texten und Überschriften, die Vertonung eines satirischen Textes, Bildzitat und Textzitat in einer Fotomontage, textliche und bildnerische Bestandteile in der umgebenden Wirklichkeit (als bildnerische Bestandteile der satirischen Fotografie). Stets waren Text, Bild und Musik aufeinander bezogen und häufig in ihrem Zusammenwirken unverzichtbar, um die komische bzw. satirische Wirkung hervorzubringen. Worin liegt nun die besondere Wirkung dieser komplementären Verknüpfung?

1) Die Verknüpfung erhöht die Redundanz der Mitteilung und damit Verständlichkeit und Wirksamkeit der Aussage. So ist z. B. die im zweiten „Baustein" vorgestellte Karikatur von *George Grosz:* „Zuhälter des Todes" auch ohne Text in ihrer satirischen Wirkung verständlich. Der Textzusatz bringt das Bild „auf den Begriff" und erleichtert damit den Zugang, verhilft zu einem raschen Verständnis der Darstellung, verdeutlicht das Gemeinte.
2) Häufig wird durch die Verknüpfung eine Erweiterung der Aussagebasis erreicht. Dies gilt z. B. für die Goebbels-Karikatur aus dem ersten „Baustein". Während auf der Bildebene Goebbels als Mickey-Mouse verharmlosend dargestellt wird, bemächtigt sich der Text dieser Comic-Figur, um die Nazi-Ideologie ad absurdum zu führen. Im Grunde geht es also um zwei Aussagen, die jedoch thematisch und in der formalen Gestaltung eng miteinander verknüpft sind und nur in dieser Verknüpfung ihre volle satirische Wirkung entfalten können.
3) Viele Beispiele gibt es auch dafür, daß die satirische Absicht erst in der Verknüpfung von Sprache und Bild bzw. Sprache und Musik zur Wirkung kommt, daß Text und Bild bzw. Text und Musik zwingend aufeinander angewiesen sind, eng zueinander in Beziehung stehen. Das gilt insbesondere für die satirischen Werke, die auf einen komplementären Kontrast angelegt sind: auf einen Widerspruch zwischen Bild- und Textteil. Sind Text und Bild in komplementärer Kongruenz miteinander verknüpft, entsprechen und ergänzen sie sich also, können sie auch zwingend aufeinander angewiesen sein. Die im 2. „Baustein" vorgestellte Karikatur von *George Grosz:* „Die deutsche Pest" ist hierfür ein gutes Beispiel: Das Bild kann nicht alleine stehen und auch der Text nicht. Jedes Teil für sich kann die satirische Wirkung nicht hervorbringen. Erst die Zuordnung des Textes „Die deutsche Pest" (Kontrafraktur auf: die *schwarze* Pest) zu einem finster dreinblickenden Mann in Generaluniform macht deutlich, wen *Grosz* angreifen will und was der Grund dieser Kritik ist. Der komplementären Verknüpfung werden wir uns noch ausführlich im 3. Abschnitt dieses „Bausteins" zuwenden.

2.3 Parallele Verknüpfung beim fächerverdichtenden, problembezogenen Lernen

Die parallele Verknüpfung von bildnerischen, textlichen und musikalischen Werken zum gleichen Problem (oder Thema) fördert das „stereoskopische Sehen", ermöglicht es, das Problem vielschichtiger und aus unterschiedlichen Perspektiven wahrzunehmen und zu beurteilen. Die unterschiedlichen Werke werden in einer didaktisch durchdachten Weise dem vorgesehenen Problem zugeordnet, um es durchdringen zu können, um Bezugssysteme und Deutungsmuster für das Problem zu gewinnen. Dabei werden verschiedene Werke jeweils dem Aspekt dieses Problems zugeordnet, zu dem sie gemeinsame, einander verbindende Aussagen machen (parallele Kongruenz). Durch diese

„Verdichtung" zu jeweils einem Aspekt werden die Werke dazu „veranlaßt", sich wechselseitig zu „interpretieren", die angesprochene Aussage in einem anderen medialen Zugriff, auf einer anderen Ebene zu bestätigen, zu ergänzen, zu modifizieren, zu präzisieren: also gleiche Aussagen in anderer Weise zu machen. Ein so gestaltetes fächerverdichtendes Lernen birgt den Vorteil in sich, daß die Lernenden durch die Konzentration der visuellen, sprachlichen und auditiven Werke auf jeweils einen Aspekt individuelle Schwierigkeiten beim Prozeß des Verstehens der ästhetischen Objekte leichter umschiffen können. Dadurch, daß sich visuelle, sprachliche und auditive ästhetische Objekte wechselseitig „interpretieren", sich zu bestimmten Aussagen hin verdichten, daß Parallelen in der ästhetischen Form aufscheinen, wird die Zugangsmöglichkeit zu den ästhetischen Objekten erleichtert, wird das Problembewußtsein nachhaltig gefördert.

Das parallele Anbieten unterschiedlicher ästhetischer Objekte zu einem Aspekt wird dann problematisch, wenn z. B. Bild und Musik synchron, d. h. zur selben Zeit angeboten werden: Während ein Musikstück (Vertonung eines Textes) abgespielt wird, werden die Lernenden *zugleich* mit einem dazu passenden Bild konfrontiert. Dabei kann es zu Überforderungen kommen, was die Aufnahmefähigkeit der Lernenden anbelangt. Die Folge ist, daß sich Musik, Sprache und Bild durch ihre Konkurrenz neutralisieren, daß die Lernenden den einzelnen Objekten nicht gerecht werden und damit dem Verständnis des Problems nicht näher kommen können. Bei paralleler Verknüpfung ist es notwendig, sich mit den einzelnen ästhetischen Objekten *nacheinander* auseinanderzusetzen und erst in einem zweiten Gang die Wechselbeziehungen aufzuarbeiten. Das bedeutet nicht, daß auf eine „multimediale Gesamtschau" verzichtet werden sollte. Im Gegenteil! Erst durch die Verknüpfung der verschiedenen Objekte in einer Gesamtschau können „Generalisierungseffekte" eintreten, kann ein Austausch zwischen dem Begriffssystem und den konkreten Symbolen (bildhaften und/oder akustischen) in intensiver Form stattfinden. Methodisch angemessen wäre ein Dreischritt: Zunächst die „multimediale Gesamtschau", dann die Auseinandersetzung mit den einzelnen Objekten und als dritten Schritt die bewußte Verknüpfung: der sprachlich zu leistende Vergleich und eine zweite Gesamtschau.

Das Gebiet der parallelen Verknüpfung ist didaktisch bislang kaum erschlossen worden. Erste Ansätze bieten entsprechend konzipierte Lesebücher [3]. Wir werden uns daher in den Abschnitten 4 und 5 dieses „Bausteins" mit diesem fächerverdichtenden Ansatz noch intensiver, anhand konkreter Beispiele, auseinandersetzen.

3 Beispiele komplementärer Verknüpfung von Sprache, Bild und Musik

3.1 Texte zu Bildern

Es gibt verschiedene Möglichkeiten, Bilder mit Texten so zu verknüpfen, daß eine humorvoll-komische bzw. satirische Wirkung entsteht: 1) Ein *Sprechtext* kann eingefügt, 2) eine *Kommentierung* dem Bild gegenübergestellt, 3) ein *Zitat* gebracht, 4) ein *verfremdetes Zitat* (Kontrafraktur) verwendet und schließlich 5) kann dem Bild ein *ironischer Titel* gegeben werden.

1) In der französischen Karikatur des 19. Jahrhunderts tauchte der *Sprechtext* in Verbindung mit dem Bild sehr häufig auf, z.B. bei *Daumier, Gavarni, Betrall, Doré, Pilotell* [4]. Auch die Künstler des Simplizissimus griffen oft zum Sprechtext, um zu einer satirischen Wirkungsabsicht zu gelangen [5]. Die Zeitschrift „Stern" bringt wöchentlich „bonn-bons – Prominenten in den Mund geschoben": In einer Serie von drei Bildern wird Politikern in Comic-Machart ein witziger Sprechtext unterlegt. Auch zeitgenössische, die tagespolitischen Ereignisse kommentierende Karikaturisten wie *Markus, Haitzinger* und *Hanel* verwenden überwiegend den Sprechtext. Bei *Halbritter* dient der Text dazu, die Denk- und Vorstellungswelt des „Normalbürgers" vorzuführen und zum Gegenstand der Kritik zu machen [6].

Als Beispiel haben wir eine in der Zeitschrift „Pardon" erschienene Karikatur von *Walter Hanel* ausgewählt: „Mutation von Menschen in Duckmäuse". Zwei Wissenschaftler (erkennbar an Brillen, weißen Kitteln, einer Spritze) stehen vor einem Terrarium, in dem sich tierähnliche Wesen bewegen. Erst im Zusammenhang mit dem Sprechtext wird die satirische Wirkungsabsicht der Karikatur deutlich: „Wir sollten denen in Bonn melden, daß die Mutation von Menschen in Duckmäuse ein voller Erfolg zu werden scheint!" Zentraler Punkt der Aussage sind die „Duckmäuse": „Naturalisierungen" einer Metapher, die deutlich machen sollen, daß der Anpassungsdruck in unserer Gesellschaft die Menschen „mit vollem Erfolg" verwandelt. Die Verantwortung für diese Entwicklung tragen „die in Bonn": anonyme Machthaber oder nur hilflose Helfer bei einer „blinden" Entwicklung, mit der die Demontage des Individuums einhergeht? Die sprachlichen Teile ordnen begrifflich die Situation und weisen die „Duckmäuse" als „vollen Erfolg" aus. Der „volle Erfolg" des Unternehmens „Duckmäuse" wird durch den Bildteil dem Betrachter drastisch vor Augen geführt: arme, verängstigte, eingesperrte, unglückliche Geschöpfe. Die Visualisierung des „vollen Erfolges" signalisiert einen Widerspruch: Es kann kein Erfolg sein, Menschen so zu verwandeln. Sprache und Bild widersprechen sich. Der Begriff „voller Erfolg" erzeugt bei uns andere Bilder als die Abbildung von in „Duckmäuse" verwandelte Menschen. Wir widersprechen daher der Verbindung zwischen „Duckmäusen" und dem Begriff „voller Erfolg". Dieser

Walter Hanel: „Wir sollten denen in Bonn melden, daß die Mutation von Menschen in Duckmäuse ein voller Erfolg zu werden scheint!"

„innere" Widerspruch setzt uns in Gegnerschaft zu denen („in Bonn"), die einen erhöhten Anpassungsdruck für richtig halten bzw. ihn erzeugen. Die Verknüpfung von Bild und Sprache erreicht, daß wir die Metapher „Duckmäuse" mit der Vorstellung von armen, verängstigten, eingesperrten Geschöpfen „besetzen", daß wir (über diese „Besetzung") in „Duckmäusen" keinen „vollen

Erfolg" sehen können und daß wir schließlich Gegnerschaft zu denen empfinden, die dies als „vollen Erfolg" hinstellen wollen bzw. die Entwicklung der Menschen zu „Duckmäusen" veranlaßt haben. Parallel zu dieser Bild/Sprache-Verknüpfung übersetzen wir die Metapher „Duckmäuse" in die Bezeichnung „angepaßte Menschen", setzen sie der Bild/Sprache-Verknüpfung gegenüber und kommen zu folgender Erkenntnis: Angepaßte Menschen werden bewußt „hergestellt"; sie verkümmern zu tierähnlichen Geschöpfen, werden unglücklich, sind verängstigt. Diese Erkenntnis weckt unsere Kraft, dieser Entwicklung Widerstand entgegenzusetzen.

2) Der Sprechtext versetzt uns in das unmittelbare Geschehen, macht uns mit der Denkweise der Handelnden unmittelbar vertraut. Die *Kommentierung* als eine andere Möglichkeit der Bild/Text-Verknüpfung schafft ein höheres Maß an Distanz zum abgebildeten Geschehen. Die Kommentierung ist nicht der Sprechtext eines der abgebildeten Objekte, sondern der sprachliche Zusatz, die Meinung oder Polemik eines „Off-Sprechers" (in der Regel die des Karikaturisten). Bei den Verknüpfungen von Text und Bild in humorvollen bis satirischen Darstellungen hatte das Bild zunächst die Aufgabe, komische Texte zu illustrieren. Dabei zeichnen sich die meisten dieser Illustrationen durch einen Mangel an Genauigkeit und Treffsicherheit aus und erreichen dadurch das literarische Werk nicht, oder aber sie gehen darüber hinaus [8]. Die Überbetonung des Literarischen und Abstrakten schaffte eine Vormacht gegenüber den bildnerischen Darstellungsmöglichkeiten und lenkte sie häufig. Dadurch wurden die bildnerischen Teile in eine Nebenrolle gedrängt. Allein die Kommentierung, die Legende, also das Textliche schaffte die Komik. Das Bild blieb ein Hilfsmittel, um den Leser zu fesseln. Da nimmt es nicht wunder, wenn man bei alten humoristischen Zeichnungen langatmige Kommentierungen verwendete: zum Bild insgesamt, zu jeder Person, manchmal auch zu den Gegenständen. Weil die Erläuterungen dadurch im Bild häufig zu lang wurden, gab man stattdessen Nummern aus, die auf wortreiche Erklärungen verwiesen. Die Vielschichtigkeit der Allegorien und die geringe Übung im Entziffern der Bilder machten die wortreichen Hilfen notwendig.

Viele der heutigen Karikaturen zeichnen sich durch Gleichwertigkeit von sprachlichen und bildnerischen Bestandteilen und durch deutliche Verknüpfung dieser Bestandteile aus. Ein gutes Beispiel dafür sind die Arbeiten *Halbritters*. In seiner „Tier- und Pflanzenwelt" [9] und in seinem „Waffenarsenal" [10] wird ein lustiges Bild (von einem originellen Tier bzw. einer Waffe) einem dazu passenden Text gegenübergestellt (der Text in deutlicher Parodie auf Lexikonartikel). Auch bei *Stêpáns* stehen Bild und Text in einem gleichwertigen, sich ergänzenden Verhältnis: Collagen von witzig verfremdeten Fotos „aus dem Familienalbum" entsprechen mehrdeutigen Informationen über das jeweilige Familienmitglied. Beispiel: Dem Text: „Tante Klara lud man bei uns nicht gern zum Mahle. Sie marschierte immer mit großem Besteck an" ist ein Foto gegenübergestellt, das eine Frau mit einem riesigen Löffel zeigt [11].

Neben Karikaturen zum tagespolitischen Geschehen [12] eignen sich insbesondere Parodien für Kommentierungen als Form der Text/Bild-Verknüpfung [13].

Thematisch passend zur Karikatur von Hanel über die „Duckmäuse" haben wir eine in der Zeitschrift „Pardon" erschienene Arbeit von *Serre* ausgewählt [14], die mit folgender Kommentierung veröffentlicht wurde: „Rückgratsgarderobenständer an der Eingangstür zum (verehrten) Chef". Auch in dieser Karikatur wird eine Metapher („Rückgrat verloren" = überangepaßt; keine Widerstandskraft gegenüber Forderungen von „Mächtigen"; macht, was verlangt wird) ins Bildhafte „übersetzt": ein schauriger Garderobenständer, gesteigert noch durch einen düsteren Schattenwurf. Für sich gesehen ist das Bild in seiner satirischen Wirkung nicht verständlich. Erst durch die Verknüpfung der Bildelemente mit dem Text wird die satirische Absicht deutlich. Das Bild des schaurigen Gestells mit dem Gerippe wird durch die Zuweisung eines Begriffs zum Garderobenständer, an dem man sein Rückgrat (d.h. seine Persönlichkeit, die Widerstandskraft entwickeln kann) hängt, sobald man zum („verehrten") Chef geht. Die Metaphorik des Textes deutet an, daß beim Gang zum Chef die eigene Persönlichkeit, die Widerstandskraft wie ein Mantel an der Garderobe abgegeben wird. Die Bewertung dieser textlichen Aussage liefert das Bild: Als schaurige Verstümmelung des Menschen, als erschreckenden Umstand wird durch bildnerische Mittel bezeichnet, was sprachlich, in einer metaphorischen Umschreibung, sich so „alltäglich" und gar nicht ungewöhnlich gibt. Die Karikatur visualisiert den Schrecken unseres alltäglichen Lebens und Verhaltens, macht durch die Verknüpfung von Sprache und Bild deutlich, an was wir uns schon gewöhnt haben, aber nicht gewöhnen sollten: Daß wir unsere Persönlichkeit eingebüßt haben, sie an der Garderobe abgeben können wie ein Kleidungsstück. Die Karikatur setzt thematisch und von ihren Bildmotiven fort, was *A. Paul Weber* mit seiner Lithographie „Rückgrat raus!" 1960 bereits bezeichnet hat [15].

3) An die Stelle der Kommentierung kann auch ein *Zitat* treten und sich mit dem Bild verknüpfen. Ein Meister dieses Verfahrens ist *George Grosz*. Das Propagandaversprechen: „Des Vaterlandes Dank ist euch gewiß" konfrontierte er mit einer Zeichnung von verstümmelten Soldaten, die um Almosen betteln [16]. Indem er so Text und Bild in einen komplementären Kontrast setzte, konnte er die Verlogenheit der „Stützen der Gesellschaft" aufdecken. In einigen Arbeiten verwendet *Heartfield* ebenfalls das Text-Zitat, um Propagandareden zu entlarven [17]. Das Mittel des Zitats findet auch bei den heutigen Fotomonteuren häufig Verwendung, so z.B. bei *Staeck, Schaffernicht* und *Jotter*.

Als Beispiel mag uns eine Karikatur von *Grosz* dienen, mit der er die Widerstandskraft gegen militärischen Drill und Anpassungsdruck mobilisieren will [18]. Zu einem Bild mit exerzierenden Soldaten setzt er ein Zitat von

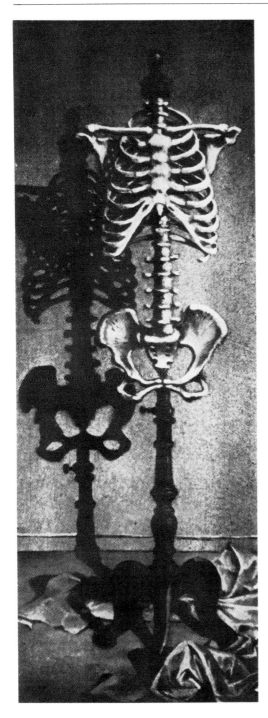

Claude Serre: Rückgrats-garderobenständer an der Eingangstür zum (verehrten) Chef

George Grosz: Wenn die Soldaten nicht solche Dummköpfe wären, würden sie mir schon längst davongelaufen sein ((Fridericus Rex)

Friedrich dem Großen in Beziehung: „Wenn die Soldaten nicht solche Dummköpfe wären, würden sie mir schon längst davongelaufen sein". Das Zitat bezeichnet die Soldaten als Dummköpfe. Dies wird visuell belegt durch eine Vielzahl (höchst unterschiedlicher) Soldaten, die exerzieren. Was kann die Unsinnigkeit des Soldatensein besser dokumentieren als geistloser „Schliff" und endlose Exerzierübungen, die die Menschen zu Dummköpfen machen? Einige der abgebildeten Personen entsprechen in ihrem Gesichtsausdruck bereits der

Aussage, Dummköpfe zu sein. Bildteil und Textteil stehen zueinander also in komplementärer Kongruenz und bewirken beim Betrachter durch ihre miteinander verknüpfte „Beweisführung", sich gegen das Soldatensein auszusprechen, sich nicht durch „Schliff", „Drill" und „Exerzieren" zu einem Dummkopf machen zu lassen.

4) Das Zitat kann auch in *verfremdeter* Form dem Bildteil gegenübergestellt werden. Die ironische Veränderung eines Zitats in der Weise, daß das Original noch durchscheint, nennen wir *„Kontrafraktur"*. In der satirischen Karikatur bewirkt die Verfremdung eines Zitats, daß der Inhalt des Originals in satirischer Weise „übersetzt" wird. Der ideologische, verlogene oder überholte Aussagegehalt des ursprünglichen Textes wird durch die Kontrafraktur entlarvt und der Wirklichkeit gegenübergestellt. Auch auf diesem Gebiet sind *Grosz* und *Heartfield* zu Vorbildern der heutigen Karikaturisten geworden [19]. Mit Titeln und Texten wie: „Es röhrt zum Himmel", „Eigentum verpflichtet zur Ausbeutung", „Prof. Carstens reitet für Deutschland", „Unternehmer! Macht euch die Erde untertan", „Und ewig glüht die Heide" und „Bis der Erstickungstod uns scheidet" hat insbesondere *Staeck* das Mittel der Kontrafraktur in seinen Montagen verwendet.

5) Der häufigste Text-Bild-Bezug besteht darin, dem Bild einen (meist ironischen) *Titel* zu geben. Dieser Titel lenkt die Wahrnehmung des Bildes in eine bestimmte Richtung, ist Hilfe zum Verständnis oder auch aufrüttelnder Kontrast. In unseren thematischen Zusammenhang läßt sich das in der Zeitschrift „Pardon" erschienene Bild von *Olaf Hauke:* „Angepaßt" [20] gut einfügen. Auch hier wird vorgeführt, in welcher Form Menschen verändert werden. Dem noch harmlos erscheinenden Titel „Angepaßt" wird das Schock-Bild eines in einem Glaswürfel zusammengepreßten Menschen gegenübergestellt, der den Betrachter mit verzerrten Gesichtszügen ansieht. Der Titel strukturiert die Wahrnehmung und verengt den Interpretationsspielraum in einer bestimmten Richtung: Der Mensch ist durch den gesellschaftlichen Anpassungsdruck verformt, auf ein geometrisches, vorgegebenes Maß zusammengedrängt worden, ein Maß, das dem Menschen keinerlei Bewegungsspielraum mehr läßt und das ihm, zum Ausstellungsobjekt degeneriert, nur noch verzerrt grinsen läßt: eine düstere und erschreckende Bestandsaufnahme des Menschen „im Zeitalter der Liquidierung des Individuums".

Alle vier in diesem Abschnitt vorgestellten Karikaturen sind thematisch vergleichbar: Sie haben die Veränderung und Verformung des Menschen in Richtung auf Anpassung und Verkümmerung der menschlichen Möglichkeiten zum Gegenstand. Jedes der vier Bilder betont dabei andere Aspekte. *Hanel* greift einen tagespolitischen Trend gegen den zunehmenden Anpassungsdruck auf, um, an die „Adresse Bonns" gerichtet, nachhaltig vor den Folgen zu warnen. Die Arbeit von *Serre* ist auf das tägliche Verhalten des Durchschnittsmenschen,

Olaf Hauke: „Angepaßt"

seine Angst und mangelnde Zivilcourage gegenüber dem Chef bezogen. *Serre* macht drastisch klar, wie schaurig dieses als „normal" empfundene Verhalten eigentlich ist. *Grosz* führt polemisch den Anpassungsdruck beim Militär vor und appelliert an den Betrachter, sich nicht zum Dummkopf machen zu lassen, sich dem Drill, dem Exerzieren, ja dem Soldatensein zu entziehen. *Hauke* schließlich liefert das Bild eines angepaßten Menschen in unserer heutigen Zeit, macht erschreckend klar, wie er „von den gesellschaftlichen Zwängen aufs passende Format zusammengestaucht" ist („Pardon"-Interpretation, die gemeinsam mit dem Bild gebracht wurde).

3.2 Korrespondenz zwischen Bildern und Texten in einem Werk

Wir haben uns zunächst mit komplementären Text/Bild-Bezügen auseinandergesetzt, dem Zusammenwirken von textlichen und bildnerischen Bestandteilen bei einem Bild. Jetzt werden wir ein Buch vorstellen, das Texte (Gedichte von *Böll*) und Bilder (Collagen von *Staeck*) parallel zueinander anordnet, Texte und Bilder, die für sich stehen könnten, die jedoch in dem Buch durch ihre gleichen Inhalte und politischen Auffassungen zueinander in Korrespondenz treten [21]. Satirische Bücher dieser Art sind sehr selten. Ein früher Vorläufer dieses Buchtyps ist *Kurt Tucholskys* „Deutschland, Deutschland über alles" [22]. Zu meist satirischen Texten von *Tucholsky* über Ungerechtigkeit, deutschen Hochmut und Verblendung hat *Heartfield* die passenden Fotos und teilweise auch Fotomontagen geliefert sowie die Text- und Bildanordnung besorgt. Im Buch dominieren eindeutig die Texte; das Bildmaterial illustriert die satirische Aussage.

Etwas anders dagegen ist der Band von *Böll* und *Staeck* aufgebaut: Die Gedichte *Bölls* sind in die Fotomontage-Reihe Staecks eingefädelt worden. Es ist dem Betrachter überlassen, die Zusammenhänge zwischen den Gedichten und den Montagen zu finden, ihrer „geheimen Korrespondenz" und „Seelenverwandtschaft" nachzuspüren. Wie „Deutschland, Deutschland über alles" ist auch dieses Buch ein „Lehrstück" über die Wirklichkeit in Deutschland. Ausgangspunkt der Montage-Reihe ist eine Anzeige aus „Die Welt", 31. 12. 1974:

Der Wind hat sich gedreht.

Viele Menschen in unserem Land sind der ideologischen Herausforderung müde.
Sie suchen wieder nach der Bewahrung des Bewährten.
Sie verlangen nach Sicherheit vor radikaler Gewalt.
Sie wollen einen Staat mit Autorität.
Sie fragen nach Ordnung in Freiheit.
Sie fordern die Rückkehr zur Leistung.
Sie sehnen sich nach demokratischer Solidarität.
Sie wenden sich von Ideologien ab und Idealen zu.
Sie sind wieder bereit, sich zu belasten.

DIE WELT ist immer für die Bewahrung des Bewährten eingetreten.
DIE WELT ist deswegen heute die Zeitung von morgen.

DIE ❋ WELT
UNABHÄNGIGE TAGESZEITUNG FÜR DEUTSCHLAND

Anzeige aus »DIE WELT«, 31. Dezember 1974

Die einzelnen Zeilen dieser Anzeige wurden von *Staeck* jeweils mit Fotos aus der Nazi-Zeit unterlegt. So finden wir z.B. die Zeile „Sie verlangen nach

Klaus Staeck

Sicherheit vor radikaler Gewalt" auf der unteren Hälfte eines Bildes, das das Tor eines Konzentrationslagers zeigt, vor dem zwei SS-Männer mit geschultertem Gewehr Wache stehen. Für sich betrachtet bewirkt die Verknüpfung von Text-Zitat und Foto eine Entlarvung der mit der Zeitung „Die Welt" transportierten Ideologien und Vorstellungen; *Staeck* macht deutlich, was sich dahinter verbergen, was daraus folgen kann und weist auf die „geistige Verwandtschaft" mit nationalsozialistischen Ideen hin.

Diese Wirkung gilt für alle visualisierten „Welt"-Vorstellungen, sei es die Bewahrung des Bewährten, der Staat mit Autorität, die Ordnung in Freiheit, die Rückkehr zur Leistung, die demokratische Solidarität, die Hinwendung zu Idealen oder die Bereitschaft, sich zu belasten. In der steten Wiederholung der Entlarvung, in der fortlaufenden Visualisierung der „Hinter-Welt" konservativen Gedankengutes wird das Schrecknis des Nazi-Regimes beschworen, zu einem „Wehret den Anfängen" aufgefordert. Nach diesem „Lehrgang" im Lesen von Anzeigentexten wird der Betrachter die am Ende des Bandes noch einmal gebrachte Anzeige der Zeitung „Die Welt" mit anderen Augen lesen: Er hat gelernt, zu den im Anzeigentext verwendeten Begriffen andere Bilder zuzuordnen als es für die „Bewahrung des Bewährten" förderlich wäre. Begriffssystem und konkrete Bilder haben sich ausgetauscht durch die satirische Verknüpfung von Text- und Bildelementen.

Damit nicht genug: Die Gedichte von *Böll* geben dem satirischen Aussagegehalt der Montage-Reihe zusätzliche Brisanz und weiteren Tiefgang. Dies gilt insbesondere für das Gedicht

sieben Jahre und zwanzig später
nach Ingeborg B.
für Annemarie C.

sieben Jahre
und zwanzig später
Liebste
verhärte Dein Herz
verschließ Deine Hand
gib keinem keinem
Brot Kaffee Geld Milch
in Deutschem Land

vermine Deine Schwelle
Liebste
laß niemanden ein
der das Stichwort nicht kennt
und wenn ich heimkomm
und's nicht weiß
schieß mich nieder
ich könnte ja auf der Flucht
und mein Stichwort könnte
Kapitalismus sein

sieben Jahre
und zwanzig später
Herz
findet im Deutschen Haus
Stalingrad
auf der Türschwelle
statt

es werfen Deutsche Eltern
Deutsche Kinder
Deutsche Gatten
Deutsche Gatten
aus Deutschem Haus

siebenundzwanzig Jahre
später
Mädchen
sei gnadenlos
vergiß
daß du gehungert hast
vergiß
daß du dreihundertmal
Bombenangst gehabt hast
vergiß
daß die Kettenhunde
der Deutschen Wehrmacht
dich in Schrecken versetzt haben
vergiß
daß du ein Mensch warst

vergiß
vergiß
nur nicht
die freiheitlich
demokratische
Grundordnung
von BILD
für BILD

sieben Jahre
und zwanzig
später
trägt keiner
mehr gelben Stern
und doch weiß jeder
wen er vor sich hat

im Deutschen Haus
legen Mörder Gesetze
hacken Deutsche Krähen
Deutschen Eulen
die Augen aus

sieben Jahre und zwanzig
später
Liebste
vermine Deine Schwelle
verhärte Dein Herz
verschließ Deine Hände
schieß mich nieder
wenn ich heimkomm
und das Stichwort nicht weiß
lebe von BILD
zu BILD
von WELT zu WELT
denke nicht nach
und vergiß
daß du ein Mensch warst

Heinrich Böll

Böll weist auf die Zunahme an Kälte zwischen den Menschen hin, auf ihre Engstirnigkeit, ihre einseitige Festgelegtheit und Abwehr Andersdenkender (z.B. der Kommunisten). Die Erfahrungen aus der Nazi-Zeit sind vergessen worden; die Beeinflussung von „Bild" und für „Bild", die Wirkungen der Massenkommunikationsmittel haben die Menschen in so enger, intoleranter Weise festgelegt, daß sie diese Erfahrungen vergessen haben. Vergessen sind nicht die Vorbehalte und Ressentiments gegenüber anderen Rassen, Andersdenkenden. Die „Anderen" werden zwar äußerlich nicht mehr kenntlich gemacht, „doch weiß jeder, wen er vor sich hat". Dank der weitreichenden Beeinflussung durch die Medien, ihrer Slogans, „Wahrheiten", Überzeugungen vergessen die Menschen, daß sie Menschen waren.

Wie *Staeck* warnt auch *Böll* vor dem Einfluß und der Wirkung spezieller Massenmedien. Während *Staeck* die historischen Anklänge der in diesen Medien transportierten Meinungen vor Augen führt, weist *Böll* auf die Folgen dieser Beeinflussung für die einzelnen Menschen hin: daß sie „erkalten", engstirnig und intolerant werden, daß sie nicht mehr nachdenken, daß sie ihre menschlichen Eigenschaften einbüßen. In der parallelen Verknüpfung von Gedichten und Collagen wird der Aussagegehalt komplexer, das Problem umfassender in Blick genommen. Die vielfältige Korrespondenz der einzelnen Teile des Buches spinnt ein so enges Netz miteinander zusammenhängender Aussagen, daß die unterschiedlichen Bedingungen des Betrachters und Lesers darin eingefangen werden können, sei es nun jemand, der auf visuelle Darstellungen eher anspricht oder jemand, dem sich ein Problem erst in der Auseinandersetzung mit Texten erschließt. Indem sich die einzelnen Teile des Bandes wechselseitig „interpretieren", bestätigen, ergänzen und fortführen, entsteht ein in sich geschlossenes Aussagesystem, das an Wirksamkeit, Dichte, didaktischen Möglichkeiten einem einzelnen Werk in der Regel überlegen ist.

3.3 Text und Bild in der satirischen Bildgeschichte und im satirischen Comic

Im Abschnitt 3.1 haben wir uns mit dem Sprechtext als Möglichkeit der Text/ Bild-Verknüpfung auseinandergesetzt. Für einen Karikaturisten mag es bei Verwendung von Sprechtexten naheliegen, seine Zeichnung in einer Bildgeschichte bzw. in einem Comic fortzuführen. Wenn aus dem Bild ein kurzer Sketch in mehreren Bildern oder gar eine Bildgeschichte bzw. ein Comic wird, dann ist ein dramaturgisches Moment, ein Zusammenhang, ein „Aufhänger", ein komischer Einfall, eine die einzelnen Szenen verbindende Idee, notwendig.

1) Vom Witz und Einfall leben insbesondere die kurzen Bildgeschichten, die häufig auf textliche Bestandteile verzichten. Zu ihnen zählen auch Arbeiten mit deutlich satirischer Wirkungsabsicht. Bekannte Vertreter sind *Sempé* [23] und *Bosc* [24]. Beispielhaft ist die Bildgeschichte von *Sempé* aus seinem Band „Konsumgesellschaft": „Der körperliche und geistige Abbau beginnt zwischen

Sempé: *Der körperliche und geistige Abbau beginnt zwischen 40 und 50*

40 und 50" [25]. Die Geschichte kommt mit ausgesprochen wenig Text aus. Der Plakattext auf Bild 1 ist der Auslöser der Geschichte. Die nun folgende „Sprache" wird durch Mimik und Gestik der beiden handelnden Personen ausreichend verständlich ausgedrückt. Der Vater, durch das Plakat nachdenklich geworden, geht nach Hause, setzt sich in den Sessel und stiert vor sich hin. Die Bücher in dem Raum mit den Aufschriften Rimbaud, Goya, Dali signalisieren einen belesenen Mann. Dieser testet durch Rumpfbeugen, wieweit der körperliche Abbau bei ihm schon fortgeschritten ist. Er bittet seinen Sohn, ebenfalls diese Übung zu machen. Das Ergebnis entmutigt ihn. Auf die Frage „a^2+b^2?" weiß der Sohn keine Antwort. Unerwartet für den Sohn ist die Reaktion seines Vaters: die Umarmung und der Kuß vor Erleichterung. Dieser Schluß ist gleichzeitig der witzige Einfall, auf das sich das Geschehen hin entwickelt und die satirische Pointe, die die einzelnen Teile zusammenhält. Schriftsprache taucht in dieser Bildgeschichte nur dann auf, wenn sich der Sachverhalt durch Bildzeichen nicht deutlich machen kann, also bei Bild 1 und Bild 12 und randständig bei Bild 3 und Bild 6. Umso deutlicher ist das dramaturgische Element herausgearbeitet worden, brilliert der komische Einfall und besticht die die einzelnen Szenen verbindende Idee. Die satirische Wirkungsabsicht bleibt gleichwohl deutlich: der humorvolle „Seitenhieb" auf die Konkurrenz zwischen Vater und Sohn und die damit beim Vater entstehenden Ängste. Vielleicht sind auch die Ängste der Menschen in der Konsumgesellschaft angesprochen, nicht mehr mithalten zu können, wenn man körperlich und geistig ein wenig nachläßt. *Sempé* karikiert die untauglichen Versuche, diese Ängste sich auszureden, sich mit unangemessenen Experimenten und Vergleichen vordergründig zu beruhigen.

2) Die Bildgeschichten der deutschsprachigen Karikaturisten sind wesentlich wortreicher. Dramaturgie, Einfälle, verbindende Ideen vermitteln sich in den Geschichten überwiegend über Sprechtexte. Dadurch gewinnen vielfach die Geschichten an Lebensnähe, wirken jedoch häufig recht absichtsvoll. Man denke z. B. nur an die Arbeiten von *Marie Marcks* [26], *Ernst Volland* [27] und *Chlodwig Poth* [28].

Deutlich wird der Unterschied, wenn man die Bildgeschichte von *Sempé* mit der thematisch ähnlichen Geschichte von *Chlodwig Poth:* „Eine Familientragödie" [29] vergleicht: Auch in dieser Geschichte geht es um einen Mann in der Krise, der sich mit seinem Sohn vergleicht und (diesmal sehr deutlich) Konflikte mit ihm austrägt. Es dominiert der Sprechtext; die Zeichnungen sind eine witzige Illustration der sprachlichen Teile. Die komisch-satirische Wirkung geht von der Argumentation des Vaters aus, hier hätten „alle sozusagen eine Pubertät". Nicht eine die einzelnen Szenen verbindende Idee und nicht der dramaturgische Aufbau der Geschichte, das Hinarbeiten auf eine Pointe machen den Reiz aus, sondern die Argumentationen des Vaters, die die Diskrepanz zwischen „linkem" Anspruch und der alltäglichen Verwirklichung auftun. Die satirische Wirkungsabsicht erstreckt sich also nicht nur darauf, die Probleme der Vater-

Eine Familientragödie

Chlodwig Poth

Sohn-Beziehung und ihre Austragungsmodi in Blick zu nehmen, sondern – wie durchgängig bei den meisten Geschichten von *Poth* – auch auf die Schwierigkeit, linke Einsicht in Praxis umzusetzen. *Poth* führt vor, wie diese Einsicht mit der Durchsetzung eigener Interessen kollidiert, wie sich pseudoprogressive Rationalisierungen entwickeln, zu skurrilen Formen anwachsen und am Ende der Geschichte der Lächerlichkeit preisgegeben werden. Damit ist *Poth* dem „progressiven Alltag" sicher näher als *Sempé*, er büßt dafür aber vieles an Leichtigkeit, Witz und Pointenreichtum ein, der den Arbeiten von *Sempé* eigen ist.

3) Eine Steigerung dieser meist sehr kurzen Bildgeschichten sind die Arbeiten, die deutlich über das Maß eines Sketches hinausweisen, sowohl vom Umfang, den beteiligten Personen, der Vielzahl der Bezüge und Handlungsstränge, als auch von der Vielschichtigkeit der Erzählidee. Ich meine hier Geschichten, die jede für sich ein komplettes Buch ausmachen.

Zu nennen wären zunächst zwei Bildgeschichten von *Marie Marcks*, die ausführlich das Leben in einer Familie und das Hineinragen gesellschaftlicher Probleme beschreiben [30]. Beide Bände sind vorzüglich geeignet, über die unterschiedlichsten Themen ins Gespräch zu kommen.

Auf einer ganz anderen Ebene liegt das Buch von *Tomi Ungerer* „Spiegelmensch" [31]. Im Stile eines Märchens wird dem „angepaßten Bürger" ein Spiegel seines Lebens vorgehalten. Die Abfolge satirischer Zeichnungen führt den „Menschen in der Konsumwelt" vor und macht die ihn bestimmenden Ideologien und Verhaltensweisen deutlich. Thematisch paßt dieser Band ausgezeichnet zu dem im Abschnitt 3.1 entwickelten Problem der Anpassung des Menschen in dieser Gesellschaft [32].

Eine Szene aus dem Buch wollen wir uns etwas genauer ansehen. In der Bildgeschichte geht es an dieser Stelle gerade darum, was ein Ehepaar mit dem „anständigen Verdienst" des Mannes anfängt. Auf S. 64 werden die Freunde vorgestellt, „mit denen sie ihre Anschaffungen und die Preise vergleichen konnten". Bereits der Text für sich hat satirische Qualität. Die konventionelle Freundschaft wird als Beziehung entlarvt, die eine bestimmte Funktion für die Konsumwelt hat: Freunde bestätigen einander ihr Konsumverhalten. Auch die beiden Bilder zu diesem Text könnten für sich stehen. Freundinnen und Freunde präsentieren die erworbenen Konsumgüter. Das Konsumverhalten hat sie einander so ähnlich gemacht, daß man die Frauen bzw. Männer nicht mehr voneinander unterscheiden kann. Die Gleichheit im Aussehen, die Uniformität der modischen Attribute steht nur in scheinbarem Kontrast zum zwangvollen Bemühen, durch „originelle" Einrichtungsgegenstände Individualität auszudrücken. Vergebliches Bemühen: Die Personen sind von der Konsumwelt voll vereinnahmt worden. Ihre Äußerungsformen, ihr Geschmack, ihre „Identitätsaufhänger" sind durch die Bedingungen des Massenkonsums normiert worden. Text und Bild bestätigen und ergänzen sich wechselseitig. Die Funktionali-

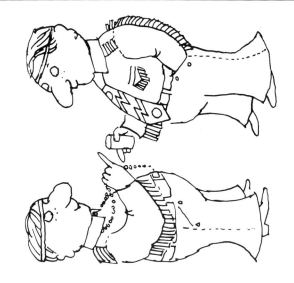

und hatten Freunde, mit denen sie ihre Anschaffungen und die Preise vergleichen konnten.

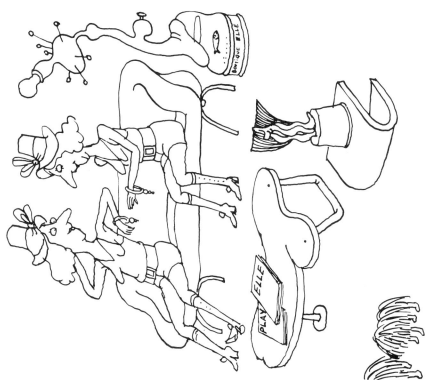

Tomi Ungerer: Spiegelmensch

sierung und Normierung der Gegenstände entspricht der Funktionalisierung und Normierung ihrer Beziehungen: zugerichtet nach den Erfordernissen unserer ausufernden Konsumwelt.

4) Zwischen Bildgeschichte und Comic besteht eine enge Verwandtschaft: Bei beiden geht es um eine längere Erzählung, die in enger Verknüpfung von Bild und Text gestaltet ist. Die Unterschiede lassen sich nur tendenziell ausmachen. Beim Comic überwiegen aktionale Formen: spannendes Geschehen mit wechselnden Orten, Überwiegen des Sprechtextes gegenüber den sprachlichen Informationen außerhalb des Bildes, starker Wechsel zwischen verschiedenen

A. v. Meysenburg: *Supermädchen*

Einstellungen (Totale, Halbtotale, Detail usw.) und Perspektiven. Im Comic wird in der Regel die Seite in verschiedene kleine Bilder, die auch unterschiedliche Größe haben können, aufgeteilt. Beim Comic führt die Wort-Bild-Verknüpfung zu einer so großen Verständlichkeit, daß man fast von einem Automatismus der Rezeption sprechen kann (dies gilt insbesondere für die Massen-Comics). Die massenhafte Verwendung der Comics und die Uniformität in ihren Erscheinungsformen hat zu einem festen Repertoire an eindeutigen Zeichen geführt. Dies alles sind Bedingungen, die satirischen Formen des Comics eher hinderlich als förderlich sind. Da nimmt es nicht wunder, daß satirische Comics relativ selten anzutreffen sind.

Starke Ausdruckskraft erlangten die wenigen satirischen Formen während der studentischen Protestbewegung und dem Entstehen von „underground-comics". Neben dem recht bekannten *Robert Crumb* hat insbesondere *Greg Irons* Comics gezeichnet, die durch eine aggressiv-satirische Schärfe auffallen, so z.B. die story „Raw-War-Comics", eine „schwarze" Parodie auf Kriegs-Comics, oder „Last Right's!", eine satirische Weltuntergangsstory um *Richard Nixon* [33]. Ein gutes deutschsprachiges Beispiel ist der *Meysenburg*-Comic: „Supermädchen" [34]. Es geht um die Geschichte von *Jolly Boom* (!), einer Verkäuferin in einem Kaufhaus. In einer Aneinanderreihung von verschiedenen Situationen zeigt *Meysenburg,* wie die objektiven Bedingungen des Verkaufens und des Konsums die Verkäuferin überformen. Es wird deutlich, wie sich Jolly Boom nach einem Verkaufstraining als Begleiterscheinung der Verkaufsartikel mitverkauft bis schließlich aus der verkappten Prostitution im Verkaufsinteresse die offene Prostitution wird. Was wir im Comic im einzelnen sehen und lesen, läßt sich leicht als „Zitat unserer Konsumwelt" erkennen. *Meysenburg* verwendet vorgefundene Materialien: Zitate aus einem Lehrbuch für die Verkaufstechnik, tausendfach variierte und reproduzierte Klischees, Allerweltsreden, Werbetexte, formt sie zu einer Geschichte, um mit dem Mittel satirisch-parodistischer Übertreibung und den grafischen und sprachlichen Methoden des Comics die Tendenzen einer bereits totalen Verkaufsideologie aufzuzeigen. Der Comic setzt polit-ökonomische Theorie in ästhetische Praxis um, fängt in dichter Verschmelzung von Bild und Text die bildhafte und sprachliche Welt der Konsumgesellschaft ein, entlarvt ihre zur Universalität tendierende Ideologie und setzt damit dem Zwang von Kaufen und Verkaufen Widerstand entgegen.

Anhand einer Doppelseite aus dem Comic-Album läßt sich die besondere Art der Verknüpfung von sprachlichen und bildnerischen Bestandteilen gut belegen. Jolly Boom führt ein Verkaufsgespräch mit einem Kunden, der sich für ein Bügeleisen interessiert. Neben dem Sprechtext, der künstlich und formal wirkt, steht eine weitaus gewichtigere Kommentierung zu den einzelnen Verhaltensschritten. Diese Kommentierung erläutert den Interaktionsablauf in einer lehrbuchähnlichen Form. Die Bildbestandteile entsprechen der textlichen Gestaltung: Die Detaileinstellungen überwiegen (Augenpaar, Preisanzeige der Kasse, Bügeleisen); die einzelnen Waren sind – teilweise perspektivisch verzerrt – deutlich in den Vordergrund gerückt. Die Darstellung mutet an wie eine Parodie auf eine Gebrauchsanweisung, auf ein Lehrbuch für das Verkaufstraining.

3.4 Multimediale Verknüpfung von Text, Sprache, Musik, Bild

Wir werden uns jetzt mit satirischen Formen auseinandersetzen, die mit (im weitesten Sinne) musikalischen Elementen verknüpft sind, die also akustische

Bestandteile enthalten. Die Schwierigkeit besteht darin, daß das Medium des Buches eine differenzierte Analyse z. B. von satirischen Liedern oder politischen Kabaretts nicht sinnvoll erscheinen läßt, weil solche satirischen Formen in einem Buch nicht präsentiert werden können. Wir werden daher die unterschiedlichen Formen zwar ausführlich vorstellen und die Eigenarten der Verknüpfungen diskutieren, auf eine genauere Analyse einzelner konkreter Werke jedoch verzichten.

1) Ein erster Zugang zu diesem Bereich sind *gesprochene satirische* Werke. Hierzu bieten sich Schallplatten an, auf denen gute Interpreten satirische Texte sprechen. An ihnen läßt sich gut erkennen, wie die paraverbalen Möglichkeiten des Interpreten (Tonfall, Sprechrhythmus, Betonung, Pausen, Klang der Stimme, Besonderheiten des Dialekts, in der Stimme mitschwingende Affekte, Lautstärkenunterschiede usw.) den satirischen Text unterstützen, ihn in bestimmter Weise auslegen und vermitteln. Empfehlen kann ich zwei im Verlag „pläne" erschienene Schallplatten mit dem Interpreten *Hanns Ernst Jäger* [35].

2) Einen Schritt weiter – und wir sind bei den *satirischen Hörspielen;* sie erscheinen ab und zu in den Rundfunkprogrammen. Die Text/Sprache-Verknüpfung kleidet sich in der Regel in ein szenisches Geschehen, aber auch Collagen aus verschiedenen Klangmaterialien sind denkbar. Untersucht werden könnte, wie paraverbale Gestaltungsmöglichkeiten der Interpreten mit dem Sprechtext korrespondieren. Die charakteristischen Besonderheiten der Verknüpfungen von Text und Sprache erschließen sich, wenn man die Interaktionsprozesse zwischen den Sprechern, die Lautuntermalung, die zitierten Klangmaterialien und die Begleit- bzw. Zwischenmusik genauer betrachtet. Die Kenntnis des Ganzen ist vonnöten, um die einzelnen Verknüpfungen in ihren Funktionen zu verstehen, weil erst mit Blick auf das dramaturgische Grundkonzept die einzelnen satirischen Passagen ihren Stellenwert erhalten.

3) Im Vergleich zum gesprochenen satirischen Text sind *satirische Lieder* ebenfalls vielschichtiger in ihren Verknüpfungsmöglichkeiten. Neben Text und Interpretation wird nun auch die musikalische Gestalt in das Netz der Verknüpfungen eingewoben. Die musikalischen Ausdrucksmöglichkeiten wie Rhythmus, Melodie, Harmonie, Instrumentierung u. a. verbinden sich mit dem Text und der Vortragsweise des Interpreten. Bei satirischen Liedern, insbesondere wenn es sich um Vertonungen satirischer Texte handelt, haben die musikalischen Elemente eine den Text unterstützende und verstärkende Funktion. Die musikalische Gestalt des satirischen Textes erweitert dessen Ausdrucksmöglichkeiten und das Spektrum für die Rezeption des satirischen Aussagegehalts. Die stimmlichen Mittel des Interpreten dienen weit stärker der „Deutung" des Textes als virtuoser Stimmentfaltung. Dies gilt z. B. für *Gisela May* [36] ebenso wie für *Hanns Ernst Jäger* [35].

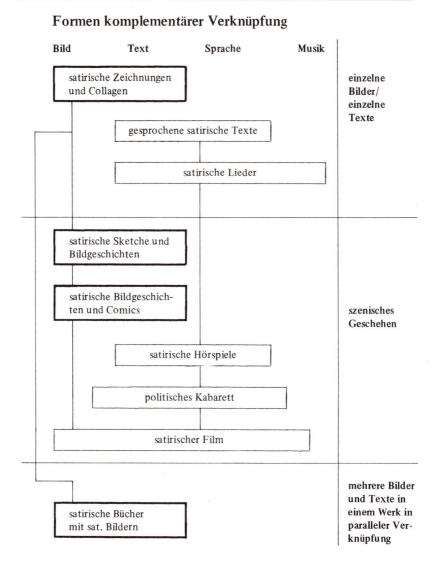

4) Kommen zum satirischen Lied Sketche, satirische Szenen, Collagen aus Wirklichkeitsfragmenten u.ä. hinzu und verbinden sich diese satirischen Formen zu einem Programm, das öffentlich aufgeführt und/oder aufgezeichnet wird, sprechen wir von *politischem Kabarett*. Bekannte Beispiele sind zur Zeit *Dietrich Kittner* [37] und, in der Form von Aufzeichnungen des Fernsehens, *Loriot* („Loriots Tele-Cabinett") und *Dieter Hildebrandt* („Notizen aus der Provinz"). Im politischen Kabarett hat man es mit einer Vielzahl von Verknüp-

fungsmöglichkeiten zu tun: Verknüpfungen wie bei gesprochenen satirischen Texten und bei satirischen Liedern verbinden sich mit aktionalem Geschehen (szenisches Spiel, Mimik und Gestik der Akteure, Interaktion zwischen den Akteuren) und lassen sich auf die politische Aussage und „Tönung" des Kabarettprogramms insgesamt beziehen. Bei Filmen über politisches Kabarett verbinden sich mit diesen Verknüpfungen noch die besonderen Gestaltungsmöglichkeiten des Films wie z.B. Schnitte, Einstellung, Perspektive, Schwenks, Überblendungen.

5) Gegenüber dem aus Einzelnummern bestehenden politischen Kabarett zeichnet sich der *Film* durch ein höheres Maß der Geschlossenheit von Aussage und Handlungsführung aus. Häufig ist es so, daß satirische Elemente den Film durchgängig durchziehen. Dies ist insbesondere dann der Fall, wenn satirische Geschichten verfilmt werden (z.B. „Der Blaumilchkanal" von *Ephraim Kishon*).

Die Abbildung links zeigt noch einmal die wesentlichen Formen komplementärer Verknüpfung von Sprache, Bild und Musik.

3.5 Didaktischer Kommentar

Die im Abschnitt 3 gegebenen Beispiele sollen das Material sein für drei miteinander verschränkte Zielbereiche. Zunächst geht es um fachimmanente Lernziele. Die unterschiedlichen Möglichkeiten komplementärer Verknüpfung sollen kennengelernt und die Funktionen dieser Verknüpfungen am konkreten Beispiel untersucht werden. Diese formale Zielsetzung, so wichtig sie auch zum Verständnis von Satire und Karikatur sein mag, reicht allein nicht aus. Gerade für das Gebiet von Satire und Karikatur ist es wichtig, die formale Analyse mit bedeutsamen Inhalten zu verbinden. Die „Gleichgültigkeit" gegenüber inhaltlichen Problemen würde die Auseinandersetzung mit den Funktionen der Verknüpfung zu einer „Formalübung" abwerten und damit die Folgenlosigkeit des Lernprozesses bewirken. Das hervorstechende Merkmal insbesondere der satirischen Karikatur liegt ja gerade darin, daß ein wichtiges inhaltliches Problem in einer bestimmten Form bewußt gemacht wird und sich nur durch diese Form mit der gewünschten Wirkungsabsicht darstellen kann. So wie man Form und Inhalt nicht trennen sollte, so wenig lassen sich Rezeption und Produktion voneinander lösen: Wir werden der Analyse von bestimmten Werken ein ebenso großes Gewicht zukommen lassen, wie der praktischen Auseinandersetzung, dem eigenen Tun, sei es nun bildnerisch-praktische Arbeit, das Einstudieren satirischer Lieder, politisches Kabarett oder der Versuch, ein Hörspiel oder einen Film zu machen. Gerade die Verbindung von Produktion und Rezeption macht noch einmal deutlich, wie wichtig die Auswahl angemessener Inhalte ist – aber auch die geeigneter Beispiele, an denen man die Formen und Funktionen komplementärer Verknüpfungen lernen kann.

Dem Bereich „Texte zu Bildern" haben wir das inhaltliche Problem der Anpassung in der Gesellschaft zugeordnet. Mit diesem generellen gesellschaftlichen Problem sind die Lernenden in vielfältiger Weise konfrontiert: sei es der Druck zu Hause und in der Schule, seien es Anpassungsprobleme in Partnerbeziehungen, Freundesgruppen, in der Lehre und am Arbeitsplatz. Für diese vielfältigen Belastungen bietet die satirische Karikatur durch ihr Wesen, das der Anpassung genau entgegengesetzt ist, stützende Hilfe. Wehrt sich schon die Karikatur durch ihre besondere Eigenart gegen das beherrschende Allgemeine, gegen bestimmte Entwicklungstendenzen und Denkgewohnheiten in der Gesellschaft, so trifft sie den Punkt ihrer Kritik dort, wo sie sich gegen die Anpassung, gegen die Vernichtung des Individuums wendet. Und in der Tat ist die Veränderung des Individuums, seine zunehmende funktionale Anpassung ein wesentlicher Bestandteil umgreifender gesellschaftlicher Veränderung, hin zu einem „Atomstaat" Orwellscher Dimensionen, in dem die individuellen Ausprägungen des Menschen keinen Platz mehr finden, ja ihren Sinn und ihre Bedeutung eingebüßt haben. Die Epoche des Individuums, von der Renaissance bis zur fortgeschrittenen bürgerlichen Gesellschaft, neigt sich in unseren Tagen ihrem Ende entgegen. Und alle Bemühungen, auch die der Karikatur, sind der letzte, schmerzhafte Ausdruck dessen, was wir zu verlieren bedroht sind. Wenn diese Problematik thematisiert wird, so geschieht das mit der Absicht, die Reste des Individuums zu schützen, seine Kräfte zu stärken gegen die überwältigende, sich totalitär gebärdende Macht einer aus unserer Kontrolle geratenen Entwicklung von Technik, Wissenschaft und Produktion. Den Faden für die Erörterung dieser Problematik nehmen wir konkret an der Karikatur auf:

1 Die Lernenden können anhand von vier ausgesuchten Karikaturen die Funktionen der jeweiligen Text/Bild-Verknüpfungen bezeichnen und den Aussagegehalt der Karikaturen benennen.

2 Sie können vier Formen der Text/Bild-Verknüpfung miteinander vergleichen, insbesondere in Hinblick auf formale Besonderheiten und Aussagegehalt.

3 Sie können in der Gruppe das Problem „Anpassung in dieser Gesellschaft" mit Blick auf die Entwicklungstendenzen der Produktionsmittel diskutieren und ihre individuelle Situation dazu in Beziehung setzen.

4 Sie können unter dem Thema „Anpassung in dieser Gesellschaft" Karikaturen anfertigen, in denen Text und Bild miteinander verknüpft sind. Die Gestaltung des Themas kann das allgemeine gesellschaftliche Problem bewußt machen und/oder die eigene Situation unter dieser Problematik reflektieren.

Findet das Thema Interesse bei den Lernenden und steht ausreichend Zeit zur Verfügung, besteht vom Material her die Möglichkeit der Weiterführung.

Die erörterten Bücher von *Ungerer, Meysenburg* und *Böll/Staeck* sind geeignet, das Thema zu vertiefen. Beim Buch von *Böll/Staeck* liegt eine Besonderheit insofern vor, als voneinander unabhängige Bilder und Texte zueinander in Wechselbeziehung gebracht wurden.

5 Die Lernenden können die Fotomontage-Reihe Staecks „Der Wind hat sich gedreht" und das Gedicht von Böll „sieben Jahre und zwanzig später" mit Blick auf die formalen Besonderheiten und den Aussagegehalt interpretieren.

6 Sie können die Fotomontage-Reihe Staecks und das Gedicht Bölls insbesondere von ihrem Aussagegehalt her vergleichen und die im Buch angelegte Korrespondenz zwischen Montage-Reihe und Gedicht in einzelnen Punkten bezeichnen.

7 Sie können die wesentlichen Aussagen des Buches mit der Problematik „Anpassung in der Gesellschaft" in Beziehung setzen und eigene, begründete Auffassungen dazu in die Diskussion einbringen.

Eine Zunahme an Verknüpfungsmöglichkeiten von Bild und Sprache ist mit der Hereinnahme des szenischen Moments gegeben: Bildgeschichten und Comics gewinnen ihre satirische Pointe häufig durch einen dramaturgisch geschickten Aufbau. Es geht jedoch nicht nur darum, weitere Verknüpfungsmöglichkeiten kennenzulernen und sich mit ihnen auseinanderzusetzen. Absicht ist es auch, die inhaltliche Problematik fortzuführen; diesmal am Beispiel des Vater/Sohn-Konflikts. Dieser Konflikt wird gespiegelt in der Situation des Mannes und seinen Ängsten, nicht mehr mithalten zu können, wenn die körperlichen und geistigen Kräfte ein wenig nachlassen. Dahinter steht die Vorstellung einer „jugendlichen", dynamischen Leistungs- und Konsumgesellschaft, die von ihren Mitgliedern entsprechende Anpassungsleistungen abverlangt: stets fit und leistungsfähig zu sein, mitzuhalten im Konsum. Zwei Bildgeschichten mit gleicher Thematik, aber deutlichen Unterschieden in der Gestaltung, sind zum Zweck des Vergleichs ausgesucht worden.

8 Die Lernenden können die Funktionen der Verknüpfungen von Bildern und Texten mit Blick auf das szenische Geschehen anhand zweier ausgewählter Bildgeschichten bezeichnen.

9 Sie können beide Bildgeschichten hinsichtlich Gestaltungsmöglichkeiten und Aussagegehalt vergleichen.

10 Sie können die wesentlichen Aussagen der Bildgeschichte mit der Problematik „Anpassung in dieser Gesellschaft" in Beziehung setzen, sie mit der eigenen Lebenssituation vergleichen und eigene, begründete Auffassungen dazu in die Diskussion einbringen.

Neben diesen sehr kurzen Bildgeschichten ist es empfehlenswert, sich auch mit längeren satirischen Geschichten auseinanderzusetzen. Hier bietet sich insbesondere der „Spiegelmensch" von *Tomi Ungerer* an. Am besten wäre es, sich mit der kompletten Geschichte auseinanderzusetzen, da in ihr sehr facettenreich das Problem der „Anpassung" in seinen Wechselbezügen vorgeführt wird. Will man sich auf einen Ausschnitt beschränken, ist es notwendig, den Lernenden Angaben zur Gesamtaussage des Buches zu machen. Der hier ausgewählte Ausschnitt vermittelt etwas von der „Gleichschaltung" der Menschen durch „besinnungslosen" Konsum.

11 Die Lernenden können anhand eines Ausschnitts aus der Bildgeschichte „Spiegelmensch" die Funktionen der Verknüpfungen von Bildern und Texten bezeichnen und auf die wesentlichen formalen Besonderheiten hinweisen.

12 Sie können in Kenntnis der Gesamtaussage des Buches den Aussagegehalt des ausgewählten Ausschnitts nennen, ihn zur eigenen Lebenssituation in Beziehung setzen und im Zusammenhang mit der Problematik „Anpassung in der Gesellschaft" diskutieren.

In gleicher Weise könnte auch der *Meysenburg*-Comic didaktisch „erschlossen" werden:

13 Die Lernenden können anhand des Comics von Meysenburg die Funktionen der Verknüpfungen von Bildern und Texten bezeichnen und auf die wesentlichen formalen Besonderheiten hinweisen.

14 Sie können in Kenntnis der Gesamtaussage des Comics den Aussagegehalt des ausgewählten Ausschnitts mitteilen, ihn zur eigenen Lebenssituation in Beziehung setzen und im Zusammenhang mit der Problematik „Anpassung in der Gesellschaft" diskutieren.

Die Bildgeschichte von *Ungerer* und der Comic von *Meysenburg* sind Gegenstücke, bringen jeweils eine Seite der Anpassung: Anpassung in der Verwendung der Konsumgüter und Anpassungsprozesse beim Kaufen und Verkaufen. Es bietet sich daher an, Bildgeschichte und Comic miteinander zu vergleichen.

15 Die Lernenden können Bildgeschichte und Comic insbesondere mit Blick auf Aussagegehalt und formale Besonderheiten miteinander vergleichen und ihren gemeinsamen problematischen Hintergrund benennen.

Die multimedial verknüpften satirischen Formen sind so komplex und zeitaufwendig, daß es in besonderer Weise auf die einzelne pädagogische Situation ankommt, was mit welchen Zielen getan werden kann. Es empfiehlt sich, an der begonnenen inhaltlichen Problematik weiterzuarbeiten und weitere Formen der Verknüpfung entlang dieser thematischen Anbindung kennenzulernen und zu untersuchen. Lag bislang der Schwerpunkt auf der Rezeptionsseite, so ist nun der eigenen Gestaltung der Vorzug zu geben: satirische Lieder und Hörspiele, eigenes politisches Kabarett, ggf. auch eigene satirische Filme. Bei projektbezogener Arbeitsweise bietet es sich an, themengleiche Gruppen zu bilden, die aus den verschiedenen Möglichkeiten der Darstellung das sie interessierende Gebiet aussuchen. Abschluß des Projekts könnte eine gemeinsame Veranstaltung aller Gruppen sein, in der die Ergebnisse vorgeführt und diskutiert werden.

Neben einem ausgewogenen Verhältnis von Produktion und Rezeption und der Verknüpfung von formalen Qualifikationen und relevanten Inhalten kommt es insbesondere bei dem Thema „Anpassung" darauf an, die kognitiven Zielvorstellungen mit sozialen Lernprozessen zu verbinden. Das ist in mehreren Ebenen denkbar. Die Anpassungsproblematik müßte sinnlich nachvollziehbar gemacht werden (z. B. über Rollenspiele und Theater). Die eigene Lebenssituation sollte in der Auseinandersetzung einen wichtigen Stellenwert erhalten. Es gilt, Erkenntnisse über die eigene Betroffenheit von den Anpassungszwängen zu gewinnen. Dazu können auch Reflexionen über die Interaktionsprozesse im Hier-und-Jetzt der Lerngruppe verhelfen: Wie gehen die Lernenden miteinander um? Welcher Anpassungsdruck geht von den einzelnen Beteiligten aus? Erlegt die Gruppe den einzelnen bestimmtes Verhalten auf? Welches? Wie das im einzelnen zu geschehen hat und wie sich dies mit den einzelnen Lernzielen verbinden läßt, ist Aufgabe einer entsprechenden methodischen Planung, die so offen sein sollte, daß sie sensibel auf die Verschiedenartigkeit der Lerngruppen reagieren, ihrem Entwicklungsprozeß und den je aktuellen Bedürfnissen und Interessen folgen kann.

3.6 Methodische Überlegungen

Aus dem Erfordernis, unterschiedliche Zielbereiche sinnvoll miteinander zu verknüpfen, erwächst die Notwendigkeit, projektbezogen zu arbeiten, ein eher „konventionell" zu vermittelndes fachimmanentes „Fundamentum" mit einer Projektphase so zu verbinden, daß potentielle Interessen freigesetzt und ihren angemessenen Ausdruck finden können. Auf die Problematik der Verzahnung von Fundamentum und Projekt sowie die methodischen Lösungsmöglichkeiten haben wir bereits im Abschnitt „Personenkarikaturen" hingewiesen. Das Problem der Anpassung in dieser Gesellschaft ist von der thematischen Seite her der „rote Faden", an dem entlang die Formen der Wort/Bild-Verknüpfung untersucht werden können. Die Anpassungsproblematik ist zugleich auch Stimulus für Selbsterfahrungsprozesse und Aktionen (Ausstellungen, Aufführungen). Es stellt sich die Frage: Wie beginnen?

a) Zu den Lernzielen 1, 2, 3 und 4:

Am günstigsten ist es, zunächst einen persönlichen Zugang zur Anpassungsproblematik zu gewinnen. Als Einstieg wären kurze Sketche oder Rollenspiele zu folgenden Themen denkbar:
1) Dem Vater gefällt etwas an seinem Sohn nicht;
2) Die Mutter ist mit ihrer Tochter nicht zufrieden;
3) Der Lehrer führt mit einem Schüler ein „ernstes" Gespräch;
4) Ein „Neuer" in der Klasse (in der Clique/in der Jugendgruppe) verhält sich anders als die übrigen;
5) Eine neue Lehrerin verhält sich anders als die übrigen Lehrer; ihr findet das prima (ausgesprochen blöd);
6) Ihr habt Ärger mit einem Lehrer; ein Mitschüler steht nicht auf eurer Seite, sondern hält zu dem Lehrer;
7) Ein Lehrer unterhält sich mit einem Vater einer seiner Schüler über Ordnung und Disziplin in der Klasse.

Diese und ähnliche Rollenspiele werden in kleinen Spielgruppen nach kurzer Absprache vorgeführt und ggf. auf Tonbandgerät aufgezeichnet. Die Auswertung dieser Spiele vermag in Teilbereichen Normen des Verhaltens deutlich zu machen und auch den Anpassungsdruck, der von diesen Normen ausgeht, widerzuspiegeln. Dieser erste Zugang zum Problem der Anpassung schafft Motivationen, die über den mikrosozialen Bereich hinausweisenden Formen der Anpassung näher zu untersuchen.

An dieser Stelle bietet es sich an, in arbeitsteiligem Gruppenunterricht die Bild/Text-Verknüpfung bei verschiedenen Formen der Karikatur mit der inhaltlichen Problematik zu verbinden. Die vier ausgesuchten Karikaturen sind sowohl Beispiele unterschiedlicher Verknüpfungsformen als auch Aussagen über verschiedene Aspekte der Anpassungsproblematik. Sowohl in den Arbeitsaufträgen der einzelnen Gruppen als auch bei der Zusammenfassung und Auswertung sollte diese Verknüpfung von formaler Differenzierung und inhaltlicher Auseinandersetzung nicht aus dem Blick verloren werden. Die Arbeitsaufträge für die einzelnen Gruppen könnten wie folgt lauten:

Gruppe 1: Bitte untersucht die in der Zeitschrift „Pardon" erschienene Karikatur von *Walter Hanel* „Mutation von Menschen in Duckmäuse" insbesondere nach folgenden Gesichtspunkten:
1. Welche Personen bzw. Wesen sind abgebildet? Woran sind sie erkennbar?
2. Was versteht ihr unter „Duckmäusen"?
3. Ist die Mutation von Menschen in „Duckmäuse" ein voller Erfolg?
4. Wer macht diese Aussage? Ist diese Aussage die Meinung des Karikaturisten?
5. Welche Wechselbeziehungen bestehen zwischen Text und Bild? In welcher Weise ergänzen sie sich?

6. Gegen was richtet sich die Karikatur? Welche Mißstände in der Gesellschaft will sie aufdecken?
7. Seid ihr auch davon betroffen? In welcher Weise?
8. Mit wem sind „die in Bonn" gemeint? Kann man für die in der Karikatur angeprangerten Mißstände jemanden verantwortlich machen?
9. Besteht hier in unserer Gruppe die Möglichkeit, sich gegen die angeprangerten Mißstände zu wehren?
10. Sind wir hier in der Gruppe auch von diesem Mißstand betroffen? Was können wir hier in der Gruppe ändern?

Gruppe 2: Bitte untersucht die in der Zeitschrift „Pardon" erschienene Karikatur von *Serre,* die mit folgender Kommentierung veröffentlicht wurde: „Rückgratsgarderobenständer an der Eingangstür zum (verehrten) Chef". Bitte berücksichtigt dabei insbesondere folgende Punkte:
1. Für welches Verhalten steht der Begriff „Rückgrat haben" ein?
2. Was bedeutet es, wenn „das Rückgrat an der Eingangstür zum (verehrten) Chef abgegeben wird"?
3. Wie wird der „Rückgratsgarderobenständer" ins Bild gesetzt? Welche Wirkung geht davon aus?
4. Welche Wechselbeziehungen bestehen zwischen Text und Bild? In welcher Weise ergänzen sie sich? Inwieweit kommentiert der Text das Bild, inwieweit charakterisiert das Bild den Begriff „Rückgratsgarderobenständer"?
5. Gegen was richtet sich die Karikatur? Welches Verhalten kritisiert sie? Durch welche Besonderheiten in der Text/Bild-Verknüpfung wird die kritische Auffassung des Karikaturisten deutlich?
6. Seid ihr von Umständen betroffen, die euch zu einem rückgratlosen Verhalten bringen (z. B. im Elternhaus, in der Schule, in Freundesgruppen, in der Lehre und im Beruf)? In welcher Weise?
7. Was bringt die Menschen dazu, sich so zu verhalten? Was kann man dagegen tun?
8. Sind wir hier in der Gruppe auch von Umständen betroffen, die uns dazu zwingen, unser „Rückgrat an der Garderobe abzugeben"? Was können wir hier in der Gruppe ändern?
9. Was können wir tun, um uns vor dem stets drohenden Verlust unseres „Rückgrats" zu schützen?

Gruppe 3: Bitte untersucht die Karikatur von *Grosz:* „Wenn die Soldaten nicht solche Dummköpfe wären . . ." insbesondere nach folgenden Gesichtspunkten:
1. Bitte beschreibt genau das Bild. Was ist abgebildet?
2. Der Karikaturist kommentiert die Zeichnung durch ein Zitat. Welche Wechselbeziehungen bestehen zwischen der Zeichnung und dem Zitat?
3. Warum wählt der Karikaturist gerade ein Zitat von Friedrich dem Großen? Welche Wirkung hätte eine einfache Kommentierung gegenüber dem Zitat?

4. Wie wird Anpassung beim Militär in dieser Karikatur verstanden? Was ist der Sinn dieser Art von Anpassung?
5. Entspricht das Zitat auch der Auffassung des Karikaturisten? Kann man das anhand des Bildteils belegen?
6. Gegen was richtet sich die Karikatur? Welche Mißstände bzw. Gegebenheiten kritisiert sie?
7. Seid ihr in ähnlicher Weise davon betroffen (z. B. „Drill" zu Hause und in der Schule)? Bitte berichtet davon.
8. Gibt es Möglichkeiten, sich gegen diese Form der Anpassung in Elternhaus, Schule und beim Militär zu wehren?
9. Was bringt die Menschen dazu, sich in der Weise anzupassen?
10. Gibt es in unserer Gruppe auch drillmäßige Anpassung? Was sollten und könnten wir ändern?

Gruppe 4: Bitte untersucht das in der Zeitschrift „Pardon" erschienene Bild von *Olaf Hauke:* „Angepaßt" insbesondere nach folgenden Gesichtspunkten:
1. Was ist abgebildet? Welchen Eindruck macht der Mensch auf euch?
2. Inwieweit strukturiert der Titel „Angepaßt" unsere Wahrnehmung und unser Verständnis für das Bild?
3. Was ist für den Karikaturisten ein „angepaßter Mensch"? Wie beurteilt er ihn?
4. Gegen was richtet sich die Karikatur? Welchen Mißstand in der Gesellschaft will sie aufdecken?
5. Seid ihr auch davon betroffen? In welcher Weise und in welcher Situation?
6. Inwieweit kommentiert der Titel das Bild, inwieweit charakterisiert das Bild den Titel „Angepaßt".
7. Habt ihr euch schon einmal so gefühlt wie der Mensch auf dem Bild?
8. Was bringt die Menschen dazu, sich so anzupassen, wie es auf dem Bild gezeigt ist?
9. Gibt es hier in der Gruppe Situationen, in denen ihr euch so angepaßt fühlt wie der Mensch auf dem Bild?
10. Was können wir tun, hier in der Gruppe und in anderen Beziehungen, um uns nicht so anpassen zu lassen?

Die Gleichartigkeit des Materials macht Austauschprozesse zwischen den einzelnen Gruppen relativ unproblematisch. Begonnen werden könnte mit Austauschgruppen, die so zusammengesetzt sind, daß mindestens einer aus jeder der vier Arbeitsgruppen darin vertreten ist. In den Austauschgruppen werden die Karikaturen vorgestellt und die Ergebnisse der Gruppenarbeit diskutiert. Das vielfältige Spektrum zum Problem der Anpassung und die unterschiedlichen Formen der Text/Bild-Verknüpfung können über diese Methode intensiv kennengelernt werden. Daran kann man bei der folgenden Auswertung und Systematisierung anknüpfen. Im Mittelpunkt dieser gemeinsamen Erarbeitung steht zunächst der Vergleich der vier Arbeiten in Hinblick auf formale Besonderheiten und Aussagegehalt. Die Ergebnisse lassen sich gut in einem Schaubild zusammenfassen:

	Bild 1	Bild 2	Bild 3	Bild 4
Art der Text/Bild-Verknüpfung	Sprechtext	Kommentar	Zitat	Titel
Funktion der Text/Bild-Verknüpfung	Kontrast; Reiz zum Widerspruch	Kommentierende Ergänzung (komplementäre Kongruenz)	Komplementäre Kongruenz; Reiz zum Widerstand	Lenkung von Wahrnehmung und Interpretation
Aussagegehalt	Menschen degenerieren durch Anpassung	situativer Persönlichkeitsverlust durch Anpassung	Menschen verkümmern zu Dummköpfen durch drillmäßige Anpassung	Anpassung sperrt die Menschen ein, raubt ihnen alle Möglichkeiten

Ein freies Gespräch über die verschiedenen Anpassungssituationen, ihre Ursachen und Folgen bis hin zu gesamtgesellschaftlichen Fragestellungen sollte sich anschließen. Anzustreben wäre ein Austausch über individuelle Anpassungsprobleme. Dabei könnte ggf. auf Ergebnisse der Rollenspiele in der Einstiegsphase zurückgegriffen werden. „Was sollte man dagegen tun – was kann man dagegen tun?" – Unter dieser Fragestellung stünde der Schlußteil des Gesprächs und würde in die bildnerisch-praktische Tätigkeit bzw. in projektorientiertes Arbeiten überleiten. Um das Gespräch nicht ausufern zu lassen, sollte der Gesprächsleiter durch vorgegebene Frageimpulse (auf Tafel oder Folie eines Tageslichtprojektors notieren!) deutliche Einschnitte setzen. Diese Einschnitte sollten sich nach Möglichkeit dem Diskussionsablauf anpassen bzw. die Diskussion beleben, wenn ein Teilaspekt ausreichend behandelt wurde. Die wichtigsten Argumente sollten für alle sichtbar notiert und ihre Beziehungen zueinander graphisch dargestellt werden. Eine weitere Möglichkeit, die Diskussion anschaulich und lebendig zu halten, besteht darin, während der

Diskussionsbeiträge schriftlich zu kommunizieren: Fragen, Einwände, Kritik, Ergänzungen werden mit großer, gut lesbarer Schrift auf Karten notiert und von Helfern auf einer Übersichtstafel angebracht. Die Wortbeiträge und der Fortgang der Diskussion richten sich dann auch danach. So wird es allen ermöglicht, in der Diskussion aktiv zu bleiben.

Eine bildnerisch-praktische Arbeit schließt sich an. An dieser Stelle des Lernprozesses bietet sie nicht nur die Möglichkeit, die eigenen bildnerischen Fähigkeiten weiterzuentwickeln, sondern ist Anreiz, sich mit einer inhaltlich bedeutsamen Problematik praktisch auseinanderzusetzen und dabei die Erfahrungen mit der Text-Bild-Verknüpfung einfließen zu lassen. Folgender Arbeitsauftrag könnte gegeben werden:

„Wir haben uns in den letzten Stunden sehr intensiv mit dem Problem der Anpassung auseinandergesetzt und dabei Karikaturen untersucht, bei denen Text und Bild in unterschiedlicher Weise miteinander verknüpft waren. Wir wollen jetzt zum Thema „Anpassung in dieser Gesellschaft" eine Karikatur zeichnen oder durch Collage herstellen, in der Text und Bild miteinander verknüpft sind. Ihr könnt allgemeine gesellschaftliche Aspekte der Problematik darstellen und/ oder eure eigene Situation zum Ausgangspunkt nehmen."

Die Besprechung der Arbeiten sollte sich nicht nur auf die formalen Qualitäten der Darstellung beschränken. Vielmehr müßten die angesprochenen inhaltlichen Probleme erneut aufgegriffen und zum Gegenstand eines Gesprächs werden. Voraussetzung ist und bleibt das Interesse der Lernenden. Das gilt auch für eine Ausstellung der Bilder. In der Zusammenstellung der Bilder zu einzelnen Gruppen, in der Entwicklung eines Ausstellungskonzepts können die Lernenden die Funktionen der Bilder zueinander und zum Konzept untersuchen. Meist geht es dabei um Ähnlichkeiten, Entsprechungen und Ergänzungen, also um die Funktion der parallelen Kongruenz. Dies liefert damit auch „Vorarbeit" zum folgenden Lernabschnitt:

b) Zu den Lernzielen 5, 6 und 7:

Dieser Abschnitt ist an verschiedene Bedingungen geknüpft: Die Lernenden müssen noch Interesse haben, sich mit dem Thema „Anpassung" weiter auseinanderzusetzen; sie müssen ausreichend Erfahrungen auch im Umgang mit etwas schwierigeren Karikaturen haben. Günstig wäre es, wenn genug Exemplare des *Böll/Staeck*-Buches vorhanden wären. Sollte die Lerngruppe bereits in stärkerem Maße gewöhnt sein, projektorientiert zu arbeiten, könnte dieser Lernabschnitt fortfallen oder einer Projektgruppe zugewiesen werden.

Es empfiehlt sich, zunächst Bildteil und Textteil getrennt von einander zu untersuchen und dann die Korrespondenz zwischen beiden Teilen herauszuarbeiten. Bedingt durch die vorhergehenden Interpretationen und Untersuchungen sind in der Regel soviele Vorkenntnisse vorhanden, daß auf gezielte Aufgabenstellungen verzichtet werden kann. Dies gilt insbesondere dann, wenn eine Projektgruppe dieses Buch untersuchen will.

c) Zu den Lernzielen 8, 9 und 10:

Bei den nun folgenden beiden Bildgeschichten ist eine etwas gründlichere Auseinandersetzung notwendig, weil als neues Kriterium das szenische Geschehen hinzukommt, das für die Projektphase wichtig werden kann. Die beiden ausgewählten Bildgeschichten bieten sich zum Vergleich geradezu an: Sie behandeln das gleiche Thema, haben aber Unterschiede in der Art der Darstellung. Mit arbeitsteiligem Gruppenunterricht könnte dieser Lernabschnitt begonnen werden. Die Arbeitsaufträge sollten nicht auf eine Interpretation beschränkt bleiben.

Gruppe 1: Bitte untersucht die Bildgeschichte von *Sempé:* „Der körperliche und geistige Abbau..." insbesondere nach folgenden Gesichtspunkten und führt dazu die folgenden Aufgaben aus:
1. Was ist der Auslöser der Geschichte?
2. Was passiert in der Geschichte?
3. Wodurch wird die Geschichte in ihrem Handlungsablauf verständlich?
4. In welchem Verhältnis stehen Textteile zu Bildteilen? Wie sind sie miteinander verknüpft?
5. Worin liegt der Witz der Geschichte?
6. Warum konkurrieren Vater und Sohn miteinander?
7. Wovor hat der Vater Angst? Warum hat er Angst?
8. Wogegen richtet sich die Kritik in der Karikatur?
9. Habt ihr ähnliches in eurem Verhältnis zum Vater erlebt? Was war gleich, was war anders?
10. Bitte zeichnet zur Geschichte eine Spannungskurve.
11. Bitte coloriert die Bildgeschichte so, daß die Spannungskurve deutlich wird.
12. Bitte schreibt zur Geschichte einen Dialog und einen „stummen Monolog" von Vater und Sohn (Was haben die beiden gedacht?).
13. Bitte kommentiert die Geschichte in ironischer Art, so daß die in der Karikatur enthaltene Kritik besonders deutlich wird.
14. Bitte inszeniert zur Geschichte ein kurzes Rollenspiel
a) ohne Sprache (ggf. mit Texten)
b) mit Dialogen (ggf. auch mit „stummen Monologen" und/oder ironischem Kommentar).

	Sempé	*Poth*
Auslöser der Geschichte	Hinweis auf einem Plakat	Auseinandersetzung Sohn/Vater
Verständlichkeit der Geschichte im wesentlichen über:	Bild	Text
Witz	unerwarteter Schluß	Dialog; insbesondere Auffassung des Vaters
Grund für das Konkurrieren	Ängste des Vaters vor dem Nachlassen seiner Kräfte	keine größeren Rechte für den Sohn (jeder hat seine Probleme)
Ängste des Vaters	nicht mehr mithalten zu können, „abzubauen"	für seine Probleme keine Rücksichtnahme zu finden
Kritik gegen	Konsumgesellschaft, die solche Ängste erzeugt; unangemessene Abwehrformen	Verhalten, das im Widerspruch steht zu „fortschrittlichen" Vorstellungen, die verbal vertreten, aber nicht eingelöst werden.

Gruppe 2: Bitte untersucht die Bildgeschichte von *Chlodwig Poth:* „Eine Familientragödie" insbesondere nach folgenden Gesichtspunkten und führt dazu die folgenden Aufgaben aus:
1. Was ist der Auslöser der Geschichte?
2. Was passiert in der Geschichte?
3. Wodurch wird die Geschichte in ihrem Handlungsablauf verständlich?
4. In welchem Verhältnis stehen Textteile zu Bildteilen? Wie sind sie miteinander verknüpft?
5. Worin liegt der Witz der Geschichte?
6. Warum konkurrieren Vater und Sohn miteinander und streiten sich?
7. Wovor hat der Vater Angst? Warum hat er Angst? Findet ihr die Argumente des Vaters berechtigt?
8. Wogegen richtet sich die Kritik in der Karikatur?

9. Habt ihr ähnliches in eurem Verhältnis zum Vater erlebt? Was war gleich, was war anders?
10. Bitte zeichnet zur Geschichte eine Spannungskurve.
11. Bitte coloriert die Bildgeschichte so, daß die Spannungskurve deutlich wird.
12. Ist die Geschichte auch ohne Sprechtext deutlich? Läßt sich der Text durch Mimik und Gestik ersetzen? Was geht verloren? Probiert es einmal.
13. Bitte kommentiert die Geschichte in ironischer Art, so daß die in der Karikatur enthaltene Kritik besonders deutlich wird.
14. Bitte inszeniert zur Geschichte ein kurzes Rollenspiel (ggf. mit ironischem Kommentar).

Dem systematischen Vergleich der beiden Bildgeschichten und der inhaltlichen Weiterführung könnten wieder Austauschgruppen vorgeschaltet werden. Material und Aufgabenstellungen lassen jedoch noch weitere Möglichkeiten zu. So könnten die vorbereiteten Rollenspiele vorgeführt, die colorierten Bildgeschichten vorgestellt und erläutert werden. Für den systematischen Vergleich empfiehlt sich wieder ein Tafelbild, wie es die Abbildung links zeigt und das die aufgeführten Punkte enthalten könnte.

In einem abschließenden Gespräch können eigene Erfahrungen mit dem „Generationskonflikt" mitgeteilt und dieses Thema zum übergreifenden Problem „Anpassung in der Gesellschaft" in Beziehung gesetzt werden.

d) Zu den Lernzielen 11, 12, 12, 14 und 15:

Um einen möglichst nahtlosen Übergang von Fundamentum zu projektbezogener Arbeit zu gewinnen, ist es notwendig, langsam auf selbständiges Tun hinzuarbeiten. Das bedeutet: größere Auswahlmöglichkeiten der Lernenden, „offenere" Aufgabenstellungen, andere Repräsentationsformen der Ergebnisse, stärkere Selbstbestimmung in den Lernformen, Eigenregulierung des Lernprozesses. Man beugt durch langsame Übergänge der Gefahr vor, die Lernenden zu überfordern (sowohl vom Lerngegenstand, als auch von den sozialen Voraussetzungen). Für die Übergänge vom Fundametum zur Projektphase bieten sich Gegenstände an, die in ihrer Art und Bewältigungsmöglichkeit den Lernenden prinzipiell nicht neu und ungewohnt sind und die sie mit ihren bisherigen kognitiven und sozialen Erfahrungen handhaben können. So sind insbesondere die Gegenstände geeignet, die formal und inhaltlich Bekanntes fortführen, ergänzen und erweitern. Von daher eignen sich die Bildgeschichte von *Ungerer* und der *Meysenburg*-Comic recht gut.

Die Gruppen wählen jeweils einen der Bände aus und erhalten einen Bogen mit den für diesen Band vorgesehenen Lernzielen (ggf. mit Erläuterungen). Der nun folgende Lernprozeß wird von den Lernenden selbst organisiert; der

Lehrer schaltet sich nur noch auf Anfrage ein: gibt Anregungen, spiegelt den Gruppenprozeß wider, diskutiert mit der Lerngruppe inhaltliche Probleme. Die Präsentationsform der Ergebnisse wählt die Gruppe selbst: Vortrag, Rollenspiel, „Experten"-Diskussion, Kopie der Bildseite in Großformat mit Erläuterungen, Paarinterviews mit dem Ziel, die Lebenssituation zur Problematik von Kaufen und Konsum in Beziehung zu setzen.

Nach der Austauschphase zwischen den Arbeitsgruppen wird das Lernziel 15 (Vergleich der beiden Bücher) vom Lehrer vorgegeben. Die Lernenden entscheiden, wie sie dieses Lernziel erreichen wollen. Dabei helfen ihnen die Erfahrungen mit den bislang praktizierten methodischen Möglichkeiten. Den Schluß dieser Lernphase bildet ein feedback über die Zusammenarbeit in den Gruppen (auch in Hinblick auf die Anpassungsprobleme), die Entscheidungsprozesse, den Spaß beim gemeinsamen Tun, den Zuwachs an Kenntnissen und Erfahrungen, die eigenen Schwierigkeiten und Probleme mitzuarbeiten, Beiträge einzubringen.

e) Zur Projektphase:

Die multimedial verknüpften satirischen Formen sind durch ihre Komplexität und durch ihren Zeitaufwand, was Rezeption und Produktion anbelangt, besonders gut für projektorientiertes Arbeiten geeignet. Es ist nicht günstig, erst nach Beendigung des Fundamentums mit der Projektphase zu beginnen. Vielmehr sollte der Lernprozeß so gestaltet werden, daß das projektorientierte Arbeiten allmählich eingefädelt wird: Man könnte mit kurzen Besprechungen beginnen, Projektgruppen bilden und ihnen nach und nach mehr Zeit für Planung und Durchführung ihres Teilprojekts zubilligen. Im Ausgleich müßte man die Zeit für das Fundamentum kontinuierlich vermindern. Parallel dazu sollten im Fundamentum, von den Inhalten her und der Ausbildung der für das Projekt notwendigen sozialen Fähigkeiten, wesentliche Impulse und „Stützungen" gegeben werden. Im einzelnen könnten die Projektgruppen z. B. in folgenden Bereichen arbeiten:

1) gesprochene satirische Texte untersuchen; selbst Texte entwickeln und vortragen;
2) satirische Lieder untersuchen, texten und komponieren;
3) Entwickeln einiger Sketche und satirischer Rollenspiele;
4) Entwickeln von satirischen Bildgeschichten, Comics, Wandzeitungen, Plakaten, Bildern.
5) Einstudierung eines satirischen Theaterstücks (anhand von Vorlagen oder eigenen Entwürfen);
6) Satirische Filme untersuchen und ggf. selbst einige Szenen filmen (z. B. wenn Fernsehaufzeichnungsgeräte zur Verfügung stehen);

7) Dias herstellen, zu einer satirischen Dia-Show zusammenfassen und ggf. vertonen (mit Musik und/oder Sprechtexten unterlegen);
8) Fotos mit ironischen Texten unterlegen und zu einer Ausstellung zusammenfassen;
9) Entwickeln eines satirischen Hörspiels.

Der Lehrer könnte Anregungen geben, die Gruppen beraten, Materialien bereitstellen, mit den Projektgruppen über die Teilergebnisse diskutieren. Für die Projektphase ist ein Rahmenthema wichtig, zu dem die einzelnen Gruppen aspekthaft etwas beitragen können, das die einzelnen Ergebnisse trotz ihrer möglicherweise großen Unterschiedlichkeit zusammenhält. Ein solches Rahmenthema erleichtert auch die Entwicklung eines Ausstellungskonzepts und die Präsentation der Ergebnisse. Als Thema bietet sich ein Teilbereich aus der Anpassungsproblematik an, z.B. „Anpassung in der Schule". Ein solches, aus dem Fundamentum sich entwickelndes Thema hat den Vorteil, daß die Lernenden über die inhaltliche Problematik informiert sind, begründete Meinungen darüber abgeben können und Umsetzungsmöglichkeiten kennengelernt haben.

4 Fächerverdichtender Ansatz am Beispiel „Beteiligte des Krieges"

4.1 Zum Modell des fächerverdichtenden Ansatzes

Ausgangspunkt ist ein für die Lernenden wichtiges Problem. Thematisch einander ähnliche Materialien werden diesem Problem zugeordnet. Über das Verständnis der Materialien (in unserem Falle: Karikaturen, Satiren, satirische Lieder usw.) sollen sich die Lernenden mit dem Problem auseinandersetzen. Die Materialien stehen in der Regel zueinander in paralleler Kongruenz; sie ergänzen und „interpretieren" sich also wechselseitig. Das hilft den Lernenden sowohl beim Verständnis der Materialien als auch bei der Entwicklung ihres Problembewußtseins.

Der vorhergehende Abschnitt hat in der Art, wie das Material zusammengestellt wurde, bereits einen Eindruck davon gegeben, wie ein fächerverdichtender Ansatz verwirklicht werden könnte. Wir wollen nun diesen Ansatz weiterführen, indem wir bei gleichem Thema und Aussagegehalt satirische Werke aus unterschiedlichen ästhetischen Bereichen (z.B. Bildende Kunst, Literatur, Musik) einander gegenüberstellen. Für diesen Ansatz gibt es einige Vorläufer. In Lesebüchern bestehen zum Teil Bezüge zwischen Texten und zugeordneten Bildern [38]. *Kochan* [39] berichtet von einem Unternehmen der Zeitung „Der Tagesspiegel", das auf eine Verbindung zwischen Bild und Text abzielte: Drei Kinderbildnisse wurden mehreren Autoren mit der Bitte vorgelegt, literarische Gegenstücke zu schreiben. Bei dem hier vertretenen und nachfolgend an einigen Beispielen zu erläuternden Ansatz wurden vorfindbare Materialien didaktisch „erschlossen" und um ein Thema, genauer: um Aspekte eines Themas gruppiert. Der fächerverdichtende Ansatz ist in besonderer Weise geeignet, über die ästhetische Form die bedeutsamen Inhalte zu verstehen. Indem sich die Werke wechselseitig „interpretieren" und ergänzen, treten auch Parallelen in der ästhetischen Form auf, die den Lernenden helfen, die formalen Besonderheiten und ihre Funktion für den vermittelten Inhalt zu erfassen. Der fächerverdichtende Ansatz hat in bezug auf unser Thema ein Bündel miteinander verknüpfter Probleme didaktischer und methodischer Art zu lösen:

1) Wie bringe ich die notwendigen Kenntnisse und Fähigkeiten zum Verständnis von Satiren und Karikaturen (satirischen Liedern usw.) bei?
2) Wie vermeide ich dabei sowohl ein Abgleiten in Formalästhetizismus, ein Pauken der ästhetischen Formen, als auch ein Absinken der Satiren und Karikaturen zur puren Illustration (z.B. des Geschichtsunterrichts)?
3) Welche Materialien sind geeignet, sich wechselseitig zu „interpretieren" und zu ergänzen? Welche bringen das Problem gut zum Ausdruck, welche sind von der ästhetischen Form beachtenswert und didaktisch fruchtbar?

4) Welches Problem interessiert die Lernenden und ist für sie wichtig zum Verständnis und zur Bewältigung von Lebenssituationen?
5) Wie verknüpfe ich die problembezogene Auseinandersetzung mit der Vermittlung fachdidaktischer Zielvorstellungen (Verstehen und Herstellen von Satiren und Karikaturen)?
6) Wie beziehe ich Prozesse des sozialen Lernens ein, entwickle sie aus den anstehenden Problemen und den ausgewählten Materialien?
7) Wie plane ich das Vorhaben ohne dabei so „starr" zu werden, daß ich die während der Arbeit an dem Problem entstehenden vorrangigen Bedürfnisse und Interessen der Lernenden nicht mehr einbeziehen könnte?
8) Wie erreiche ich, daß gemeinsames, planvolles, arbeitsteiliges Handeln nicht ausgeschlossen wird, ich aber gleichwohl über den Moment hinaus handlungsfähig bleibe, um Hilfen und Alternativen für die Lernenden bereitzustellen?

Diese Probleme und didaktischen Fragen lassen sich am besten in überfachlichen Unterrichtsprojekten lösen und beantworten. Das Projekt „Krieg" ist ein Beispiel für diese Lernform. Es folgt den Prinzipien materialbezogener Verdichtung und Konzentration auf Aspekte, der planungsvollen Offenheit miteinander korrespondierender „Bausteine", die je nach Interesse der Lernenden und Situation der Gruppe kombiniert werden können. Wir wollen aus dem Projekt „Krieg" den Aspekt „Beteiligte des Krieges" näher ansehen, und zwar unter den Teilaspekten „Der Generalstab" und „Der einfache Soldat".

4.2 Der Generalstab

Während eine größere Zahl von Karikaturen über Generale menschliche Unzulänglichkeiten, charakterliche Eigenarten bis zur Kritik am Militarismus verdichten [40], gibt es eine andere Gruppe von Karikaturen und satirischen Texten, die nicht die einzelnen Generale zum Gegenstand haben, sondern den Generalstab, die Führungsgruppe militärischer Großverbände. Dazu haben wir drei Werke ausgewählt: ein „künstlerisches" Bild [41], ein Gedicht von *Benn* [42] und eine Karikatur von *A. Paul Weber* [43].

Ein 1915 entstandenes, naturalistisch anmutendes Bild von *Hersch:* „Beratung im Hauptquartier" gibt vornehmlich Äußerlichkeiten her: Der Chef des Stabes „hält Vortrag", die anderen hören zu, machen sich Notizen, studieren Kartenblätter. Worum es geht, welche Entscheidungen getroffen werden, was sie bewirken, wird nicht deutlich, kann allenfalls vermutet werden. Mittelpunkt dieses Bildes sind der Kartentisch, die ausgebreiteten Kartenblätter. Die Menschen treten zurück, fügen sich in ihrer Farbgebung (grün, orange, blau, rot) in die Farben des Raumes ein. Das „Arbeitsmaterial" beherrscht das Bild, nicht die Menschen, die sich in die Sacherfordernisse ihrer „Arbeit" einfügen.

Eugen Hersch: Beratung im Hauptquartier des Generalfeldmarschalls von Mackensen.

Worum es bei einer solchen „Arbeit" gehen kann, wird in dem Gedicht von *Benn* „General" deutlich: die militärische Vorbereitung eines Angriffskrieges. Eine abgehackte Sprachgebung, häufig Ausrufesätze oder verkürzte Befehlssätze, signalisierten den „anfeuernden" Militärton, der nicht nach dem „Warum" fragt: „Keine Fragestellung! Geschieht!" Das Menschliche ist aus der Sprache verbannt: „Vernichtung!", „Hinweis auf die Feldpolizei", „Gefangene – Sie verstehn!", „Lost über das eingesiedelte Ungeziefer". Es geht um den technisch-funktionalen Ablauf: „Zwanzig Uhr Verladung der beschleunigten Divisionen!", „die letzten zweihundert Meter für die Infanterie"; erwähnt werden die Beute: „Der Materialwert der Angrenzländer ist Reichsmark zehntausend für den Morgen", und der Ruhm: „ewiges Feuer den Toten!", Halsorden, Nachrufe, Kranzschleifen, Lorbeer, Mythen. In diesem Gedicht steckt die Kritik an den „Profis des Krieges", an ihrer Raubgier, Ruhmsucht, ihrem unmenschlichen Verhalten. Diese Kritik geht jedoch noch weiter: Sie gilt dem blinden, todbringenden Automatismus einer Kriegsmaschinerie, die sich unkontrolliert entwickelt, der auch Generale unterworfen sind, sie funktional so zurichtet, daß sie nach dem „Warum" nicht mehr fragen, sondern hinnehmen, daß es geschieht und nur noch über das „Wie" sich Gedanken machen.

Das Gedicht von *Benn* findet seine Entsprechung in dem Bild von *A. Paul Weber:* „Noch Fragen, meine Herren?". Es entlarvt die „sachbezogene Arbeit" der Generalstabsoffiziere im Bild von *Hersch:* Geschart um eine Weltkarte bilden abgefeimte, raubtierhafte Fratzen die Besprechungsrunde, überragt vom Tod in Generaluniform. Nicht die Generale entscheiden und auch nicht der beleibte, eulenhaft verzerrte Marschall, der sich auf den Marschallsstab, nicht auf die Hände stützt, sondern der mit beiden Fäusten auf der Welt(karte) lastende Tod. „Noch Fragen, meine Herren?" ist rhetorisch gemeint: Die Generale haben keine Fragen zu haben, sondern müssen technisch-funktional Befehle ausführen. Die Anrede „meine Herren" spricht dem Abgebildeten Hohn: Die Offiziere sind keine Herren, weder von ihrem Charakter noch von ihrer gesellschaftlichen Stellung. Sie sind vielmehr raubtierhafte Gefolgschaft des Todes, eines weltumspannenden, weltbedrohenden Prinzips der Vernichtung und Einverleibung alles Lebendigen, der Unterwerfung von Natur und Mensch.

General

Meine Herren –: Stichwort: Reginald!
Spannungsstufe III, Sofortmaßnahmen –!
Zwanzig Uhr Verladung der beschleunigten Divisionen!

Wozu die ganze Chose in Bewegung geht –
keine Fragestellung! Geschieht!
Spähtrupps, mechanisierte Abteilungen,
mot.–, t-mot.–, Raupenschlepper
durch die blaue Zone,
wo die Maschinen schweigen müssen,
die letzten zweihundert Meter
für die Infanterie!

Vernichtung! Ein Rausch die Gräben!
Wenn Sie wollen, vorher doppelte Rumration.
Hinweis auf die Feldpolizei.
Gefangene – Sie verstehn! Auf keinen Fall schriftlichen Befehl darüber!
Der Materialwert der Angrenzerländer
ist Reichsmark zehntausend für den Morgen,
in der Avenue de l'Opéra und den Docks von Bizerta wesentlich höher,
demnach Bomber nie zum Luftkampf
alle Last auf Produktionszentren!

– Jemand noch eine Frage? Kriegserklärung?
meine Herren, auf der Reede von Tschemulpo
versenkten 1904 acht dreckige Japszerstörer
die halbe russische Kriegsflotte
mitten im heitersten Frieden
frühmorgens, als die Brötchen ausgetragen wurden,
dann machten sie leider kehrt, statt zu vollenden:
das wird nie wieder vorkommen!
Einbrechen! Lost über das eingesiedelte Ungeziefer!
Steilfeuer! Sauerstoff an die Tresors!
Kostenanschlag – möchte ich sagen,
und dann bedienen wir die Maschinen!

Meine Herren – Sieg! Pylone, wenn Sie heimkehren
und ein ewiges Feuer den Toten!
Halsorden! Beinamen wie: „Löwe von –",
Nachrufe mit Stabreimen wie: „In Frieden und Front –",
Kranzschleifen bei Todesfall, Lorbeer, Mythen –!

Ich danke Ihnen, meine Herren! Für die Jüngeren:
beim letzten großen Ausmarsch war ich Zugführer!
Hier spricht ein Herz!
Vernichtung!
Und wer mich sucht,
im Gegensatz zum Weltkrieg
bei Kampfwagenangriff
im vordersten Tank! –

Gottfried Benn

A. Paul Weber: Noch Fragen, meine Herren? – 1962

Während *Hersch* die „sachliche Arbeit" des Generalstabes darstellt, kommen *Benn* und *Weber* zu einer Anklage gegen den blinden, todbringenden Automatismus einer aus der Kontrolle der Menschen geratenen technologischen Zivilisation, verdichtet sich ihre Darstellung zur Angst, daß dieser Vernichtungsautomat noch einmal sich menschheitsbedrohend entfalten könnte.

4.3 Der einfache Soldat

Der „Arbeit" des Generalstabs wollen wir nun das „Kriegführen", das „Kriegshandwerk" des Soldaten an der Front gegenüberstellen. Hierzu haben wir eine Karikatur von *H. G. Rauch* [44] und ein Lied von *Brecht,* in der Vertonung von *Eisler* [45] ausgewählt.

Hans-Georg Rauchs Bild eines Kanoniers erschließt sich rasch dem Verständnis: Im Automatismus des Kämpfens und Tötens ist der Soldat besinnungslos eingefügt. Er ist Teil der Kanone geworden; Hände und Gesicht haben sich in Maschinenteile verwandelt.

Eine mögliche Erscheinungsform dieses „Maschinenmenschen" schildert das Lied von *Brecht* (in der Vertonung von *Eisler*) aus „Schweyk im zweiten Weltkrieg": „Bei der Kanone dort." Das Lied ist einfach, paarreimig aufgebaut. Die Schlichtheit des Aufbaus und der Wortwahl sowie die mehrfachen Wiederholungen verstärken die Eindringlichkeit der Schilderung. Takt und Melodie in den jeweils 3. bis 5. Zeilen der Strophen bilden eine rhythmische Einförmigkeit, der Bewegung einer Maschine vergleichbar. Gegen Ende beschleunigt sich der Rhythmus. Bei den Zeilen 3 bis 5 liegt die Betonung jeweils auf dem Wort am Zeilenanfang (lud, riß und, und). Dadurch wird zum einen das Laden der Kanone und das Wegreißen beider Hände miteinander verbunden, zum anderen verstärkt sich der Eindruck des einförmigen, maschinenähnlichen Rhythmus'. Die Schilderung einer „bewundernswerten" Geschichte, in der ein Kanonier trotz Verlustes beider Hände weiterhin „seine Pflicht" tut, wird zur Kritik an einer technisch-maschinellen Kriegführung, die den einzelnen fühllos (auch sich selbst gegenüber) macht, die ihn einfügt in einen technisierten Handlungsvollzug. Was wie Heldenmut ausschaut, ist in Wirklichkeit die Einschmelzung des Subjekts in die destruktive Maschinenwelt.

Hans-Georg Rauch: Der Kanonier

Bei der Kanone dort
(aus: Schweyk im zweiten Weltkrieg)

Bei der Kanone dort,
Lud er in einem fort.
Bei der Kanone dort,
Lud er in einem fort.

Eine Kugel kam behende,
riß vom Leib ihm beide Hände.
Und er stand weiter dort
Und lud in einem fort

Wdh.

Wdh. der Strophe 1

Bertold Brecht

4.4 Didaktischer Kommentar

Da das Problem im Mittelpunkt des fächerverdichtenden Ansatzes steht, ist wesentlich, ob dieses Problem die Lernenden interessiert, ob es zum Verständnis und zur Bewältigung ihrer Lebenssituation etwas beitragen kann. Das ist bei den Problemen, die mit dem Thema „Krieg" zusammenhängen zweifellos der Fall.

Die Menschheit ist an einen Stand der Entwicklung gelangt, der es mit sich bringt, daß Kriege, die unter Einsatz maximaler Gewalt geführt werden, zur Vernichtung der Gattung "Mensch" oder gar zur Vernichtung allen Lebens auf diesem Planeten führen können. Die Welt ist durch jeden Konflikt, der zu Kriegen führt, gefährdet. Gleichwohl sieht es so aus, als ob die Bevölkerungsexplosion ihre Entsprechung findet in der massenhaft-explosiven Tötung von Menschen, der Vernichtung von Rassen, Völkern, Nationen. Die Zivilisation, die die Bevölkerungsexplosion verursachte, bringt zugleich das Antizivilisatorische hervor und verstärkt es zunehmend.

„Diese Zerfallstendenzen sind, dicht unter der Oberfläche des geordneten, zivilisatorischen Lebens, äußerst weit fortgeschritten. Der Druck des herrschenden Allgemeinen auf alles Besondere, die einzelnen Menschen und die einzelnen Institutionen, hat eine Tendenz, das Besondere und Einzelne samt seiner Widerstandskraft zu zertrümmern. Mit ihrer Identität und mit ihrer Widerstandskraft büßen die Menschen auch die Qualitäten ein, kraft derer sie es vermöchten, dem sich entgegenzustemmen, was zu irgendeiner Zeit wieder zur Untat lockt" [46].

Vor allen Diskussionen über Ziele der Erziehung, Aufgaben der ästhetischen Erziehung, steht die Notwendigkeit, Menschen so zu stärken, daß ihre Widerstandskraft gegen Kriege wächst.

Das durch Satiren und Karikaturen vermittelte politische Engagement hilft den Lernenden zu verstehen, welchen Mechanismen sie unterliegen, wenn sie anderen Völkern und Nationen mit Haß und Angriffswut begegnen.

Das Thema „Krieg" ist seit jeher ein wichtiger Gegenstand der ästhetischen Bereiche (auch der Satire und Karikatur) gewesen. Können Satiren und Karikaturen über die Vermittlung von historischen, politischen, psychologischen Fakten hinaus etwas beitragen, die Widerstandskraft gegen Kriege zu stärken? Den Lernenden (und meist auch den Pädagogen) fehlt die eigene Erfahrung des Krieges. Sie erleben den Krieg in einer abschaltbaren „Welt am Draht"; sie sind nicht Betroffene; sie konsumieren das Grauen als Unterhaltung. Der Einbruch der ästhetischen Erziehung in diese massenmediale Welt ist nicht allein durch eine Ideologiekritik der Comics, Filme und Fernsehfolgen möglich. Eine Auseinandersetzung mit dem Thema „Krieg" über Satiren und Karikaturen kann weiterhelfen. Diese ästhetischen Formen weisen in ihrer formalen Qualität über das etablierte Universum des Gebrauchens und Konsumierens hinaus und vermitteln über diese formale Qualität Sachaussagen und politische Meinungen in engagiert-parteilicher Weise. Zu ihrem Verständnis ist eine geistige und emotionale Auseinandersetzung notwendig. Indem sie diese Anstrengung vom Wahrnehmenden fordern, heben sie ihn über plattes, automatisiertes und folgenloses Rezipieren hinaus. Damit stärken sie seine Individualität und seine Widerstandskraft gegen den Druck des herrschenden Allgemeinen. Gerade indem die ästhetische Form verstanden wird, dringt die Botschaft ein, durchdringt die Verkrustungen der automatisierten Wahrnehmungsmuster, macht betroffen.

Die Auseinandersetzung mit dem Aspekt „Beteiligte des Krieges" soll den Lernenden Einblicke ermöglichen, was der Krieg aus den „militärischen Führern" und den „Geführten" macht, welche Kräfte auf diese Gruppen einwirken, welchen Mechanismen sie im Krieg unterliegen. Damit setzt dieser Abschnitt die Problematik der Anpassung, bezogen auf die Situation des Krieges, fort. Im einzelnen geht es um folgende Lernziele:

1 Die Lernenden können Aussagegehalt und formale Eigenarten des Gedichts „General" und der Karikatur „Noch Fragen, meine Herren?" benennen.

2 Sie können jedes der Werke mit den korrespondierenden Teilen des anderen „interpretieren", d.h. erläutern, verdeutlichen, vergleichen.

3 Sie können den Aussagegehalt von Gedicht und Karikatur in Beziehung setzen zum Bild von Hersch, d.h. die hinter dem Schein dieses Bildes steckende Wirklichkeit bezeichnen.

Ähnliche Ziele lassen sich auch zu den beiden Werken erreichen, die die Problematik des einfachen Soldaten beleuchten.

4 Die Lernenden können Aussagegehalt und formale Eigenarten der Karikatur „Der Kanonier" und des Liedes „Bei der Kanone dort" benennen.

5 Sie können jedes der Werke mit den korrespondierenden Teilen des anderen „interpretieren", d.h. erläutern, verdeutlichen, vergleichen.

Die interpretatorische Auseinandersetzung mit den verschiedenen Werken soll einmünden in ein Gespräch über die Problematik der Rolle des Soldaten im Krieg. Dazu ist es notwendig, charakteristische Unterschiede zwischen den Rollenmustern der verschiedenen Gruppen von Soldaten herauszuarbeiten und zu den Rollen z.B. in einer Fabrik in Beziehung zu setzen.

6 Die Lernenden können anhand der interpretierten Werke die unterschiedlichen Rollen der verschiedenen Soldatengruppen und ihre Funktionen bezeichnen.

7 Sie können Parallelen zu Rollen und Funktionen in der Berufswelt aufzeigen.

Mit diesen kognitiven Zielen allein ist es nicht getan. Zu einer affektiven „Verankerung" dieser Zielvorstellungen sind Aktivitäten notwendig, die stärker von den Lernenden ausgehen. Gedacht werden könnte an das Anfertigen von Collagen, Bildern, Diaserien, das Komponieren und Einstudieren von Liedern gegen den Krieg; sinnvoll wären auch Gespräche und Diskussionen mit Soldaten, Bundeswehroffizieren und Wehrdienstverweigerern. Die Auseinandersetzung mit der Problematik des „Kanoniers" könnte ergänzt werden durch das Kennenlernen des „Waffendrills", des Funktionsablaufs bei einer Geschützmannschaft. Diese Aktivitäten können in der Regel nur im Rahmen eines Projekts durchgeführt werden und ergeben sich dann in dessen Fortgang. Im Rahmen eines solchen Projekts „Krieg" sind die hier vorgestellten und didaktisch erörterten Materialien „Bausteine", die je nach Interesse und Bedarf einbezogen werden können.

4.5 Methodische Überlegungen

Das zentrale Anliegen ist es, das Problem der Soldatenrolle den Lernenden nahezubringen über die Auseinandersetzung mit bildnerischen, literarischen und musikalischen Werken. Der Schlüssel hierzu liegt in einer bestimmten Auswahl von Werken, die in ihrem Aussagegehalt und in ihrer formalen Qualität miteinander korrespondieren, sich wechselseitig erläutern und ergänzen. Bei der methodischen Planung kommt es darauf an, diese Materialien im Lernprozeß miteinander korrespondieren zu lassen, sie so zu präsentieren, daß die Lernenden in das Geflecht wechselseitiger „Interpretationen" einbezogen werden.

a) Zu den Lernzielen 1, 2 und 3:

Zu Beginn kann es notwendig sein, zu klären, was ein Generalstab ist, welches seine Aufgaben sind. Mit einem Tafelanschrieb könnte zusammengetragen werden, was die Lernenden über den Begriff „Generalstab" wissen. Durch Sachtexte ließe sich dieses Vorwissen vertiefen: Die Lernenden lesen still für sich einen vorbereiteten Text (vom Pädagogen selbst erarbeitet, einer geeigneten Quelle entnommen oder aus mehreren Quellen zusammengestellt) und beantworten danach Fragen zum Inhalt (zunächst schriftlich für sich, dann Austausch der Ergebnisse in der gesamten Lerngruppe). Ist der Begriff „Generalstab" in der Lerngruppe bereits ausreichend bekannt, könnte eine Assoziationsanalyse zu diesem Begriff gemacht werden, um den emotionalen Hintergrund ein wenig auszuleuchten und auch um ggf. festzustellen, ob durch die nachfolgenden Lernprozesse Veränderungen in den Einstellungen und Bewertungen der Lernenden eintreten. Jetzt könnte zum ersten Mal das Bild von *Hersch* gezeigt und beschrieben werden.

In der zweiten Phase käme es darauf an, „hinter den Spiegel zu schauen", zu verstehen, daß hinter der visuellen bzw. sachlich-beschreibenden Erscheinung noch etwas anderes, wesentliches steckt. Um jedem der beiden einzelnen Werke gerecht zu werden, empfiehlt sich zunächst arbeitsteiliger Gruppenunterricht mit gezielter Aufgabenstellung.

Gruppe 1: Bitte untersucht das Gedicht von *Benn:* „General" insbesondere nach folgenden Gesichtspunkten:
1. Wie kennzeichnet Benn den General?
2. Wie spricht der General? Wie geht er mit seinen Offizieren um?
3. An welche Art Krieg denkt der General? Wie will er den Krieg führen?
4. Warum soll der General den Krieg führen? Welches Interesse hat der General (und seine Offiziere) an dem Krieg?
5. Gegen was richtet sich das Gedicht, was kritisiert es?
6. Muß der General so denken und handeln? Was hat ihn dazu gemacht?
7. Welche formalen Eigenarten hat das Gedicht? Mit welchen sprachlichen Mitteln werden die Charakterisierung des Generals und die Art der beabsichtigten Kriegführung deutlich?

Gruppe 2: Bitte untersucht die Karikatur von *Weber:* „Noch Fragen, meine Herren?" insbesondere nach folgenden Gesichtspunkten:
1. Welche Personen/Personengruppen sind auf dem Bild abgebildet?
2. Wie werden sie dargestellt und mit welchen bildnerischen Mitteln?
3. Wer ist die beherrschende Figur im Bild? Durch welche bildnerischen Mittel wird das erreicht?
4. Was symbolisiert diese Figur? Was stellt sie in diesem Bild dar?
5. Um was geht es in diesem Bild? Was hat der Generalstab vor?
6. In welcher Beziehung stehen Bild und Text?
7. Was kritisiert die Karikatur, gegen was richtet sich der Angriff?

In Austauschgruppen können die einzelnen Arbeitsergebnisse vorgestellt, diskutiert und verglichen werden. In der Gesamtgruppe werden dann Bild und Text simultan präsentiert: Während ein Dia von dem Bild projiziert wird, liest einer der Lernenden das Gedicht vor. Danach folgt der Versuch, jedes der Werke mit den korrespondierenden Teilen des anderen zu „verstehen" und zu „interpretieren". Dazu eignet sich eine vergleichende Gegenüberstellung anhand eines Schaubildes, das so aussehen könnte:

Gedicht von Benn	*Karikatur von Weber*
lebensvernichtende Art zu denken und zu sprechen	Symbol des Todes als beherrschende Figur
ruhmsüchtige und habgierige Offiziere	Gesichtsausdruck und Körperhaltung der Offiziere

Um das lebensvernichtende Prinzip bestimmten soldatischen Denkens, das sich mit Ruhmsucht und Habgier paaren kann, drastisch vor Augen zu führen, empfehlen sich gut inszenierte Rollenspiele, die in den einzelnen Gruppen sorgfältig vorbereitet werden. Ausgangsmaterial könnten biographische Daten von Offizieren, Beschreibungen ihres Verhaltens, stenographische Mitschriften von Lagebesprechungen u.ä. sein. Diese Rollenspiele können „naturalistisch" anmuten, sie können aber durchaus auch das satirische Moment der Übertreibung und des Angriffs enthalten. Diese Rollenspiele lassen sich auch gut als „Interviews" durchführen. Einer aus der „Interview-Gruppe" (3 bis 5 Teilnehmer) versucht, sich mit einem Offizier (am besten anhand eines Bildes *und* charakterisierender Hintergrunddaten) zu identifizieren. Die anderen helfen beim „Aufbau der Identität". Durch eine Befragung (Interview) soll diese Identität den anderen deutlich werden. Das Interview wird der gesamten Gruppe vorgeführt. Nach dem Interview sollte sich eine kurze Reflexion anschließen: (a) Bericht des Interviewten: Was habe ich gedacht, was gefühlt? Wie wurde die Identität festgelegt? Lag mir die Rolle? Welche eigenen identitätsstiftenden Daten habe ich eingebracht? (b) Diskussion in der Gruppe: Konnte sich der Interviewte mit der Rolle identifizieren, hat er die Rolle „echt" gespielt, waren „Brüche" in der Darstellung? Haben die Interviewer durch ihre Fragen die darzustellende Identität „ans Licht gebracht"? Wie sind Originalität und Realitätsbezug des Dargestellten zu beurteilen? [47].

Die abschließende sachbezogene Erörterung über den Generalstab könnte durch die etwas ausführlichere Untersuchung des Bildes von *Hersch* eingeleitet werden. Dabei geht es auch darum, daß die Lernenden die hinter dem Schein dieses Bildes steckende Wirklichkeit bezeichnen und zur Notwendigkeit der „Arbeit" eines Generalstabes Stellung beziehen – auch mit Blick auf die heutige Situation.

b) Zu den Lernzielen 4 und 5:

Nach meinen Erfahrungen kann das *Brecht*-Lied in der Regel in Gruppenarbeit nur unter erheblichen Schwierigkeiten und unter stärkerer Anleitung des Lehrers zufriedenstellend erarbeitet werden, fließen doch zu viele Dinge auf einmal ein: Textliches, Musikalisches, Form des Vortrags. Im Frontalunterricht läßt sich ein Verständnis bei den Schülern eher wecken, wenn der gemeinsamen Erarbeitung eine Partnerarbeitsphase vorgeschaltet würde, in der ein thematisch und vom Aussagegehalt her ähnlicher Gegenstand zu bearbeiten wäre. In diesem Falle ist das Bild von *H.-G. Rauch* recht gut geeignet. Mit Leitfragen wie: Was ist mit dem Soldaten geschehen?, Warum ist er so abgebildet worden?, Was wird damit kritisiert?, kommen die Lernenden rasch auf den Automatismus des Kämpfens und Tötens, in den der Mensch als Teil einer lebensvernichtenden Maschinerie eingefügt ist. Mit Hilfe dieses „Interpretationsschlüssels" werden sie das *Brecht*-Lied leichter verstehen und seine formalen Eigenarten meist ohne große Lehrerhilfe und steuernde Impulse herausfinden, haben sie doch im Bild von *H.-G. Rauch* die Visualisierung des Liedes und damit einen sprachlich handhabbaren Bezugs- und Vergleichspunkt für dessen Interpretation.

c) Zu den Lernzielen 6 und 7:

Die Lernziele dieser Phase lassen sich am besten durch eine offene Gesprächsform erreichen, in der lediglich Leitfragen vorgegeben werden. Der Lehrer könnte z.B. folgende Leitfrage (über einen Tageslichtprojektor) voranstellen: Welche Soldatengruppen haben wir kennengelernt? Welche Funktionen haben die einzelnen Gruppen? Die Ergebnisse im Gesprächskreis könnte der Lehrer oder ein Lernender auf der Folie notieren und so den aktuellen Diskussionsstand visualisieren. Ist der Bereich erschöpfend behandelt worden, kann zum zweiten Punkt durch eine Leitfrage übergegangen werden: Gibt es Parallelen zu den beiden Soldatenrollen in der Berufswelt, z.B. in der Fabrik? Auch diese Ergebnisse werden notiert. Wenn der Kreis der Lernenden sehr groß ist, sollte auf schriftliche Kommunikation während des Gesprächs nicht verzichtet werden.

5 Fächerverdichtender Ansatz am Beispiel „Struktur der Gesellschaft"

5.1 Satire und Widerspiegelung der Gesellschaft

Wie wir es an mehreren Beispielen gesehen haben, können auch sehr komplexe Probleme Gegenstand der satirischen Formen sein. Diese Probleme sind zwar nur Aspekte der Wirklichkeit, durch ihre Vielschichtigkeit wird jedoch das Allgemeine hinter dem dargestellten Besonderen deutlich. Das Problem der Anpassung in der Gesellschaft hat, wie wir gesehen haben, sehr unterschiedliche Facetten. Bei genauerer Betrachtung wird jedoch das sehr wichtige, allgemeine Problem in unserer Gesellschaft recht deutlich: die funktionale Angleichung des Individuums bis hin zu seiner Liquidierung. Man kann nun die Ursachen sehen in einer Entfesselung der Produktivkräfte, die im „blinden" Selbstlauf aus der Kontrolle der Menschen geraten sind. Bei marxistischer Betrachtungsweise ist der Widerspruch zwischen Lohnarbeit und Kapital wesentliche Ursache. Das dahinter stehende Gesellschaftsbild läßt sich in Karikaturen, Satiren, satirischen Liedern spiegeln. Diese satirischen Formen sind dann nicht nur aus sich und der Beobachtung des gesellschaftlichen Umfeldes entstanden; sie sind vielmehr eng verzahnt mit kritischer Gesellschaftstheorie; sie sind die didaktische Umsetzung dieser Theorie; sie sind Aufklärung und Agitation als ästhetischer Vollzug theoretischer Vorgaben. Sie konfrontieren nicht mit Erlebnissen, Erfahrungen und Gefühlen der Rezipienten; sie spiegeln keine Bilder der vertrauten Umgebung wider. Sie sind vielmehr politische Waffe, ein Mittel, die Gesellschaft in ihrer Grundstruktur zu kritisieren und damit Gleichgesinnte in ihren Auffassungen und in ihrem politischen Kampf zu unterstützen. Sie sind intellektuell-ästhetische Fahnen, die vorangetragen werden, um die man sich sammeln kann, die politische Auffassungen ausdrücken. Sie liefern zwar keinen ursprünglichen Erkenntnisgewinn. Sie setzen aber wichtige Erkenntnisse so ins Bild, in die literarische Sprache, in die Musik, daß sie leichter, nachhaltiger, mit stärkerer Gefühlsbeteiligung verstanden und behalten werden. Die ästhetische Form ist dabei eine Möglichkeit, eine Vielzahl an Erkenntnissen und politischen Auffassungen verdichtend zusammenfließen zu lassen.

Haben wir im vorigen Abschnitt eine paßgenaue Kongruenz der verschiedenen ästhetischen Materialien vorgeführt, so geht es uns jetzt darum, die Materialien um den Bezugspunkt „Struktur der Gesellschaft" so zu gruppieren, daß in wechselseitiger Durchdringung unterschiedliche Sehweisen und Gesellschaftssysteme in ihren zeitlichen Veränderungen erfaßt werden können. Wir haben dazu zwei Materialien ausgewählt: eine Karikatur von *George Grosz:* „Der Regisseur und seine Puppen" [48] und ein satirisches Lied von *Degenhardt:* „Der anachronistische Zug oder Freiheit, die sie meinen" [49].

5.2 Die kapitalistische Gesellschaft oder Kritik der Struktur

In beiden Materialien geht es um die kapitalistische Gesellschaft, die in ihrer Struktur kritisch vorgeführt wird.

1) Auf der linken Seite des Doppelbildes von *Grosz* ist der „Regisseur", der Unternehmer – mit wenigen, kräftigen Strichen gezeichnet – abgebildet: gedrungene Körperform, stiernackig, mit großem Mund und spitzer Nase, die Augen unter den herabgezogenen Lidern kaum hervorsehend; Anzug, Fliege, Weste und Zwicker vervollständigen die Unternehmerkarikatur. Die Körperhaltung strahlt trotz Leibesfülle Dynamik aus: vorgerecktes Kinn, spitze Nase, diagonal zum Kopf verlaufende Ohrenform. Die Aufmerksamkeit des Unternehmers gilt der im Hintergrund mit einigen Strichen angedeuteten Fabrik und der in ihr beschäftigten Arbeiter. Der Unternehmer selbst arbeitet nicht. Er steht vielmehr gewichtig im Vordergrund. Mit seinen Wurstfingern hält er eine Zigarre: ein Penissymbol als Ausdruck „unternehmerischer Potenz". Mimik und Körperhaltung täuschen nicht darüber hinweg, daß dieser Unternehmer alles im Blick hat, alles kontrolliert – und das heißt auch: das Geschehen auf der rechten Seite des Bildes, dort, wo sich seine „Puppen" aufhalten: exerzierende Soldaten, ein segnender „Kriegspriester", ein monokelbewehrter Offizier, der unbeteiligt vorbeischreitet, ein toter Soldat und ein Kriegskrüppel – dies alles vor der Kulisse eines brennenden Hauses. Der Text behauptet, daß der Unternehmer einen wesentlichen Einfluß auf das Militär und die Geistlichkeit habe, macht ihn für Tote und Kriegskrüppel, für militärischen Drill, für segnende Priester bei sengenden Häusern verantwortlich. Die Karikatur läßt sich auf die Aussage komprimieren, daß die Unternehmer Schuld an Krieg und Leid sind, weil sie bestimmen, was im Staat geschieht. Die Begründung für diese Aussage leitet sich aus der kritischen Gesellschaftstheorie her: Die Unternehmer besitzen die Produktionsmittel und verfügen über sie. Sie nutzen den durch diesen Besitz bedingten Einfluß, um ihre Gewinne zu erhöhen. Kriegsrüstung ist dafür eine gute Möglichkeit. Soldaten (und auch Kriege) dienen diesem Profit. Sie sind damit nichts anderes als „Puppen" des Unternehmer-„Regisseurs", der Kriege inszeniert, um zu seinem Profit zu kommen.

Das Thema der Abhängigkeit der Menschen vom Kapital taucht in vielen Arbeiten von *George Grosz* auf [50]. In anderen Karikaturen, so z.B. „Stützen der Gesellschaft" [51] karikiert *Grosz* einzelne Teilgruppen der Gesellschaft, z.B. Offiziere, Kleinbürger, Journalisten, Priester, Lehrer, Korpsstudenten.

George Grosz: Der Regisseur

2) Um diese Teilgruppen geht es auch *Degenhart*. Er läßt sie in einem bunten Karnevalszug vor der Unternehmertribüne vorbeiziehen:

Priester, Soldaten, Richter, Professoren, Werbeleute, Journalisten, Politiker – wie bei *Grosz* sind es nur Statisten, Puppen für die wirklich bestimmenden Kräfte: die Leiter der multinationalen Konzerne. Jede Gruppe des „Überbaus" wird von *Degenhardt* einer scharfen Kritik unterzogen. Den Priestern als Wahr-

... und seine Puppen

heitsverschleierern, Lügnern und beharrenden Kräften folgen faschistische Offiziere und Geheimdienstler, die neue Raubkriege (wieder bis zum Ural) im Sinn haben. Die Verfassungsrichter berufen sich auf ein Grundgesetz, das durch seine vielen Änderungen zum Hohn geworden ist – und sind gleichwohl greisenhaft-zittrig daran fixiert. Ihnen folgen geldgierige Professoren, die sich aus Eigeninteresse gegen marxistisches Gedankengut und Mitbestimmungsforderungen zur Wehr setzen. Nicht viel besser kommen Werbeleute und

Journalisten weg: mit ihrer Käuflichkeit und Bereitschaft, das „freie Wort" jedem Zweck dienstbar zu machen. Den Politikern wird schließlich vorgeworfen, Arbeit und Kapital nur scheinbar versöhnt zu haben [52]. Diese Kritik ähnelt der im Bild von *Grosz* „Stützen der Gesellschaft" [51]: Auch in ihm werden gesellschaftliche Gruppen beißend karikiert.

Der anachronistische Zug oder Freiheit, die sie meinen

Diesmal wurd' es Herbst im Land.
Über Smog und Glasbauwand
flog das erste braune Laub,
schmutzig, welk, und wurde Staub,
als von Tälern und von Höhen,
wo die weiten Villen stehen,
pomphaft zog ein bunter Zug,
der ein breites Spruchband trug,
darauf stand in steiler Schrift,
schwarz, verwaschen und verwischt:
Freiheit.

Vorneweg in Weihrauchschwaden
Goldmonstranzen und Prälaten,
Baldachin, Brokatgewänder,
Oberhirten, Wahrheitsschänder,
halsbekrauste Theologen,
knochig, dürr und krummgelogen,
Presbyter und Synodale,
und die sangen im Chorale:
wollest vor Revolutionen,
Herr uns alle Zeit verschonen'
Freiheit.

Dann im Gleichschritt, Glied zu viere,
hohe Nato-Offiziere,
Eisenorden an den Brüsten
aus dem Raubkrieg der Faschisten.
Folgten muskulöse Nacken,
Herrn mit ausgebeulten Jacken,
BND und CIA,
und die riefen liberty,
freedom, Freiheit überall
ungeteilt bis zum Ural
Freiheit.

Dann ein paar Verfassungsrichter,
heimlich grinsende Gesichter.
Über ihren roten Roben,
hielten sie verkrampft erhoben
Grundgesetze wie zum Hohn,
hundertmal geändert schon:
Aufrüstung, Gesinnungsstrafen
bis zu Notstandsparagraphen.
Greisenzittrig riefen sie:
Freiheit und Demokratie
Freiheit.

Dann die Kultusbürokraten
warfen Eier und Tomaten.
Hinter ihnen Professoren,
Ordinarien, Rektoren
vom Bund Freiheit der Wissenschaften,
die ihre Talare rafften
mit den money-geilen Händen.
Die skandierten wie Studenten:
Haltet Wissenschaften frei
von Marx und Mitbestimmerei.
Freiheit.

Dann die Laien-Ideologen,
bunt und lustig angezogen:
Werbeleute, Intendanten,
Redakteure, Obskuranten,
die sich krumm prostituierten
und für alle Herren schmierten,
die Bestechungssummen boten.
Die mit ihren feuchten Pfoten
lobten laut das freie Wort,
hochbezahlt an jedem Ort.
Freiheit.

Na und schließlich ganz zum Schlusse
fuhr die große Staatskarosse
mit Ministern undsoweiter,
und die waren ziemlich heiter,
schwenkten ihre steifen Hüte.
Wir sind jetzt die neue Mitte,
riefen sie, es ist gelungen,
und das Band ist fest geschlungen
um Arbeit und Kapital.
Das kommt von der freien Wahl.
Freiheit.

Und vorbei an der Tribüne
zog der Zug an der Tribüne.
Und da saßen ein paar Herren,
Leiter von ein paar Konzern.
Und das waren kluge Kenner,
klardenkende, ernste Männer,
die Millionen dirigierten,
und die auch mit Weitsicht führten.
Machten keine Sprüche mit
Freiheit hieß für die Profit.
Freiheit.

Saßen da mit ernsten Mienen.
Und dann sprach einer von ihnen:
meine Herren, auf die Dauer
sind das doch nur noch Kalauer.
So was überzeugt nicht lang mehr,
dieses Stimmvieh, genannt Wähler,
die brauchen 'was aus einem Guß:
diesen Dingsbums-Sozialismus
mit dem menschlichen Gesicht
meine Herrn, sonst läuft das nicht
mehr länger mit der
Freiheit.

Ja, es wurde Herbst im Land.
Über Smog und Glasbauwand
flog das erste braune Laub
schmutzig, welk und wurde Staub.
in die Täler, auf die Höhen
wo die weiten Villen stehen,
pomphaft zog der bunte Zug.
Und der graue Herbstwind trug
Stimmen über Feld und Wald,
aber die verwehten bald.
Freiheit.

Franz Josef Degenhardt

Das satirische Lied von Degenhardt macht deutlich, wie ein wesentliches Gestaltungsprinzip unserer Gesellschaft, die Profitmaximierung, sich in den verschiedenen gesellschaftlichen Gruppen auswirkt und das menschliche Verhalten entscheidend bestimmt. Während sich das Prinzip bei den Unternehmern unbemäntelt und klar darstellt („machten keine Sprüche mit"), muß der Begriff „Freiheit" beim „Überbau" herhalten für das Recht, den Eigeninteressen hemmungslos nachzugehen. Im Vortrag des Liedes liegt daher auch deutlicher Spott in der Stimme, wenn der ideologische Schein in satirischer Form angesprochen wird: „freedom, Freiheit überall, ungeteilt bis zum Ural"; „das kommt von der freien Wahl"; „diesen Dingsbums-Sozialismus mit dem menschlichen Gesicht". Der aus dem Wort „Freiheit" gebildete Refrain wird spöttisch-lachend vorgetragen: Man kann ihn, von diesen gesellschaftlichen Gruppen *so* benutzt, nicht ernstnehmen. Die musikalische Gestalt des Liedes verstärkt den Aussagegehalt: Gleicher Aufbau der Strophen und ein fast durchgängiger Marschrhythmus unterstützen den Eindruck des Vorbeiziehens. Der Tonfall des Interpreten setzt einige Akzente, verdeutlicht den Text; so ist z. B. der den Verfassungsrichtern zugeschriebene Text: „Freiheit und Demokratie" in einem greisenzittrigen Tonfall vorgetragen; der amerikanische Akzent ist an zwei Textteilen deutlich wahrzunehmen, insbesondere an der Stelle, an der der amerikanische Konzernchef als neue „Parole" für die Bundesrepublik den „demokratischen Sozialismus" ausgibt: als Möglichkeit, Integration und Stabilität und damit auch: Profit zu gewährleisten. Aber auch das hilft auf Dauer nichts.
Es wurde „Herbst im Land", der Kapitalismus geht seinem Ende entgegen. Die Vorboten erreichen die „Höh'n, wo die weiten Villen steh'n". Die Versuche, über die „Stützen der Gesellschaft", über Integrationsideologien die Weiterentwicklung aufzuhalten, „verwehen bald".

Grosz-Karikatur und *Degenhardt*-Lied gleichen sich in der Kapitalismus-Kritik, obschon sie unterschiedlichen historischen Gegebenheiten entstammen. Ist das Gesellschaftsbild von *Grosz* noch vom „freien Unternehmertum" geprägt, das den 1. Weltkrieg verursacht und verschuldet hat und von daher zu kritisieren war, liefert *Degenhardt* eine Bestandsaufnahme der Struktur unserer heutigen Gesellschaft. Seine Kritik trifft weniger die Machthaber, die, geleitet vom Profitprinzip, als „kluge Kenner, klardenkende, ernste Männer" eingeschätzt werden und denen attestiert wird, daß sie mit Weitsicht führen. Er wendet sich vielmehr aggressiv gegen die Repräsentanten des „Überbaus", gegen ihre Verlogenheit, ihre Verdummungspolitik, ihre Geldgier, ihr faschistisches Bewußtsein und ihre falschen Versöhnungsgesten. Damit ist im Vergleich zu *Grosz* eine Entwicklung gekennzeichnet, die den einzelnen „freien Unternehmer" zugunsten multinationaler Konzerne zurücktreten läßt mit der Folge, daß die „Bewußtseinsindustrie" in gleicher Weise an Bedeutung wie an Verlogenheit zugenommen hat, daß die „Stützen der Gesellschaft" viel stärker mit dem produzierten „falschen Bewußtsein" verwoben sind als etwa zur Zeit der Weimarer Republik.

5.3 Didaktischer Kommentar

Inhaltliches Ziel dieses Abschnitts ist die Auseinandersetzung mit der Struktur der Gesellschaft.

1 Die Lernenden können in einem Gespräch darüber diskutieren, in welcher Gesellschaft sie leben, welches die bestimmenden Kräfte sind, wie Kirche, Militär, Kulturbetrieb und politische Führung einzuschätzen sind. Dabei können sie die Struktur der Gesellschaft in der Weimarer Republik mit der heutigen Situation vergleichen.

Als Stimulus für diese inhaltliche Auseinandersetzung dienen die Karikatur von *Grosz* und das satirische Lied von *Degenhardt*. Die inhaltlichen Aussagen beider Werke sollten wie ein Diskussionsbeitrag in die Erörterung einbezogen werden. Die Lernenden sollen sich kritisch mit diesen Auffassungen auseinandersetzen und sie nicht ungeprüft übernehmen.

Es wäre inhaltlich und didaktisch verfehlt, diese beiden Werke wie stichhaltige Aussagen über Gesellschaft vorzustellen. Es ist nicht „die Wahrheit" schlechthin, die in ihnen aufscheint, sondern eine bestimmte, parteiliche. Der immanenten Interpretation der beiden Werke muß daher die Frage nach der Richtigkeit und Stimmigkeit des Aussagegehalts folgen. Eine noch so gelungene Satire befreit nicht vom kritischen Akt des Denkens, zu überprüfen, ob die Kritik der Satire richtig, angemessen und begründet ist. Dies erfordert eine sorgfältige Untersuchung beider Werke.

2 Die Lernenden können die Kernaussage und den Gegenstand der Grosz-Karikatur benennen. Sie können beschreiben, wie die abgebildeten Personen charakterisiert werden und wie sie zueinander in Beziehung stehen bzw. durch den Text in Beziehung gebracht werden.

3 Die Lernenden können die Kernaussage und den Gegenstand der Kritik in dem Degenhardt-Lied benennen. Sie können wiedergeben, wie die einzelnen Personengruppen charakterisiert werden und wie sie zueinander in Beziehung stehen.

Es empfiehlt sich, den inhaltlichen Bereich zu erweitern und, je nach Interesse und Fähigkeit der Lerngruppe, weitere Materialien einzubeziehen. Zu denken wäre zunächst an das *Grosz*-Bild „Stützen der Gesellschaft" [51]. Da es die Kritik an bestimmten gesellschaftlichen Gruppen zum Inhalt hat, kann es sowohl in Verbindung zur *Grosz*-Karikatur, als auch zum *Degenhardt*-Lied erörtert werden. Als Kontrast zum *Degenhardt*-Lied, als Vergleich zwischen BRD und DDR empfiehlt sich das satirische Lied von *Biermann:* „In China hinter der Mauer" [53]. Dieses Lied übt massive Kritik an der politischen Führung in der DDR; es ist keine Kritik der Struktur der Gesellschaft, sondern eher eine Kritik der Machthaber. Die Struktur der amerikanischen Gesellschaft erschließen Karikaturen von *Cobb* [54]. Neben diesen Werken kann es sinnvoll sein, weitere Materialien zur inhaltlichen Problematik (z. B. Sachtexte, Fotos, Statistiken) einzubeziehen.

Diese Materialanreicherung verhilft den Lernenden, das Thema „Struktur der Gesellschaft" vielschichtig kennenzulernen. Zugleich werden Aspekte des Themas durch den unterschiedlichen Materialzugang deutlicher konturiert, weil die einzelnen Materialien sich wechselseitig ergänzen, bestätigen und „interpretieren": Die Beteiligten des „anachronistischen Zuges" z. B. tauchen als Karikaturen in „Die Stützen der Gesellschaft" auf und geben Text, Sprache und Musik damit bildhafte Gestalt – in der Grundauffassung über die Struktur der Gesellschaft bestätigen sich *Grosz* und *Degenhardt* wechselseitig. Die unterschiedlichen Akzente, die die Künstler setzen, erklären sich aus der veränderten historischen Situation.

Die intensive, fächerverdichtende, themenbezogene Arbeit an den verschiedenen Materialien rüstet die Lernenden mit Kenntnissen und Fähigkeiten aus, die Diskussion über die Struktur der Gesellschaft, über wichtige gesellschaftliche Gruppen und ihre Beziehungen zueinander, zu führen.

5.4 Methodische Überlegungen

Wichtiges Anliegen ist es, die Materialien so zueinander in Beziehung und in eine Abfolge zu setzen, daß sowohl diese Materialien verstanden als auch

Kenntnisse über das Thema „Struktur der Gesellschaft" gewonnen werden. Damit schafft man eine doppelte Verankerung für die vorgesehene Diskussion.

a) Zum Lernziel 2:

Zu Beginn ist eine längere Gruppenarbeitsphase angebracht. In arbeitsteiligem Gruppenunterricht untersuchen die Lernenden anhand einer gezielten Aufgabenstellung die Karikatur von *Grosz*.

Gruppe 1: Findet heraus, wer George Grosz war, welche politische Überzeugung er hatte, welche künstlerischen Arbeiten von ihm angefertigt wurden. In welcher Zeit lebte George Grosz? Welche politischen Ereignisse und Zustände haben seine Arbeiten im wesentlichen beeinflußt?
(Der Gruppe sollten vorbereitete Texte, biographische Daten und Bildbände zur Verfügung gestellt werden.)

Gruppe 2: Bitte untersucht die Karikatur von George Grosz: „Der Regisseur und seine Puppen" unter dem Gesichtspunkt, wer auf der Karikatur abgebildet ist, wie die einzelnen Menschen charakterisiert sind und in welchen Beziehungen sie zueinander stehen.

Gruppe 3: Wen meint Grosz mit dem „Regisseur und seinen Puppen"? Welche politische Auffassung von der Gesellschaft steckt dahinter? Teilt ihr diese Auffassung?

Die Ergebnisse der Gruppenarbeit werden anschließend in Austauschgruppen vorgestellt und diskutiert. Ein Gespräch über die politische Situation in der Weimarer Republik und das in der Karikatur ausgedrückte Gesellschaftsbild schließt sich an.

b) Zum Lernziel 3:

Für das *Degenhardt*-Lied gestaltet sich die Erarbeitung relativ problemlos, wenn zunächst der Text allein untersucht wird. In Partnerarbeit/Stillarbeit könnten die Lernenden anhand des Liedtextes die wesentlichen Aussagen herausschreiben. Ein Arbeitsblatt kann dabei eine gute Hilfe sein:

Bitte untersucht den Text vom Degenhardt-Lied insbesondere nach folgenden Gesichtspunkten:
1. Welche gesellschaftlichen Gruppen kommen in dem Lied vor?
2. Wie werden sie charakterisiert?
3. In welcher Beziehung stehen sie zueinander?

4. Welches Gesellschaftsbild steckt hinter dem Liedtext?
5. Bestehen Parallelen zur Karikatur von George Grosz?

Dem Vergleich und der Diskussion der Ergebnisse schließt sich die Untersuchung der musikalischen Fassung des Liedes an. Hierzu können einzelne „Höraufgaben" verteilt werden: Rhythmus, Akzent, Tonfall, Besonderheiten des Refrains.

Je nach Interesse der Lernenden kann in projektorientierter Arbeitsweise das Thema „Struktur der Gesellschaft" weiter bearbeitet werden. Eine Gruppe könnte sich z.B. intensiver mit weiteren Arbeiten von *Grosz* auseinandersetzen. In einer anderen Gruppe stünde die Struktur der Gesellschaft anhand einiger Arbeiten von *Cobb* im Mittelpunkt. Musikalisch interessierte Lernende könnten sich mit Liedern von *Biermann* auseinandersetzen und Aussage und musikalische Gestaltung mit dem *Degenhardt*-Lied vergleichen. In einer anderen Gruppe würden Informationen über die Struktur der Gesellschaft anhand von Sachtexten und Statistiken erarbeitet. In welcher Form der Austausch der Ergebnisse stattfindet, hängt stark von den gewählten Schwerpunkten, der zur Verfügung stehenden Zeit und den Interessen der Lernenden ab. Auf jeden Fall sollte ein längeres Gespräch die inhaltliche Seite des Lernprozesses abrunden.

c) Zum Lernziel 1:

Dem Gespräch sollten Leitfragen vorweggestellt werden, z.B.
– In welcher Gesellschaft leben wir?
– Welche Kräfte bestimmen das Geschehen in dieser Gesellschaft?
– Warum ist das so?
– Welche Bedeutung haben Kirche, Militär, Kulturbetrieb und politische Führung in unserer Gesellschaft?
– Hat sich die Struktur der Gesellschaft seit der Weimarer Republik entscheidend geändert? In welchen Punkten?

An dem Gespräch sollten grundsätzlich alle Lernenden beteiligt sein. Bei größeren Gruppen empfiehlt sich schriftliche Kommunikation während des Gesprächs. Bei stark kontroversen Auseinandersetzungen kann eine Podiumsdiskussion zwischen einigen der Lernenden sinnvoll sein. Die Diskussion bleibt dann lebendig, Argument und Gegenargument folgen unmittelbar, ohne durch eine lange Rednerliste zu sehr voneinander getrennt zu werden. Bilden sich in der Diskussion deutlich Redner und Nichtredner heraus, kann die Diskussionsbasis durch die Innenkreis/Außenkreis-Methode verbreitet werden: Die Lernenden, die von sich meinen, bislang zu wenig zum Gespräch beigetragen zu haben, bilden einen Innenkreis, der diskutiert. Der Außenkreis hört zu (u.U.

schriftliche Kommunikation). Sobald einer im Innenkreis meint, genug gesagt zu haben, wechselt er seinen Platz und geht in den Außenkreis. Jemand aus dem Außenkreis kann sich nun auf den freigewordenen Platz im Innenkreis setzen und mitdiskutieren. Die Diskussion kann durch „Einlagen" aufgelockert und stimuliert werden. Diese „Einlagen" werden von Teilgruppen vor dem Gespräch vorbereitet. Dies könnten z. B. sein: ein einstudierter Sketch zur gerade diskutierten Problematik; auf Tonband aufgezeichnete Interviews mit Mitschülern, Passanten, Lehrern, Eltern zur anstehenden Problematik. Die Ergebnisse der Diskussion und wesentliche Argumente sollten an der Tafel bzw. auf Tageslichtfolie festgehalten werden, um ermüdende Wiederholungen in der Diskussion zu vermeiden.

Vierter „Baustein"

Satire und Zensur

1 Didaktische Leitvorstellungen

Dieser „Baustein" ist zunächst eine Fortführung des fächerverdichtenden Ansatzes, diesmal bezogen auf das Problem der Zensur. Mit diesem Problemschwerpunkt wird der erste „Baustein" in seinen politischen Aspekten vertieft: Wesen und Wirkung der Satire wird nun auf dem Hintergrund gesellschaftlicher Prozesse betrachtet. Dabei ist die politische Wirkung der Satire deutlicher Schwerpunkt dieses „Bausteins". Die Satire wird als „Meßsonde" für die Beschaffenheit der Gesellschaft angesehen: Die Reaktionen auf die Satire sind Widerspiegelungen der Gesellschaft, geben Aufschluß darüber, wie die Gesellschaft unterhalb der Oberfläche ihres festgefügten Selbstverständnisses beschaffen ist.

Zunächst sollen sich die Lernenden mit Materialien auseinandersetzen, in denen die Wirkungen der Satire auf das Publikum thematisiert werden. Bereits die Publikumsreaktionen können einen guten Einblick geben in das Denken und Verhalten von Menschen in einer konkreten Gesellschaft. Die Lernenden werden sich zu fragen haben, wie die Gesellschaft beschaffen sein muß, damit solche Wirkungen der Satire beim Publikum möglich werden. Diese Frage gilt verschärft für den darauf folgenden Abschnitt, in dem der politische Kampf gegen die Satire untersucht werden soll. Die Satiren und die Dokumentation des politischen Kampfes gegen diese Satiren vermitteln Einblicke in die Gesellschaftsstruktur. Gleichzeitig werden die Lernenden befähigt, die Wirkungen ihrer eigenen Satiren besser abzuschätzen und die Reaktionsbereitschaft ihrer Umgebung in die Überlegungen zu Ausstellungsprojekten einzubeziehen.

2 Satire und Publikum

2.1 Was will die Satire, was das Publikum?

Der Text von *Tucholsky:* „Was darf die Satire?" [1] führt in die Problematik dieses „Bausteins" ein und knüpft zugleich an den ersten „Baustein" an: Er verdeutlicht noch einmal, was wesentliches Charakteristikum der Satire ist und warum die Satire politisch bekämpft wird.

„Satire scheint eine durchaus negative Sache. Sie sagt: ‚Nein!'" Das liegt daran, daß der Satiriker ein gekränkter Idealist ist: „Er will die Welt gut haben, sie ist schlecht, und nun rennt er gegen das Schlechte an." Der Satiriker hebt „den Vorhang auf, der schonend über die Fäulnis gebreitet war"; er „bläst die Wahrheit auf, damit sie deutlicher wird", er übertreibt, muß übertreiben. Satire ist daher „ihrem tiefsten Wesen nach ungerecht". Daher „gilt noch heute, daß halb Deutschland auf dem Sofa sitzt und übel nimmt, wenn einer bei uns einen guten politischen Witz macht". Der folgende Abschnitt bringt reichlich Belege dafür. Es wird immer noch gleich aufgebegrt, wenn einer politische Parteien oder Politiker satirisch „auf die Hörner nimmt". Man ist verletzt, empört, gekränkt, ruft nach dem Richter oder bemüht gar das Parlament. Es gilt noch heute das *Tucholsky*-Wort, daß bei uns im öffentlichen Leben ein reinerer Wind wehte, wenn nicht alle Übel nähmen.

Was darf die Satire?

Frau Vockerat: „Aber man muß doch seine Freude haben können an der Kunst."
Johannes: „Man kann viel mehr haben an der Kunst als seine Freude."
Gerhart Hauptmann

Wenn einer bei uns einen guten politischen Witz macht, dann sitzt halb Deutschland auf dem Sofa und nimmt übel.

Satire scheint eine durchaus negative Sache. Sie sagt: „Nein!" Eine Satire, die zur Zeichnung einer Kriegsanleihe auffordert, ist keine. Die Satire beißt, lacht, pfeift und trommelt die große, bunte Landsknechtstrommel gegen alles, was stockt und träge ist.

Satire ist eine durchaus positive Sache. Nirgends verrät sich der Charakterlose schneller als hier, nirgends zeigt sich fixer, was ein gewissenloser Hanswurst ist, einer, der heute den angreift und morgen den.

Der Satiriker ist ein gekränkter Idealist: er will die Welt gut haben, sie ist schlecht, und nun rennt er gegen das Schlechte an.

Die Satire eines charaktervollen Künstlers, der um des Guten willen kämpft, verdient also nicht diese bürgerliche Nichtachtung und das empörte Fauchen, mit dem hierzulande diese Kunst abgetan wird.

Vor allem macht der Deutsche einen Fehler: er verwechselt das Dargestellte mit dem Darstellenden. Wenn ich die Folgen der Trunksucht aufzeigen will, also dieses Laster bekämpfe, so kann ich das nicht mit frommen Bibelsprüchen, sondern ich werde es am wirksamsten durch die packende Darstellung eines Mannes tun, der hoffnungslos betrunken ist. Ich hebe den Vorhang auf, der schonend über die Fäulnis gebreitet war, und sage: „Seht!" – In Deutschland nennt man dergleichen „Kraßheit". Aber Trunksucht ist ein böses Ding, sie schädigt das Volk, und nur schonungslose Wahrheit kann da helfen. Und so ist das damals mit dem Weberelend gewesen, und mit der Prostitution ist es noch heute so.

Der Einfluß Krähwinkels hat die deutsche Satire in ihren so dürftigen Grenzen gehalten. Große Themen scheiden nahezu völlig aus. Der einzige „Simplicissimus" hat damals, als er noch die große, rote Bulldogge rechtens im Wappen führte, an all die deutschen Heiligtümer zu rühren gewagt: an den prügelnden Unteroffizier, an den stockfleckigen Bürokraten, an den Rohrstockpauker und an das Straßenmädchen, an den fettherzigen Unternehmer und an den näselnden Ofizier. Nun kann man gewiß über all diese Themen denken wie man mag, und es ist jedem unbenommen, einen Angriff für ungerechtfertigt und einen anderen für übertrieben zu halten, aber die Berechtigung eines ehrlichen Mannes, die Zeit zu peitschen, darf nicht mit dicken Worten zunichte gemacht werden.

Übertreibt die Satire? Die Satire muß übertreiben und ist ihrem tiefsten Wesen nach ungerecht. Sie bläst die Wahrheit auf, damit sie deutlicher wird, und sie kann gar nicht anders arbeiten als nach dem Bibelwort: Es leiden die Gerechten mit den Ungerechten.

Aber nun sitzt zu tiefst im Deutschen die leidige Angewohnheit, nicht in Individuen, sondern in Ständen, in Korporationen zu denken und aufzutreten, und wehe, wenn du einer dieser zu nahe trittst. Warum sind unsere Witzblätter, unsere Lustspiele, unsere Komödien und unsere Filme so mager? Weil keiner wagt, dem dicken Kraken an den Leib zu gehen, der das ganze Land bedrückt und dahockt: fett, faul und lebenstötend.

Nicht einmal dem Landesfeind gegenüber hat sich die deutsche Satire herausgetraut. Wir sollten gewiß nicht den scheußlichen unter den französischen Kriegskarikaturen nacheifern, aber welche Kraft lag in denen, welch elementare Wut, welcher Wurf und welche Wirkung! Freilich: sie scheuten vor gar nichts zurück. Daneben hingen unsere bescheidenen Rechentafeln über U-Boot-Zahlen, taten niemandem etwas zuleide und wurden von keinem Menschen gelesen.

Wir sollten nicht so kleinlich sein. Wir alle – Volksschullehrer und Kaufleute und Professoren und Redakteure und Musiker und Ärzte und Beamte und Frauen und Volksbeauftragte – wir alle haben Fehler und komische Seiten und kleine und große Schwächen. Und wir müssen nun nicht immer gleich aufbegehren („Schlächtermeister, wahret eure heiligsten Güter!"), wenn einer wirklich einmal einen guten Witz über uns reißt. Boshaft kann er sein, aber ehrlich soll er sein. Das ist kein rechter Mann und kein rechter Stand, der nicht einen ordentlichen Puff vertragen kann. Er mag sich mit denselben Mitteln dagegen wehren, er mag wiederschlagen – aber er wende nicht verletzt, empört, gekränkt das Haupt. Es wehte bei uns im öffentlichen Leben ein reinerer Wind, wenn nicht alle übel nähmen.

So aber schwillt ständischer Dünkel zum Größenwahn an. Der deutsche Satiriker tanzt zwischen Berufsständen, Klassen, Konfessionen und Lokaleinrichtungen einen ständigen Eiertanz. Das ist gewiß recht graziös, aber auf die Dauer etwas ermüdend. Die echte Satire ist blutreinigend: und wer gesundes Blut hat, der hat auch einen reinen Teint.

Was darf die Satire?

Alles.

Ignaz Wrobel (1919) (Kurt Tucholsky)

Degenhardt führt in seinem Lied: „Große Schimpflitanei" [2] vor, welche Publikumsreaktionen die Satire auslösen kann: bei „Antikommunisten", „überzeugten Kommunisten", „Staats-Schützern" und Neidern.

Große Schimpflitanei
zusammengestellt aus den zahlreichen Schreiben an den Dichter und Sänger

1. Gesang
Lieber Doktor Degenhardt
Drecksau mit dem Ulbricht-Bart
Zonenknecht Sowjetspion
warte nur dich kriegen wir schon
rote Wanze Schweinehund
Jauche spritzt aus deinem Mund
Abschaum von der schlimmsten Art
Gaskammer für Degenhardt
Stalin-Bolsche-Kommunist
daß du bald verrecket bist.

2. Gesang
Sprücheklopfer und Ästhet
ohne Progressivität
kleiner Hofnarr Bürgersohn
hast nur Alibifunktion
Konterrevolutionär
Feigling Spießer Kleinbürger
auf dem Einzelgängertrip
mit der Klampfenpolitik
mieser Traditionalist
daß du bald verrecket bist.

3. Gesang
Sehr geehrter Linksanwalt
gehörst ganz einfach abgeknallt
superkrimineller Star
Gangster im Gerichtstalar
Sprengstoffdealer Bombenfranz
Meinhoffbummser ab den Schwanz
rote Advokatensau
hau ich dir die Fresse blau
Anarchist und Linksfaschist
daß du bald verrecket bist.

4. Gesang
Etablierter Millionär
wo sind deine Kohlen her
hast 'ne Villa im Tessin
und 'nen Puff in Westberlin
fährst 'n roten Cadillac
fette Laus am Wohlstandssack
die vom Sozialismus singt
und dabei Champagner trinkt
Ausbeuter Kapitalist
daß du bald verrecket bist.

Abgesang
Meinem alten Schutzpatron
Dieb und Dichter Franz Villon
sing' ich oft aus seinem Grab
lacht der sich die Eier ab
über diese Litanei
und dann singen wir zu zweit:
wenn ich an dem Galgen häng
und mir wird der Hals zu eng
weiß nur ich wer da so log
und wie schwer der Arsch mir wog.

Alle im Lied zitierten Gruppen beurteilen die Satire über den Zaun ihres eigenen, engen Denkens und Wertens und reagieren mit verbaler Aggressivität auf alles, was anders ist und anders denkt oder gar das eigene Selbstverständnis kritisiert. Während der Satiriker „seine" Wahrheit aufbläst, damit sie deutlich wird, verlangt das Publikum die Bestätigung eigenen Denkens und eigener Werthaltungen. Damit ist der Konflikt schon vorprogrammiert. Ein gutes Beispiel sind die Publikumsreaktionen auf die *Breschnew*-Karikatur von

Mulatier im „Stern" (s. „Baustein" 2, Abschnitt 3.3). Die offensichtlich *nicht-*satirische Karikatur wird unter dem Gesichtspunkt untersucht, ob und inwieweit das Bild den eigenen politischen Vorstellungen dient oder nicht – gleichgültig, welche Vorstellungen und Absichten sich dahinter verbergen. Nicht Verständnis kennzeichnet diese Art des Zugangs, sondern die Absicht, die Karikatur in den eigenen Verwertungszusammenhang einzubeziehen und sie von daher nicht

Kurt Halbritter: „Sing doch nochmal den Song von den Reichen am Kamin, der paßt so richtig auf meinen Nachbarn, diesen Angeber."

nach ihrem Aussagegehalt, sondern von ihrem Nutzen bzw. Schaden zu beurteilen.

Ein Beispiel für eine Möglichkeit, sich Satiren folgenlos einzuverleiben, gibt *Halbritter* in seiner Karikatur: „Sing doch nochmal den Song..." [3]. Eine Party-Gesellschaft umlagert lässig einen Kamin. Der Sänger wird aufgefordert: „Sing doch nochmal den Song von den Reichen am Kamin, der paßt so richtig auf meinen Nachbarn, diesen Angeber." Rechts im Bild angeordnet sind die Gäste mit gelangweilt-spöttischen Gesichtern. Sie sind dem Sänger (links im Bild) diagonal gegenübergestellt. Der Sänger, im Vordergrund, mit dem Rücken zum Betrachter, in dunkler Kleidung und stehend, bildet einen deutlichen Kontrast zu den Gästen, die teils sitzen, teils liegen, teils stehen, überwiegend dem Betrachter zugewandt sind und an der rechten Bildfläche tiefenräumlich sich staffeln. Warum sind Sänger und Gäste so deutlich voneinander unterschieden dargestellt? Mag sein, daß der Sänger durch seine Lieder aus „linker" Überzeugung die „dunklen Seiten" der Gesellschaft bewußt machen will. Die Gäste stehen „rechts" und denken „rechts", lassen sich gelangweilt-amüsiert unterhalten. Der Inhalt der „Unterhaltung" geht folgenlos an ihnen vorbei, berührt sie nicht. Die kritischen Inhalte werden konsumiert, nicht auf einen selbst und die eigene Situation bezogen. Vielmehr bewirken sie einen „projektiven Abwehrmechanismus": nicht sie selbst sind gemeint, sondern der Nachbar. Damit wird die Brisanz des Liedes entschärft und als amüsante Unterhaltung konsumiert. Das, was die Satire ursprünglich wollte, wird von den Publikumserwartungen überformt und folgenlos; „genießbar" fürs Publikum.

2.2 Didaktischer Kommentar

Dieser Abschnitt soll das Verhältnis zwischen der Eigenart der Satire und den Publikumserwartungen den Lernenden bewußt machen. Dabei sollen Publikumsreaktionen als Abwehr der kritischen Bestandteile von Satiren erkannt werden. Neben der offenen Abwehr, die sich in verbaler Aggression äußern kann, sollen die Lernenden sich auch mit verdeckteren Abwehrformen auseinandersetzen. Als Medium dieser Auseinandersetzung und Untersuchung dienen drei unterschiedliche satirische Werke, die zunächst interpretatorisch erschlossen werden müssen.

1 Die Lernenden können anhand des Tucholsky-Textes „Was darf die Satire?" die wesentlichen Charakteristika der Satire bezeichnen.

2 Sie können anhand des Textes Publikumsreaktionen auf Satiren einschätzen und beurteilen sowie zur Frage „Was darf die Satire?" eine eigene Meinung abgeben und begründen.

3 Sie können Besonderheiten des Textes (z. B. witzige und ungewöhnliche Formulierungen und Bilder, überraschende Auffassungen) herausstellen und ihre Funktion bezeichnen.

4 Sie können anhand des Liedtextes „Große Schimpflitanei" die verschiedenen politischen „Richtungen" bezeichnen, die Degenhardt-Satiren kritisieren.

5 Sie können die wesentlichen „Anwürfe" der verschiedenen politischen „Richtungen" bezeichnen, die Degenhardt-Satiren kritisieren. Sie können die hinter diesen „Verbal-Radikalismen" steckenden Werthaltungen und Auffassungen charakterisieren.

6 Sie können den wesentlichen Aussagegehalt und wesentliche bildnerische Bestandteile der Halbritter-Karikatur bezeichnen sowie die im Bild dargestellte Publikumsreaktion als projektiven Abwehrmechanismus verstehen.

Diese verschiedenen Ziele sollen helfen zu verstehen, wie sich Wesen und Wirkungsabsicht von Satiren mit den Publikumserwartungen in Beziehung setzen und zu bestimmten Publikumsreaktionen führen. Diese Publikumsreaktionen sind wiederum ein Indiz dafür, wie diese Gesellschaft unterhalb der festgefügten Ordnung des Zusammenlebens beschaffen ist. Damit besitzt dieser Abschnitt im Gesamtgefüge des „Bausteins" einen Wert auch für den folgenden Abschnitt: Er liefert den Lernenden wichtige Grundeinsichten bei der Beurteilung des politischen Kampfes gegen die Satire.

2.3 Methodische Überlegungen

Die satirischen Formen erfordern, wenn sie als Mittel der Erkenntnis dienen sollen, sowohl eine Durchdringung ihrer ästhetischen Qualitäten, als auch eine Auseinandersetzung, Problematisierung und Vertiefung ihrer inhaltlichen Seite. Als Ausgangspunkt ist der *Tucholsky*-Text: „Was darf die Satire?" gut geeignet, weil sich an ihm Wesen und Konfliktpotential der Satire erkennen läßt.

a) Zu den Lernzielen 1, 2 und 3:

Zu Beginn könnte in einem kurzen Gespräch noch einmal rekapituliert werden, was eine Satire ist, was ihre hervorstechenden Merkmale sind. Der *Tucholsky*-Text sollte dann von allen Lernenden still für sich gelesen werden. Ein Fragebogen könnte für die Lernenden eine Rückkopplungsmöglichkeit bieten, ob sie den Text verstanden haben:

Bitte lies den Text sorgfältig durch und unterstreiche die Teile, die dir wichtig erscheinen. Bitte versuche danach, die folgenden Fragen zu beantworten:
1. Welches sind für Tucholsky die wesentlichen, charakteristischen Eigenarten der Satire?
2. Warum stößt die Satire (insbesondere in Deutschland) auf Widerstand des Publikums?
3. Wie sollte nach Tucholsky das Verhalten des Publikums gegenüber der Satire sein? Warum?
4. Bitte nenne Beispiele für die Besonderheiten des Textes (z.B. witzige und ungewöhnliche Formulierungen und Bilder, überraschende Auffassungen).

Nach der Stillarbeitsphase könnte die gemeinsame Erarbeitung durch das Vorspielen des Textes [1] begonnen werden. Anhand des Fragebogens werden die Ergebnisse ausgetauscht. Das Herausstellen der formalen Besonderheiten des Textes, die Untersuchung der Funktionen dieser Besonderheiten und evtl. auch der Art, wie der Text vom Interpreten gesprochen wurde, sind weitere Punkte der gemeinsamen Arbeit am Text. Bei Interesse der Lernenden könnte die Problematik anhand zweier weiterer *Tucholsky*-Texte vertieft werden: „Publikum" und „Politische Satire" [1]. Dazu bietet sich arbeitsteiliger Gruppenunterricht an. Am Ende der Lernphase könnten in einer Diskussion zum Thema „Was darf die Satire?" eigene Auffassungen der Lernenden ausgetauscht werden.

b) Zu den Lernzielen 4, 5, und 6:

Auch hier sollten die Lernenden zunächst am Text arbeiten und anhand einer gezielten Aufgabenstellung die verschiedenen politischen „Richtungen" bezeichnen, von denen die Degenhardt-Satiren kritisiert werden. In einer gemeinsamen Erörterung werden die Ergebnisse in einem Schaubild zusammengefaßt und durch die „Verbal-Radikalismen" und ihre Werthaltungen ergänzt. Das Schema eines solchen Schaubildes könnte wie folgt aussehen:

Politische Richtung	*Schimpflitanei*	*Werthaltung*
„Antikommunist"	rote Wanze, Drecksau mit dem Ulbricht-Bart, Zonenknecht, Sowjetspion	Vernichtung der „Kommunisten"

Anhand dieses Schemas könnten in kleineren Gruppen Einzelfragen erörtert werden: (a) Was ist der wesentliche Aussagegehalt des *Degenhardt*-Liedes? (b) Warum zitiert *Degenhardt* in seinem Lied derart massive Publikumsproteste? (c) Welche Rückschlüsse auf die Beschaffenheit der Gesellschaft lassen die in dem Lied zitierten Publikumsreaktionen zu? Diese einzelnen Fragen überlappen sich, lassen unterschiedliche Zugangsweisen zur gesellschaftlichen Problematik des Liedes zu. Zwischen dieser Phase der Gruppenarbeit und dem nachfolgenden Austausch der Ergebnisse könnte man das Lied erstmalig vorspielen. Die musikalische Fassung kann die weitere Auseinandersetzung mit dem Lied stimulieren, neue Aspekte eröffnen und methodisch einen guten Auftakt für den Austausch der Gruppenergebnisse bieten. Dieser Austausch läßt sich gut in Form einer lockeren Diskussion durchführen, zu der die einzelnen Teilgruppen ihre Arbeitsergebnisse einbringen können.

c) Zum Lernziel 7:

Im Gegensatz zur massiv-feindlichen, aggressiven Reaktion des Publikums wird im *Halbritter*-Bild die Kritik projektiv umgelenkt. Diesen Mechanismus werden die Lernenden bei Betrachtung der Karikatur rasch erfassen können. Um die Karikatur auch in ihrem bildnerischen Bestand zu erfassen und diesen mit dem Aussagegehalt zu verbinden, ist eine etwas intensivere Auseinandersetzung notwendig. Hierfür bietet sich arbeitsgleicher Gruppenunterricht an, für den ein Arbeitsbogen den Lernenden zur Verfügung gestellt werden sollte:

Bitte untersucht die vorliegende Karikatur von *Halbritter* nach folgenden Gesichtspunkten:
1. Bitte beschreibt das Bild. Was ist abgebildet? Welche Personen enthält die Karikatur?
2. Wie ist das Bild aufgebaut? Wie sind die einzelnen Personen bildnerisch charakterisiert? Unterscheidet sich der Sänger von seinem Publikum? Wodurch?
3. Was geschieht in dem Bild? Wie verhalten sich die Beteiligten? Was verrät ihr Gesichtsausdruck?
4. In welchem Zusammenhang stehen Bild und Text? Inwieweit ergänzen sie sich? Worauf läßt der Text schließen?
5. Was wird mit der Karikatur kritisiert? Welche Rückschlüsse läßt die Karikatur auf die Verfassung unserer Gesellschaft und bestimmter Gesellschaftsschichten zu? Welchen Stellenwert haben Satiren im Rahmen dieser Gesellschaft und dieser Schichten?

Der Austausch der Gruppenergebnisse ist bei arbeitsgleichem Gruppenunterricht relativ unproblematisch, da ja alle zum gleichen Thema gearbeitet haben. Gleichwohl kann es notwendig werden, bestimmte Aspekte in besonderer Weise deutlich zu machen. In diesem Falle wären Rollenspiele recht gut geeignet. So könnte man z.B. das Problem der Projektion durch Nachspielen der Karikatur verdeutlichen und durch weitere Beispiele vertiefen.

3 Politischer Kampf gegen die Satire

3.1 Fallstudien

Jeder Satiriker steht zwischen der Gefahr der Nichtbeachtung und der Gefahr der Zensur. Sobald der Satiriker „Namen, Anschrift und Gesicht" der Kritisierten nennt und dies öffentlich verbreitet, wird übelgenommen, entwickelt sich politischer Kampf.

Ein sehr bekanntes Beispiel stammt aus dem vorigen Jahrhundert. 1831 erschien in der französischen Zeitschrift „La Caricature" eine Zeichnung von *Philipon*, die den Titel „Der Gipser" trägt und die sich kritisch mit der Rolle des „Bürgerkönigs" Louis-Philippe auseinandersetzt. Die Zeichnung wurde beschlagnahmt. In einem Gerichtsverfahren wegen „Majestätsbeleidigung" fertigte *Philipon* zu seiner Verteidigung eine Zeichnung an, die vier Köpfe zeigt: Porträts des Königs, die sich bis zur vierten Zeichnung zu einer Birne mit knapp angedeuteten Gesichtszügen vereinfachen. Diese Birne wurde Symbol der Monarchie („Birnenkönig") und stand im Mittelpunkt weiterer Arbeiten französischer Karikaturisten [4].

Ähnlich spektakulär gestaltet sich die politische Auseinandersetzung um die Fotomontagen von *Klaus Staeck*. Hierüber ist bereits sehr viel geschrieben und berichtet worden. *Gunther Otto* [5] hat in seiner Didaktik darüber berichtet und Unterrichtsmaterialien bereitgestellt. Hinzuweisen bleibt noch auf zwei neuere Zeitungsartikel, die sich durch ihre Ausgewogenheit und Meinungsvielfalt auszeichnen und von daher für eine Fallstudie in besonderer Weise geeignet sind [6].
Die Dokumentation von *Stefan Aust:* „Zensur, Satire, Ironie und tiefere Bedeutung" [7] enthält nicht nur Belege dafür, wie der politische Kampf gegen den Künstler (in diesem Falle: *Ernst Volland*) geführt wird, sondern auch, wie davon Lehrer, Schüler und andere Abnehmer bzw. Verwender der satirischen Arbeiten betroffen werden. Für aktionale Lernprozesse (z.B. Planspiel, Planspieldiskussion) gewinnt die Dokumentation durch den Abdruck von Gutachten an zusätzlichem Wert.

Aber nicht nur die Werke bekannter Karikaturisten lösen Reaktionen der sich betroffen Fühlenden aus. Dies gilt auch für Arbeiten von relativ Unbekannten, z.B. Studenten; insbesondere sind Folgen dann zu erwarten, wenn diese Karikaturen als Ausdrucksformen einer politischen Auffassung öffentlich zur Schau gestellt werden. Ein Beispiel dafür ist eine an der P.H. Berlin entstandene Plakette „P.H. Berlin – zeitweise Polizeihochschule", die einen prügelnden Polizisten in der Form eines Hakenkreuzes zeigt [8]. Auf einer Protestdemonstration wurde diese Plakette verteilt und von Hunderten getragen. Die Personalien eines dieser Studenten wurden festgestellt. Es folgte eine Verurteilung wegen Beleidigung der Polizei.

Aber nicht nur das Herstellen und Verwenden satirischer Formen ruft massive politische Reaktionen hervor. Eine Dokumentation in *„Die Zeit"* [9] macht deutlich, daß Lehrer mit heftigen Angriffen zu rechnen haben, wenn sie bestimmte Satiren im Unterricht behandeln. Diese Dokumentation mutet an wie eine Satire, ist es doch nur schwer vorstellbar, daß wegen der Untersuchung einer Satire im Unterricht einer 9. Klasse das Landesparlament bemüht und der Kultusminister zur Rede gestellt wird.

„Anstatt sich zu distanzieren von dem Mist"

Die nebenstehende Glosse unseres Mitarbeiters Wolfgang Ebert war kürzlich Anlaß für eine heftige Debatte im nordrhein-westfälischen Landtag. Es ging um die Frage: Ist Eberts Satire als Unterrichtsstoff für Schüler der neunten Klasse, in der heutigen Zeit, zumutbar?

Das Protokoll des Streits um eine Satire

Ich rufe die
Mündliche Anfrage 362
des Herrn Abg. Nagel von der Fraktion der CDU auf:
  Verunglimpfung des gesetzlichen Schutzes des ungeborenen Kindes als auch der CDU im Schulunterricht eines Gymnasiums.
In der Klasse 9 b des Gymnasiums II in Bad Salzuflen, Hermannstraße, wurde am 30. Januar 1979 in einer Deutschstunde ein Text von Wolfgang Ebert „Die jüngste Union" verteilt. In diesem Text werden sowohl der

---

Die jüngste Union

Kaum war das Urteil des Bundesverfassungsgerichts zum Paragraphen 218 verkündet, da fiel dem CDU-Mitglied Sauerland ein, daß er von einer Trägerin „schutzwürdigen Rechtsguts", Brigitte B., in seinem Hause gehört hatte, und er suchte sie sofort auf mit den Worten: „Ich komme von der CDU und möchte ihrem Kind eine erfreuliche Mitteilung machen." Brigitte B. sah den Besucher verdutzt an: „Sehr liebenswürdig von Ihnen. Nur habe ich keine Kinder."

„Das weiß ich besser", sagte Herr Sauerland, und deutete schlau lächelnd auf ihren Bauch, „und ich werde Ihnen nun mal mit den Worten unseres höchsten Gerichts verraten, was das schon ist: ein *Jeder*. Sagen Sie mir doch bitte genau, wann Sie dieses schutzwürdige Leben empfangen haben."

„Ich bin im dritten Monat", sagte Brigitte B.

„Klingt ein bißchen ungenau – wo wir vielleicht demnächst den 14. Tag nach der Empfängnis statt den Geburtstag feiern werden", sagte er und wandte sich ihrem Bauch zu: „Dann bist du also kein Fötus mehr, sondern schon ein richtiger kleiner Embryo, alter Knabe", sagte er und gab ihm einen leichten Klaps auf den Bauch seiner Mutter. Brigitte B. wich leicht erschrocken zurück. Das merkte Herr Sauerland und beeilte sich, ihr zu versichern: „Oh, Pardon, ich vergaß beinahe, daß die Würde des werdenden Lebens unantastbar ist." Er blickte wieder hoch und bemerkte ihre Tränen: „Haben Sie etwa Kummer?"

„Allerdings. Ich bin Studentin, stehe vor dem Examen und muß nun deswegen mein Studium abbrechen."

„Aber, aber, für Frauen in Not wird sich doch immer Hilfe finden. Hauptsache, Sie erleben jetzt durch diesen *Jeder* die Freuden der Mutterschaft."

„Hören Sie auf damit. Wenn ich das Geld dafür hätte, würde ich nach Österreich oder Holland fahren..."

„Was höre ich da? Sie wollen in eines dieser Sündenländer reisen, um ein CDU-Mitglied zu ermorden?"

„Wie kommen Sie darauf?"

„Wir von der CDU rechnen damit, daß die jungen Menschen, deren Leben wir jetzt schützen, aus Dankbarkeit dereinst der CDU beitreten. Um sie nicht allzulange warten zu lassen, gründen wir gerade die jüngste Union, in der nur Embryos und Fötusse Mitglied sein dürfen. Ihr Kind ist bereits aufgenommen und bekommt die Mitgliedsnummer 4 782 941."

„Aber es kann doch noch gar nicht selbständig denken?"

„Das ist bei CDU-Mitgliedern keine Voraussetzung."

„Und nicht sprechen..."

„Unsere Basis ist die ‚Schweigende Mehrheit'. Hier ist das Beitrittsformular..."

„Und schreiben kann er auch noch nicht!"

„Das können Sie für ihn tun. Oder wollen Sie diesem werdenden Menschen die ganze Zukunft verbauen?"

Wolfgang Ebert

gesetzliche Schutz des ungeborenen Kindes als auch die CDU verunglimpft. Wie beurteilt die Landesregierung die Verwendung dieses Textes in einer Deutschstunde im 9. Schuljahr?
Ich bitte den Herrn Kultusminister um Beantwortung.
Girgensohn, Kultusminister: Herr Präsident! Meine Damen und Herren! Es trifft zu, daß im Deutschunterricht der Klasse 9 des Städtischen Gymnasiums Hermannstraße in Bad Salzuflen am 30. Januar dieses Jahres der Text von Wolfgang Ebert „Die jüngste Union" im Rahmen einer Unterrichtsreihe über

Satire behandelt worden ist. Die Behandlung eines solchen Textes im Deutschunterricht der Klasse 9 eines Gymnasiums bedarf der klaren Einbettung in die Ziele des Deutschunterrichts durch die Fachlehrenden. Dazu geben die Vorläufigen Richtlinien den Rahmen. Danach gilt für Klasse 9 – Deutsch (Teil B) – als Lernziel, politische Texte inhaltlich und sprachlich zu analysieren, zu beurteilen und zu bewerten. Als Unterrichtsinhalte sind unter anderem politische Lyrik, Wahlreden, Fabeln, Satiren, Aufrufe, Flugblätter usw. vorgesehen.

Als Teillernziele der Analyse sind unter anderen folgende Fragen zu behandeln: Enthält der Text Lügen, Halbwahrheiten, Unterstellungen, Übertreibungen? Wie wird der politische Gegner dargestellt – Verleumdung, Verächtlichmachung, Verteufelung, fachliche und soziale Diskriminierung, Verspottung?

Zur Begründung dieser Lernziele heißt es in den Richtlinien:
> Durch kritische Betrachtung politischer Texte unterschiedlicher Art soll der Schüler die Möglichkeit sprachlicher Beeinflussung im politischen Bereich kennenlernen und so befähigt werden, sprachliche Manipulationen zu durchschauen.

So weit die Richtlinien! Sie machen deutlich, daß der von Ihnen, Herr Nagel, beanstandete Text durchaus Gegenstand der Analyse im Deutschunterricht sein kann.

Im konkreten Falle haben die Schüler und die Lehrerin nach kritischer Diskussion Inhalt und Sprache der Satire einmütig abgelehnt.

(*Pürsten* CDU: Mit den Richtlinien kann man jeden Quatsch verteidigen.)

Präsident Dr. Lenz: Danke sehr! Das Wort zu einer Zusatzfrage hat Herr Abg. Nagel.

Nagel, CDU: Herr Kultusminister! Halten Sie, auch unter Berücksichtigung der von Ihnen angesprochenen Zielsetzung der Unterrichtsreihe in der Klasse eines 9. Schuljahres, die Analysierung folgenden Textes für angemessen? Es geht um den Paragraphen 218:
> Hören Sie auf damit! Wenn ich das Geld dafür hätte, würde ich nach Österreich oder Holland fahren. – Was höre ich da? Sie wollen in eines dieser Sündenländer reisen, um ein CDU-Mitglied zu ermorden? – Wie kommen Sie darauf? – Wir von der CDU rechnen damit, daß die jungen Menschen, deren Leben wir jetzt schützen, aus Dankbarkeit dereinst der CDU beitreten. Um sie nicht allzu lange warten zu lassen, gründen wir gerade Die jüngste Union, in der nur Embryos und Fötusse Mitglied sein dürfen. Ihr Kind ist bereits aufgenommen und bekommt die Mitgliedsnummer sowieso.

Halten Sie einen solchen Text in einem 9. Schuljahr für angemessen?

(*Pürsten* CDU: Das ist ja eine Schande! Schlimmer als bei den Nazis! – *Minister Dr. Riemer:* Na, na! – *Pürsten* CDU: Lesen Sie doch den Text mal durch! – Fortgesetzte erregte Zurufe von der CDU)

Präsident Dr. Lenz: Herr Kultusminister!

Girgensohn, Kultusminister: Herr Kollege Nagel, es ist sicher nicht richtig, aus einer Satire einzelne Abschnitte oder Sätze zu zitieren. Ich mache aus meiner

Meinung keinen Hehl. Ich persönlich halte diese Satire nicht für ein Meisterstück ...
 (Zurufe von der CDU)
... und ich freue mich darüber, daß die Schüler bei der Behandlung des Textes ebenfalls zu dem Schluß gekommen sind, daß diese Satire nicht gelungen ist, und daß sie sie einmütig abgelehnt haben.
 (Lebhafte Zurufe von der CDU – *Pürsten* CDU: Vielen Dank, Herr Minister! Das ist die Gemeinsamkeit der Demokraten, Herr Minister!)
Präsident Dr. Lenz: Herr Kollege Nagel hat das Wort. Bitte sehr!
 (*Pürsten* CDU: Anstatt sich zu distanzieren von dem Mist!)
Nagel CDU: Herr Kultusminister, was gedenkt die Landesregierung in Zukunft zu tun, um an allen Schulen des Landes zu gewährleisten, daß der Unterricht auf der Basis der Verfassung des Landes Nordrhein-Westfalen erteilt wird, nämlich Ehrfurcht vor Gott und Achtung vor der Würde des Menschen zu gewährleisten?
 (Lebhafter Beifall bei der CDU)
Präsident Dr. Lenz: Herr Kultusminister!
Girgensohn, Kultusminister: Herr Kollege Nagel, ich verwahre mich dagegen, daß dieser Unterricht nicht auf der Basis der Verfassung stattgefunden hat. Wenn in den Unterrichtszielen und -inhalten die Behandlung von Satiren, politischen Kampfschriften, Flugblättern und politischen Reden vorgesehen ist, muß es auch die Möglichkeit geben, uns unbequeme Texte im Unterricht zu behandeln.
 (Beifall bei den Regierungsparteien – *Pürsten* CDU: Was heißt hier unbequem? Dann werden wir einmal ein paar Texte für euch entwickeln! Da werdet ihr staunen!)
Die Lehrerin an dieser Schule hat auf dem Boden unserer Verfassung in ihrer Klasse Unterricht betrieben.
Präsident Dr. Lenz: Zu einer dritten Frage Herr Abg. Nagel!
Nagel CDU: Herr Kultusminister, haben Sie bei der Überprüfung dieses Vorganges nur die Schulleitung, das Kollegium und den betroffenen Lehrer gehört oder auch die Eltern das einmal beurteilen lassen?
Präsident Dr. Lenz: Herr Kultusminister!
Girgensohn, Kultusminister: Herr Kollege Nagel, diese Frage würde ich Ihnen gern zurückgeben. Ich habe natürlich in der Kürze der Zeit keine Gelegenheit gehabt, diesen Vorfall etwa in der Klassenpflegschaft oder in der Schulkonferenz mit den Eltern besprechen zu lassen.
 (*Spellerberg* CDU: Eltern spielen für Sie ja auch keine Rolle!)
Aber dahin gehört er, und da ist auch der Ort, wo die Auseinandersetzung um schulische Inhalte stattfinden muß.
Dr. Beckel CDU: Herr Kultusminister, stammt der Text, der hier zur Debatte steht, aus einem von Ihnen genehmigten Lehr- oder Lesebuch?
Präsident Dr. Lenz: Herr Kultusminister!
Girgensohn, Kultusminister: Herr Kollege Beckel, Sie wissen genauso gut wie

ich, daß bei der Behandlung der Unterrichtsstoffe nicht nur die Texte von Lesebüchern genommen werden; denn politische Flugblätter findet man im allgemeinen nicht in Lesebüchern, und Satiren und politische Reden sind auch nicht gerade immer Gegenstand von Unterrichtsbüchern. Der Text stammt aus der Wochenzeitung „Die Zeit". Der Text ist dort erschienen. „Die Zeit" ist sicher eine sehr angesehene Wochenzeitung, und der Autor dieser Satire ist Mitarbeiter der „Zeit".

Dr. Beckel CDU: Herr Kultusminister, welche Möglichkeit der Aufsicht und der Weisung haben Sie, um unangemessene und gegebenenfalls verfassungswidrige Texte im Unterricht nicht zur Verwendung kommen zu lassen?

Präsident Dr. Lenz: Herr Minister Girgensohn!

Girgensohn, Kultusminister: Herr Kollege Beckel, ich vertraue hier voll und ganz auf die Vernunft und auf die Verfassungskonformität unserer Lehrerinnen und Lehrer in der Schule und auf die Absprache von Erziehungs- und Unterrichtsinhalten mit den jeweiligen Klassenpflegschaftskonferenzen und in der Schulkonferenz, die den Auftrag hat, Bildungs- und Erziehungsarbeit an der Schule zu koordinieren.

Darf ich eine Berichtigung noch anbringen, Herr Präsident? – Ich würde gern noch sagen, daß der Text nach meinen Informationen nicht in der „Zeit" erschienen ist, sondern der Verfasser Mitarbeiter der „Zeit" ist.

(*Pürsten* CDU: Aha!)

Der Text ist erschienen in dem Buch „Lachend in die 80er Jahre. Politische Satire in der Bundesrepublik Deutschland. Bestandsaufnahme". Herausgeber ist ein Verlag in Hamburg.

(*Pürsten* CDU: Das wollte ich auch sagen! „Die Zeit" macht nämlich so etwas nicht! Die würde sich schämen, so etwas zu schreiben! – Weitere Zurufe)

Präsident Dr. Lenz: Als nächster Herr Abg. Meuffels!

Meuffels CDU: Herr Minister, abgesehen davon, daß es ja nicht so war, wie Sie es vorhin dargestellt haben, was Sie jetzt richtiggestellt haben, muß ich fragen: Halten Sie es wirklich für pädagogisch richtig, solche schändlichen, vergiftenden Texte an den Schulen verteilen zu lassen, um dann vorgeblich daraus positive Konsequenzen zu ziehen, womit Sie im übrigen alle Ihre Schulbücher entschuldigen?

(*Spellerberg* CDU: So ist es! Ihm ist jedes Mittel recht!)

Präsident Dr. Lenz: Herr Kultusminister!

Girgensohn, Kultusminister: Herr Kollege Meuffels, über diese Frage und auch über die Frage „9. Schuljahr – ja oder nein?" und dieses Textes ist mit der Kollegin gesprochen worden und wird mit der Kollegin gesprochen. Diese Frage muß auch Gegenstand der Auseinandersetzung in der Klassenpflegschaft und in der Schulkonferenz sein. Ich bin nicht bereit, alle möglichen Texte, die in der Schule verwendet werden können, vorzuzensieren, sondern ich vertraue hier auf die Auswahlbereitschaft und auf die Verantwortung unserer Kolleginnen und Kollegen in den Schulen.

(Beifall bei den Regierungsparteien – *Giesen* CDU: Das wissen wir jetzt!)
Präsident Dr. Lenz: Als nächster Herr Dr. Pohl!
Dr. Pohl CDU: Herr Minister, da es sich also doch nicht um eine Zeitungsveröffentlichung handelt – selbst „Die Zeit" druckt so etwas nicht ab – und da es sich nicht um ein Flugblatt handelt, darf ich die Frage des Herrn Kollegen Dr. Beckel wiederholen: Handelt es sich um ein genehmigtes Schulbuch?
(*Heinz* FDP: Zuhören!)
Präsident Dr. Lenz: Herr Minister Girgensohn!
Girgensohn, Kultusminister: Ich habe vorhin schon gesagt, daß es sich nicht um ein genehmigtes Schulbuch handelt, sondern daß die Schulen in der Auswahl ihrer Texte im Unterricht frei sind.
Präsident Dr. Lenz: Danke sehr!
Die Anfrage ist *erledigt.*

Die Zeit – Nr. 18, S. 70 (27. April 1979)

Wenn die politische Satire eine Sonde ist, die es ermöglicht, an den Publikumsreaktionen etwas über die Gesellschaft und ihre momentane Beschaffenheit zu erfahren, dann stellt sich die Frage, was die hier vorgestellten Reaktionen vermuten lassen. Es fällt auf, daß heftige politische Reaktionen in der Regel dann eintreten, wenn konkret und deutlich eine Person oder eine politische Partei Gegenstand satirischer Kritik wird. Dabei können Anlaß und Ausmaß der Kritik durchaus belanglos sein; gleichwohl werden Polizei, Gerichte, ja Parlamente (!) bemüht und als Arena für einen „politischen Schaukampf" mißbraucht. Wesentlich gewichtigere Arbeiten, sowohl von ihrem Inhalt als auch von dem Umfang und der Radikalität der Kritik (man denke z.B. an das Bild von *Hauke:* „Angepaßt"), bleiben weitgehend unbeachtet. Man kann den kritischen Gehalt in der Regel durch Projektionsmechanismen (s. Karikatur von *Halbritter*) abwehren, sich als nicht gemeint, nicht betroffen bezeichnen. Ganz anders wirken z.B. die Arbeiten von *Staeck,* die sehr deutlich gegen die CDU/CSU Partei ergreifen: Sie provozieren eine Reaktion und sollen es wohl auch. Nur verhilft die Provokation nicht zu einer inhaltlichen Auseinandersetzung, sondern zu einem mit juristischen Argumenten zu bestreitenden Schlagabtausch, bei dem die eine Seite ihre Rechte verletzt sieht und die andere Seite mit den Argumenten „Zensur", „Behinderung der Meinungsfreiheit und der Kunst", „Einschränkung des Rechtsstaats und der Bürgerrechte" kontert. Die Sache, der Gegenstand der Kritik, gerät dabei in der Regel aus dem Blickfeld. Ein solches „Reaktionsritual" ist typisch für eine Gesellschaft, in der die Sachauseinandersetzung zunehmend an Bedeutung verliert, in der konkurrierende Machteliten um Führung und das heißt: um das Recht, die Gesellschaft zu verwalten, kämpfen. In einer Zeit, in der der Spielraum des politisch Möglichen im Rahmen vorgegebener Orientierungen und vorgezeichneter Entwicklungslinien immer geringer wird, in der die

Gesellschaft in einem blinden, technologisch bestimmten Selbstlauf fortfährt, ihre Eindimensionalität totalitär werden zu lassen, überzeugen Argumente in der Regel nicht (zumindest wird dies angenommen!), sondern nur Aufweise machtpolitischer Potenz. Politische Satiren werden, ihrer Inhaltlichkeit entkleidet, im Rahmen der eingeschliffenen funktionalen Denkweise als „politisches Störfeuer" angesehen, das bei immer dünneren und unsicherer werdenden Mehrheitsverhältnissen das Prestige bei den Wählern vermindern und daher die entscheidenden Wählerstimmen kosten könnte. Massive Reaktionen auf solches „Störfeuer" festigen den inneren Zusammenhalt der Partei, lenken die aufgestauten Aggressionen auf einen Außenfeind, den man juristisch verfolgen und bestrafen lassen kann, wenn sich die Aggressionen nicht gerade unmittelbar, z. B. durch das Zerreißen der satirischen Plakate, entladen können. Gleichzeitig sind sie Aufweise „politischer Potenz", bei entsprechenden Gerichtsurteilen „kleine Siege" über den politischen Gegner: Ermutigungen und Bestärkungen des „Wählervolks" in seiner Wahlentscheidung.

3.2 Satiren als Reflex auf ihre politische Behinderung

Der Satiriker, sei er nun Karikaturist oder „Liedermacher", wehrt sich gegen die politische Behinderung seiner Arbeit, indem er diese Behinderung dokumentiert, sie öffentlich anprangert und damit „beweist", wie „repressiv", „undemokratisch" usw. der politische Gegner ist. *Staeck* hat diese „politischen Schaukämpfe" zu einer wahren Meisterschaft entwickelt. Den vorläufigen Gipfel bilden Ereignisse in der Bonner „Parlamentarischen Gesellschaft" [10]. Ende März 1976 fetzten CDU/CSU-Abgeordnete *Staeck*-Plakate von der Wand und traten sie mit Füßen. Ein Plakat, das besondere Wut erregte, gibt ein Pressephoto aus dem als KZ verwendeten Stadion von Santiago wieder. Das wird ergänzt durch ein Zitat des ehemaligen CDU-Generalsekretärs *Bruno Heck:* das Leben dort sei „bei sonnigem Wetter recht angenehm" und *Staecks* polemischer Folgerung: „Seit Chile wissen wir genauer, was die CDU von Demokratie hält." *Hermann Höcherl* distanzierte sich zwar in einem Aufsatz von seinen Parteikollegen [11], ließ sich aber auf eine inhaltliche Auseinandersetzung über die Arbeiten von *Staeck* nicht ein. Vielmehr beschreibt er *Staeck* als jemanden, der eine „graphische Guerillataktik" anwendet, „einen schockartigen Zugriff aufs politische Massenbewußtsein" unternimmt, der seinen Gegner provoziert, um ihn in das vorfabrizierte Klischee „gewalttätig und antidemokratisch" zu pressen.

Hermann Höcherl über Klaus Staeck:
„Die Kunst findet nicht im Saale statt"

Gegner zum Feind gestempelt

Hermann Höcherl, 64, scheidet dieses Jahr nach 23jähriger Zugehörigkeit als CSU-Abgeordneter aus dem Deutschen Bundestag aus. Der bayrische Jurist, Bonner Innenminister zur Zeit der SPIEGEL-Affäre (1962), übernahm später das Landwirtschaftsressort (bis 1969).

Die letzten publizistischen Wirbelstürme um Klaus Staeck sind kaum verstummt, schon versucht Klaus Staeck selbst – begleitet von verbindenden Texten von Dieter Adelmann – das Thema mit dem Gemeinschaftsbuch „Die Kunst findet nicht im Saale statt" auf dem Theaterzettel zu halten.

Ein so liberaler und selbständiger Kopf wie Schulze-Vorberg (CSU), der selbst aus dem journalistischen Nest in die Politik ausgeflogen ist, wurde auf der Ausstellung „Art into Society – Society into Art" in London auf die Staeckschen Exponate aufmerksam. Bei aller angeborenen rheinischen Gelassenheit und journalistischer Liberalität wurde er so hart geschockt, daß er über das Fragerecht im Deutschen Bundestag das Auswärtige Amt bemühte. Inzwischen hatte sich herausgestellt, daß das unteralimentierte Goethe-Institut 10 000 Mark zu der Ausstellung Staecks beigesteuert hatte.

Genscher, dem es aus persönlichen und politischen Gründen sicher nicht an weitmaschiger Liberalität fehlt, hat trotz der notorischen Gegenströmung eindeutig gegen diesen Mißbrauch öffentlicher Gelder zu parteipolitischen Scharmützeln, die zu allem Überfluß im Ausland ausgetragen werden, votiert.

In Baden-Württemberg und in einem Gewerkschaftshaus wurden Kreationen von Staeck mit der Geißel einstweiliger Verfügungen aus dem Tempel der Kunst vertrieben.

Einen neuen Höhepunkt gab es mit Staeck in der interfraktionellen Begegnungsstätte der Parlamentarischen Gesellschaft, in die Staeck mit Hilfe von zwei SPD-Abgeordneten eingeschleust wurde. Der Adrenalinspiegel von einigen wenigen CDU-Abgeordneten geriet aus Empörung über diese graphische Polit-Agitation aus der Fassung, und es kam zu den bekannten Ereignissen, die einer gewissen Gruppe von Medienprälaten den genüßlich wahrgenommenen Anlaß zu einem publizistischen Nachhutgefecht schenkte.

Als Abfallprodukt konnte man die CDU mit viel geistiger Gewalttätigkeit in eine kunstfeindliche Ecke stellen, obwohl es in Wirklichkeit nur um die Verletzung der Friedenspflicht in den Räumen der Parlamentarischen Gesellschaft ging.

Der über 88 Abbildungen von Staeck gestreute Text von Dieter Adelmann ist in einer Kunstsprache geführt. In der Umbruchtechnik ist er eher verwirrend denn hilfreich geordnet. Adelmann präsentiert in Walter Benjamin den geistigen Vater der Kunst von Staeck, der selbst bekennt, die Schriften Benjamins nicht zu kennen. Nicht zum ersten Mal treffen wir auf eine anonyme Koinzidenz von Ideen und Ausdrucksgestaltung.

Nachdem sich Staeck mit dem Begleittext identifiziert, wird man davon ausgehen dürfen, daß er die Interpretation von Adelmann akzeptiert. Mit selbstsicherem Selbstverständnis wird das vorgestellte politgraphische Werk als Kunst in Anspruch genommen. Es ist ein bekannter Kunstgriff, einen Bereich durch vorgeschaltete Begriffe wie Kunst, Publizistik oder Religion zu tabuisieren und damit aus dem Feuer der Kritik zu nehmen.

Ich will den zahllosen Definitionen des Begriffs Kunst keine neue und eigene hinzufügen. Niemand wird aber den Bezug zum Können übersehen, und selbst die progressivsten Geister werden nicht leugnen wollen, daß die künstlerische Motivation höheren menschlichen Werten zugeordnet sein soll, gleichgültig, was man darunter verstehen mag.

Ein beherrschender Akzent im Werk von Staeck wird auf das durch die Industriegesellschaft veränderte Kunstbewußtsein gesetzt, wobei der Einfluß der Industriegesellschaft durchweg negative Zensuren erhält. Man braucht nicht gerade einer materialistischen Milieutheorie anzuhängen, um einen mitbestimmenden Einfluß der Industriegesellschaft anzuerkennen. Ob aber äußeren Umständen eine so beherrschende Kraft über das Bewußtsein zukommt, muß angesichts der bisher noch nicht widerlegten Ergebnisse von Seelenforschern wie Eduard Spranger, Piaget, Gehlen, aber auch Jung und Freud, bezweifelt werden.

Alle diese Forscher kommen bei aller Vielfalt und Gegensätzlichkeit ihrer Standpunkte zu dem Ergebnis, daß es sich bei allem menschlichen Verständnis um den schöpferischen Austausch zwischen sinnenhaften Eindrücken von außen und ihrer inneren, stark anlagebedingten Verarbeitung in einem andauernden Überholungsprozeß handelt. Es darf dabei nicht die lebenserhaltende ökonomische Komponente übersehen werden, die auf eine Auswahl, Fortschreibungen und Institutionen unverzichtbar angewiesen ist.

Viel Berechtigung scheint mir die im Text und der Bilderauswahl zum Ausdruck kommende Tendenz zu haben, Masse und Kunst zu seiner Begegnung zu bringen. Die gelästerte Industriegesellschaft hat dazu eine reiche Palette von technischen Hilfsmitteln zur Verfügung gestellt, die Staeck sehr wohl zu nutzen weiß. Was soll bei diesem Mißbrauch die Klage über Auswüchse der Industriegesellschaft.

Ein erster Eindruck aus der Staeck-Galerie erinnert an eine Sammlung von scharfgepfefferten einäugigen politischen Karikaturen. Wenn man die Kategorie der politischen Karikaturen an dem Klassiker Daumier, über den unvergeßlichen Simplicissimus bis zum Canard enchaîné, den Punch bis zu den großen Einzeldarstellern, von Ernst Maria Lang, Hicks, Köhler und vielen anderen mißt, wird man bei aller Schärfe des Zeichenstiftes eine durchgehende, entwaffnende, humorvolle Komponente feststellen können.

Eine tiefer geführte Sonde bei den Kreationen von Staeck zeigt, daß die Kategorie politischer Karikaturen nur bedingt anzuwenden ist. Staeck geht es nach seinem Textgeständnis, seinem eindeutigen politischen Standort, dem gezielten zeitlichen Einsatz zu Wahlkämpfen, um einen schockartigen Zugriff aufs politische Massenbewußtsein.

Die Analogie läßt eher an eine graphische Guerillataktik denken. Der politische Gegner wird zum Feind denaturiert. Künstlerische Mittel, deren Vorhandensein keinesfalls bestritten werden soll, werden von der aggressiven, ja ätzenden Tendenz vergewaltigt, so daß nach meinem Empfinden der Anspruch auf künstlerisches Schaffen verlorengeht. Was bleibt, ist Kampf mit den Mitteln der Polit-Graphik und der Provokation gegen einen Gegner, der, weil nicht links, in das vorfabrizierte Klischee „gewalttätig und antidemokratisch" gepreßt werden soll.

Dazu gehört auch die Hoffnung, daß sich der Gegner provozieren läßt und sich so benimmt, wie von ihm schon vorher behauptet. Trotzdem nicht abreißen, nicht zertreten, nicht zerreißen, allenfalls niedriger hängen – das ist ein geistiger Vorgang.

Der Spiegel – Nr. 22, S. 203–205 (24. Mai 1976)

Staeck konterte mit einem neuen Buch über die Behinderung seiner Arbeit [12] und verschickte an seine Kunden die Postkarte „Auf Eigentum kommt es hier nicht an". Diese Postkarte dokumentiert in der Form der Satire die Ereignisse in der „Parlamentarischen Gesellschaft".

Die Fotomontage besteht aus drei Teilen: einer Schwarzweißfotografie, die die abgerissenen Plakate zeigt, einem Text, der im Stile einer sachlichen Nachrichtenmeldung abgefaßt ist und dem Satz: „Auf Eigentum kommt es hier nicht an." Die Teile sind so montiert, daß der Betrachter den Satz wie einen ironischen Kommentar zum Bilddokument lesen und verstehen muß. Die so sachlich abgefaßte „Nachrichtenmeldung: Am 30. 3. 1976 wurden von Bundestagsabgeordneten der CDU/CSU während einer *Staeck*-Ausstellung in der Parlamentarischen Gesellschaft Bonn Plakate von den Wänden gerissen und zerstört." färbt den Aussagegehalt so ein, daß der Eindruck entsteht, daß es der CDU/CSU auf Eigentum hier nicht ankomme. Der Ausspruch „Auf Eigentum kommt es hier nicht an" stammt von *Carl Otto Lenz,* Vorsitzender des Bundestags-Rechtsausschusses (!), einem der beiden Abgeordneten, die die Staeck-Plakate abgerissen hatten. Indem dieser Ausspruch nicht dem Urheber, sondern der gesamten Partei zugeschrieben wird, drängt sich dem Betrachter die Vorstellung der CDU/CSU als einer gewalttätigen, antidemokratischen, gesetzwidrig handelnden Partei auf. Aber unternimmt *Staeck* damit einen

"schockartigen Zugriff auf das politische Massenbewußtsein", wie dies *Höcherl* behauptet, liegt hier eine "graphische Guerillataktik" vor, der Versuch, durch eine Ausstellung in der Parlamentarischen Gesellschaft den politischen Gegner zu provozieren, um ihn in das vorfabrizierte Klischee "gewalttätig und antidemokratisch" zu pressen? Gewiß – die Fotomontage dient eher dem parteipolitischen Kampf als dem Wunsch nach Aufklärung und Einleitung von Bewußtseinsprozessen. Aber es bleibt eine Satire, die folglich auch mit den Merkmalen dieser ästhetischen Form behaftet ist: Sie muß übertreiben, um deutlich zu machen und wird dabei, ja muß dabei ungerecht werden. *Gerd Bucerius* [6] ist zuzustimmen, daß auf dem Felde der politischen Auseinandersetzung die *Satire* die Antwort auf die Satire sein sollte: „Wahlkämpfe würden ein Vergnügen".

Viele der Lieder *Biermanns* kann man als Reflex auf die politische Behinderung verstehen. Obwohl in einem ganz anderen politischen System entstanden, sind doch Parallelen erkennbar. Besonders deutlich wird das an dem Lied „Das macht mich populär" [13]. Die verschiedenen Formen der Behinderung und des politischen Kampfes werden in den einzelnen Strophen vorgeführt: Polizeiverhör, Verhaftung, Abschieben nach dem „Westen", Gefängnis und schließlich: öffentlich loben, um damit die politische Brisanz der Lieder zu entschärfen. *Biermann* setzt sich mit allen diesen Repressalien auseinander und macht deutlich, daß sie ihm nichts anhaben können, im Gegenteil: daß sie ihn nur noch populärer machen würden. Die Verse klingen locker, frech und witzig; ihr Humor ermöglicht eine Art „geistiger Distanz" zu den Repressalien der Machthaber.

Das macht mich populär

1

Warum die Götter grad Berlin
Mit Paule Verner straften
Ich weiß es nicht. Der Gouverneur
Ließ neulich mich verhaften
Das Kreuzverhör war amüsant
Auch für die Kriminalen
Ich wette: Dieses Kreuzverhör
Geht ein in die Annalen
Mit Marx- und Engelszungen sang
Ich bis sie Feuer fingen
– So brachten die im Kreuzverhör
Noch keinen Mann zum Singen
    Das ist der ganze Verner Paul:
    Ein Spatzenhirn mit Löwenmaul
    Der Herr macht es sich selber schwer
    Er macht mich populär

2
„Wenn Biermann solche Lieder singt
Dann wird ihm was passieren
Dann kommt mal statt des Milchmanns früh
wer anders zum Kassieren!"
– Die Drohung schrie Horst Sindermann
Der Gouverneur in Halle
Wie aber wird der Herr erst schrein
im umgekehrten Falle:
Wenn eines schönen Morgens die
Bier- und Milchmänner quasi
Vor seiner Tür stehn, aber nicht
Die Jungens von der Stasi
    Ach Sindermann, du blinder Mann
    Du richtest nur noch Schaden an
    Du liegst nicht schief, du liegst schon quer!
    Du machst mich populär

3
Die Herren auf dem hohen Stuhl
Die brauchen keine Kissen
Ihr Bürokratenhintern ist
Verfettet und verschissen
Und trotzdem drückt noch dies und das
Sie sitzen gern bequem
Drum machten sie das Angebot
Ich dürft nach Westen gehn
(Ick hör dir trapsen, Nachtigall!)
Ach, wär das für die schön!
Wenn überhaupt wer abhaun soll
Dann solln die selber gehn
    Und schmeißt ihr heute raus den Biermann
    Dann ist er morgen wieder hier, dann
    Droht mit Knast ihr? – Bitte sehr!
    Auch das macht populär

4
Und sperrt ihr mich im Eisschrank ein
– Ich fühl mich wohl dabei
Ich spür bei jedem Kältegrad
Die Obhut der Partei
Bei jedem Kübel Dreck spür ich
Die Liebe des ZK
Zum ganzen 11. Plenum sag
Ich zwölfmal: Ja! Hurra!
Ihr habt ja euer Innerstes
Noch nie so schön gezeigt
Der deutsche Michel sah bei Licht
Ins Herze euch und . . . schweigt
    Ihr löscht das Feuer mit Benzin
    Ihr löscht den Brand nicht mehr
    Ihr macht, was ihr verhindern wollt:
    Ihr macht mich populär

5
Im „Neuen Deutschland" finde ich
tagtäglich eure Fressen
Und trotzdem seid ihr morgen schon
Verdorben und vergessen
Heut sitzt ihr noch im fetten Speck
Als dicke deutsche Maden
Ich konservier euch als Insekt
Im Bernstein der Balladen
Als Bernstein-Medaillon, als Ring
Als Brosche auf dem Kragen
So werden euch die schönen Fraun
Im Kommunismus tragen
    Und steht der Vers auf „Sindermann"
    Im Lesebuch der Kinder dann
    Wird er, was er gern heut schon wär
    – na was wohl? – populär

6

Verdammt, es kotzt mich trotzdem an
Es reizt mich nicht die Bohne
Wenn mir der deutsche Gartenzwerg
Verleiht die Dornenkrone
Wenn ihr mich wirklich schaffen wollt
Ihr Herren hoch da droben
Dann müßt ihr mich ganz öffentlich
Nur LOBEN LOBEN LOBEN
Ihr seid im Volk ja so beliebt
Ein Kuß von eurem Munde
Macht den Geküßten todeskrank
– So küßt mich doch, ihr Hunde!
    Küßt mich, bestecht mich, liebt mich heiß
    Greift tief in eure Tasche
    Gebt mir den Nationalpreis – und
    Versteht sich: Erster Klasse!

7

Ich werd die hunderttausend Emm
Verfressen und versaufen
Ein Haus mit Kuh am Waldesrand
Werd ich vom Rest mir kaufen
Die Milch von eurer Denkungsart
Melk ich in Aufbau-Bände
Ich pflück euch Blumen, sing dabei
Ein Lied auf Mutterns Hände
Dann zieht in mich die Weisheit ein
Die Stirn wird licht und lichter
Ich sing im Chor und werde ein
Kaisers-Geburtstags-Dichter
    Dann blas ich euch zu Riesen auf
    Hoch oben auf dem Berge
    Wenn ihr mich wirklich schaffen wollt
    Dann nennt mich „groß", ihr Zwerge

8
Ich habe diese Nacht geweint
Viel knochentrockne Tränen
Und hab die Fäuste wild geballt
Geknirscht auch mit den Zähnen
Ich habe diese Nacht geträumt
Von Hexen und von Drachen
Von alten Weibern, die mit mir
Parteiverfahren machen
Ich habe diese Nacht geglaubt
Die Sonne käm nie wieder
Und brächte nicht ans Tageslicht
All meine wahren Lieder
  Heut morgen kam Marie zu mir
  Mein allerliebstes Schmeicheltier
  Das war ein Frühstück in der Früh!
  Ein scharfes Brötchen hat Marie
  Und Milch und Honig, weiche Knie
  Und wenn mir jemand wehe tut
  Dann macht Marie das wieder gut
  Die Art, wie sie das macht, ist sehr . . .
– populär

Wolf Biermann

Das Lied ist nicht nur fruchtbar als gutes Beispiel für die inhaltliche Problematik, auch das „Wie" lohnt eine nähere Auseinandersetzung. Vortragsweise und musikalische Gestalt verbinden sich mit dem Text zu einer ästhetisch überzeugenden Einheit. Das liegt zu einem nicht geringen Teil an der überaus großen Wandlungsfähigkeit der Stimme *Biermanns* und dem Eigencharakter, den er der Gitarre einräumt: Obwohl „Partner" des Sängers führt die Gitarre ein teilweise widerborstiges, teilweise behutsam angeschmiegtes Eigenleben, spielt neben Text und Interpretation eine eigene Rolle. Die Stimme selbst lacht, flüstert, droht, seufzt, murmelt, schreit, ist mal witzig und spöttisch, mal rauh, mal geschmeidig, mal klar, dann wirkt sie dümmlich (z.B. „Kaisers-Geburtstags-Dichter"), dann wieder traurig, dynamisch, melancholisch. Diese Fähigkeit des Interpreten (der damit den Text in der Tat „interpretiert") erfüllt den Text mit Leben, läßt Gefühle wie Schmerz, Wut, Freunde, Resignation deutlich werden. Nicht zu vergessen sind die kleinen „Versprecher", das Beiseitesprechen: sehr persönliche, quasi „in Klammern" gesprochene Meinungen über „die Herren auf dem hohen Stuhl": „Ihr seid im Volke ja so beliebt" oder „Greift tief in eure (unsere) Tasche". Durch seine musikalische Gestalt als Kindervers funkelt der Refrain vor Ironie. Hierin zeigt sich auch eine besondere Eigenart im Musik-

Text-Bezug der Lieder *Biermanns*. Der Text ist bewußt nicht so ausgefeilt, daß er als ästhetische Form für sich stehen könnte. Er bedarf vielmehr zwingend der Sprache des Interpreten und der Musik, um seine satirische Wirkung zu entfalten. Durch die musikalische Gestalt und Eigenart der Interpretation *Biermanns* wird der Kontrast zwischen den Drohungen und möglichen Repressalien der Machthaber und der darauf folgenden Reaktion, sich wie ein Kind darüber lustig zu machen, besonders deutlich.

Ende 1976 ist *Wolf Biermann* ausgebürgert worden [14]. Darin zeigt sich eine Schwäche des Führungsapparats in der DDR, der in *Biermann* eine Gefahr für ihren Führungsanspruch erblickt, ebenso wie die CDU/CSU in *Staeck* eine Wählerbeeinflussung sieht, die ihre Wahlchancen „unzulässig" beeinträchtigt. Die Reaktionen auf mißliebige Kritiker werden jedoch – und darin zeigt sich ein nicht unwesentlicher Unterschied – durch die zu Gebote stehende Macht und das jeweilige Ausmaß an Rechtsstaatlichkeit bestimmt. Es mag ein Indiz für Demokratisierung und Rechtsstaatlichkeit sein, welche Inhalte, welchen Umfang und Stil der Kritik ein jeweiliges politisches System duldet. Die Toleranz gegenüber anderen politischen Auffassungen ist aber zugleich auch ein Gradmesser für politische Konsolidierung und Stabilität dieses Systems.

3.3 Didaktischer Kommentar

Dieser Abschnitt führt fort, was im 2. Abschnitt bereits begonnen wurde: das Aufzeigen eines Wechselverhältnisses zwischen Satire und Reaktion. Die Lernenden sollen zunächst anhand von Fallmaterial die Formen und Hintergründe des politischen Kampfes gegen die Satire kennenlernen. Dazu dienen historische und aktuelle Beispiele, die je nach Art und Zusammensetzung der Lerngruppe und Material zusammengestellt werden können. Dieses Auseinandersetzen ist nicht Selbstzweck. Vielmehr sind die in dem Material deutlich werdenden politischen Reaktionen eine Art Sonde, mit deren Hilfe die Lernenden die Beschaffenheit der jeweiligen Gesellschaft ausloten können.

1 Die Lernenden können anhand ausgewählten Fallmaterials, das Dokumente über politische Reaktionen gegenüber Satiren enthält, Aussagen über die Beschaffenheit der Gesellschaft machen.

Neben diesem auf Analyse abzielenden Lernziel soll die Fähigkeit, sich zum Problemfeld „Satire" eine eigene Meinung zu bilden und diese in kontrovers angelegten Situationen zu äußern, gestärkt werden.

2 Die Lernenden können in Spiel- und/oder Diskussionssituationen die unterschiedlichen Auffassungen zu konkreten Satiren mit Blick auf die historische Situation vorbringen und eine eigene Meinung äußern.

Warum ist es wichtig, daß die Lernenden in Fallstudien erfahren, wie das Publikum auf Satiren reagiert, welche Formen des politischen Kampfes zu erwarten sind und warum das der Fall ist? Sie lernen zunächst die Gesellschaft besser kennen. Zum anderen können sie für eigene Arbeiten und bei der Verwendung von Satiren in politischen Zusammenhängen die Reaktionen des politischen Gegners besser einschätzen und in Rechnung stellen.

In einem zweiten Zugang sollen die Problemstellungen nicht über Fallmaterial, sondern über ästhetische Objekte, genauer: über Satiren, die das Problem ihrer Behinderung widerspiegeln, erarbeitet werden. Die Fotomontage von *Staeck* und das Lied von *Biermann* sollen als Formen verstanden werden, sich mit dem Medium der Satire gegen Behinderungen dieser ästhetischen Form zu wehren. Die beiden Satiren sind nicht nur in ihrer Darbietungsform verschieden (einmal visuell, das andere Mal auditiv), sie spiegeln auch die Situation in unterschiedlichen Gesellschaftssystemen wieder. Welcher Vorteil bietet sich an, die Erkenntnisprozesse über ästhetische Objekte zu initiieren? Das ästhetische Objekt, in unserem Fall: die Satire ist eine „kondensierte" Form, Sachverhalte und Meinungen, Erfahrungen und Gefühle mitzuteilen und zwar in der Weise, daß die verschiedenen Bestandteile gestalterisch zusammenfließen und diese Gestaltung auch wieder inhaltlich gewendet werden kann. Damit können ästhetische Objekte, also auch Satiren, eine Erkenntnisfunktion besitzen. Darüber hinaus enthalten Satiren eine ausdrückliche Parteinahme, ein Engagement, ein Berührtsein von den kritisierten Sachverhalten. Dies kann sich auf den Rezipienten auswirken, ihn über die inhaltliche Information hinaus auch emotional berühren. Ästhetische Objekte als „Kondensate" bedürfen in besonderer Weise einer geschärften Zuwendung und Auseinandersetzung, bevor die in ihnen transportierten Bestandteile ins Bewußtsein des Rezipienten eindringen können. Das läßt für uns das Erfordernis entstehen, die beiden Satiren zunächst interpretatorisch zu erschließen.

3 Die Lernenden können in Kenntnis des zugrundeliegenden Sachverhalts die Karikatur von Staeck „Auf Eigentum kommt es hier nicht an" in ihren formalen Eigenarten bezeichnen und den Gegenstand der Kritik benennen.

4 Sie können das Lied von Biermann „Das macht mich populär" in Kenntnis des zugrundeliegenden Sachverhalts in seinen textlichen, sprachlichen und musikalischen Besonderheiten bezeichnen und den Gegenstand der Kritik benennen.

Ein Vergleich zwischen beiden Satiren drängt sich geradezu auf: Welche Behinderungen hat *Staeck*, welche *Biermann* erfahren bzw. zu erwarten? Welche Rückschlüsse läßt dies auf das jeweilige System zu? In welcher Beziehung haben die Behinderungen etwas mit „Schwäche" zu tun? Wodurch ist sie bedingt?

Aber auch die kontrovers diskutierbare Frage kann fruchtbar sein, ob und in welchem Umfang diese Formen der Satire zulässig bzw. tolerierbar sein müßten und wo die Grenze des Tolerierbaren liegt bzw. liegen sollte.

5 Die Lernenden können im Vergleich der beiden Satiren die Formen der Behinderung und ihre Ursachen herausstellen und eine eigene Meinung zur Grenze des Tolerierbaren im jeweiligen politischen System äußern.

3.4 Methodische Überlegungen

Ein auf Kontroverse angelegtes Thema wie das des politischen Kampfes gegen die Satire bedarf methodischer Mittel, diese Kontroverse erlebbar zu machen. Dazu eignen sich Rollenspiele und damit verwandte Methoden der Interaktionspädagogik wie Planspiel und Planspieldiskussion. Diese Methoden sind in der Regel, wie wir noch sehen werden, recht zeit- und materialaufwendig. Bei den Fallstudien kann in einem ersten Zugang das Durcharbeiten der Dokumente und das gemeinsame Auswerten zunächst genügen.

a) Zu den Lernzielen 1 und 2:

In arbeitsteiligem Gruppenunterricht werden den Lernenden unterschiedliche Fallmaterialien (1. Gruppe z. B. *„Birnenkönig"*, 2. Gruppe z. B. *„Staeck"*, 3. Gruppe z. B. *„Volland"*) vorgelegt. Die Aufgabe der Gruppen besteht darin, das Material zu sichten und zu untersuchen, warum es zu diesen Reaktionen gekommen ist, was diese Reaktionen über die Beschaffenheit der jeweiligen Gesellschaft aussagen. Im Vergleich der Gruppenergebnisse kann den Lernenden deutlich werden, daß der Kampf gegen die Satire in der Regel aus machtpolitischen Interessen geführt wird, Unsicherheit verrät und daß bei der politischen Auseinandersetzung nach den Inhalten und Beweggründen der Satire kaum noch gefragt wird. Gleichwohl sollte im Lernprozeß die Frage nach den Grenzen der Satire nicht ausgespart werden.

Neben dem eher kognitiven Zugang zum Problem des politischen Kampfes gegen die Satire, der durch die Bearbeitung des Fallmaterials möglich wird, bieten sich Spielformen an, die neben kognitiven Lernergebnissen auch die affektive Seite erschließen: das unmittelbare Erleben, das gefühlsmäßige Beteiligtsein, das Identifizieren mit vorgegebenen Positionen. Diese Spielformen wollen wir nun vorstellen. Als Grundlage verwenden wir die Dokumentation über die Folgen eines Satire-Unterrichts in einer 9. Klasse eines Gymnasiums.

Als für unsere Zwecke besonders geeignet bietet sich das *Planspiel* an: das Spielen mit simulierter Realität. Das Planspiel ist eine Methode, Erfahrungen über die Realität, über die in der Wirklichkeit wirksamen Kräfte zu sammeln. Prinzip des Spiels ist es, in einer simulierten Realität zu handeln und in dem Handeln und seinen Folgen ein Bild über die Realität außerhalb des Spiels zu gewinnen. Dazu ist es notwendig, daß die simulierte Realität der Wirklichkeit möglichst ähnlich ist. Dies wird mit einer sorgfältig vorbereiteten „Ausgangslage" gelöst. Die schriftlich vorliegende „Ausgangslage" ist für alle verbindlich. Sie enthält die wesentlichen Angaben über die Situation, die an ihr beteiligten Gruppen sowie die Bezeichnung eines Konfliktes, der das Spielgeschehen in Gang bringt und der unter Umständen im Spiel gelöst wird. Neben dieser allgemeinen „Ausgangslage" erhält jede am Spiel beteiligte Gruppe eine gruppenspezifische „Ausgangslage", in der das Selbstverständnis und die Ziele der Gruppe formuliert sind. Die Ausgangslagen bilden im Planspiel das Simulationsmodell und bestimmen weitgehend, welche Erfahrungen aus welchem Ausschnitt der gesellschaftlichen Wirklichkeit die Teilnehmer in welcher Intensität und Komplexität machen können. Es ist daher wichtig, eine für die Teilnehmer angemessene und den Zielen der pädagogischen Veranstaltung entsprechende Ausgangslage zu entwickeln. Spieltechnisch ist es notwendig, daß die Konfliktstruktur den einzelnen Gruppen ein breites Spektrum an Handlungsalternativen läßt und gute Chancen der Spielbeteiligung eröffnet. Auch eine noch so gelungene Ausgangslage vermag es nicht, alle in der Wirklichkeit wirksamen Kräfte zu erfassen und spieltechnisch umzusetzen. Allein mit Blick auf den Zeitbedarf, die Bewältigung der Faktenflut und die dann langsam schwindende Motivation der Teilnehmer ist ein Mittelweg bei der Entwicklung der „Ausgangslage" anzustreben: so einfach wie möglich und so vielschichtig wie nötig.

Die vorliegende Dokumentation macht es uns recht einfach, eine „Ausgangslage" zu erstellen. Man könnte davon ausgehen, daß die CDU-Fraktion durch einen Brief eines ihrer Mitglieder darauf aufmerksam gemacht worden ist, daß eine CDU-feindliche Satire im Unterricht einer 9. Klasse eines Gymnasiums behandelt worden ist. Die Fraktion beschließt eine mündliche Anfrage im nordrhein-westfälischen Landtag (Wortlaut wie im Protokoll; s. Dokumentation). Der Kultusminister erfährt von den Ereignissen. An dieser Stelle könte das Planspiel einsetzen.

Folgende Spielgruppen ließen sich bilden: 1) Kultusministerium, 2) CDU-Fraktion, 3) Kollegium des Gymnasiums, 4) Elternvertretung, evtl. 5) Schülervertretung und 6) Lehrergewerkschaft. Jede der an dem Planspiel beteiligten Gruppe erhält 1. einen Abdruck der Satire „Die jüngste Union", 2. die „Vorläufigen Richtlinien für Klasse 9 (Deutsch)" und 3. eine auf die jeweilige Gruppe abgestimmte gruppenspezifische „Ausgangslage".

Beispiel *Kultusministerium:* Das Ministerium hat davon Kenntnis erlangt, daß am 30. 1. 1979 in der Klasse 9b des Gymnasiums II in Bad Salzuflen der

Text „Die jüngste Union" im Deutschunterricht behandelt wurde. Die CDU hat dies zum Anlaß einer mündlichen Anfrage im Landesparlament genommen. Um diese Anfrage beantworten zu können, muß der Sachverhalt festgestellt und müssen die Beteiligten gehört werden. Es muß geprüft werden, ob sich die Lehrkraft im Rahmen der Gesetze und der Richtlinien richtig verhalten hat.

Das Ministerium ist der Meinung, daß unmöglich alle Texte, die in der Schule Verwendung finden können, vorzuzensieren sind. Es wird vielmehr auf die Auswahlbereitschaft und Verantwortung der Lehrkräfte vertraut.

Jede der Planspielgruppen gibt sich eine Rollenstruktur (z.B. *Kultusministerium:* Minister, zuständiger Oberschulrat, Referenten; *CDU-Fraktion:* Fraktionsvorsitzender, bildungspolitischer Sprecher, Abgeordnete; *Kollegium:* Schulleiter, betroffene Lehrkraft, Fachbereichsleiter „Deutsch", Kollegen). Zu den einzelnen Rollen können individuelle „Ausgangslagen" (= Rollenvorgaben) entwickelt werden.

Wie verläuft nun das Planspiel? Zunächst werden die allgemeine „Ausgangslage" und die Spielregeln vorgelesen, erläutert und diskutiert. Die Satire „Die jüngste Union" wird allen Teilnehmern zur Kenntnis gegeben. Danach wählen die Teilnehmer ihre Spielgruppen. Die Gruppen erhalten ihre spezielle „Ausgangslage" und ggf. einzelne „Rollenvorgaben" (z.B. die des „Kultusministers", des „Schulleiters" usw.), machen sich nochmals mit den Spielregeln vertraut und beratschlagen über eine Spielstrategie. Die aus der Ausgangssituation und dem weiteren Spielverlauf notwendig werdenden Spielzüge müssen von den Gruppen stets schriftlich erfolgen, möglichst auf Schreibmaschine mit ausreichenden Durchschlägen. Alle Schriftstücke werden direkt an die Spielleitung gegeben, die für die Zustellung an die jeweilige Gruppe bzw. an die Gruppen Sorge trägt. Die Spielleitung und die Gruppen vermerken auf allen eingehenden und ausgehenden Schriftstücken eine fortlaufende Nummer und die genaue Uhrzeit. Die Spielleitung kann durch ihre zentrale Position zu jeder Zeit die Situation des Spiels übersehen und die einzelnen Spielzüge in ihren Auswirkungen beurteilen. Sollte es erforderlich werden, kann sie bestimmte Situationen einspielen. Dies sollte sehr vorsichtig geschehen, um die Entscheidungsfreiheit der Gruppen, den Ablauf des Spiels nach eigenem Ermessen und Vermögen zu steuern, nicht zu behindern. Die Entscheidungen der Spielleitung gelten für alle Gruppen. Das Planspiel endet in diesem besonderen Falle mit einem Rollenspiel über die mündliche Anfrage im Parlament. Daran sind aktiv beteiligt: 1. die Gruppe „Kultusministerium" (Kultusminister und Abgeordnete der Regierungskoalition), 2. „CDU-Fraktion" (Fraktionsvorsitzender, bildungspolitischer Sprecher, CDU-Abgeordnete) sowie 3. ein Mitglied der Spielleitung als „Landtagspräsident". Die übrigen Gruppen nehmen als Zuhörer und Beobachter (z.B. Presse) teil.

Im Anschluß an das Spiel folgt eine Auswertungsphase, in der das Geschehen nach thematischen und interaktionsdynamischen Gesichtspunkten analysiert wird. Anhand der archivierten Spielzüge der Gruppen und der Spielentscheidungen der Spielleitung versuchen die Beteiligten, die Aktivitäten der Gruppen, die Beziehungen der Gruppen untereinander zu verdeutlichen sowie die Bedeutsamkeit einzelner Spielzüge zu erfassen. Dann folgt eine Diskussion über den Realitätsbezug einzelner Spielentscheidungen und des gesamten Spiels sowie über alternative Entscheidungsmöglichkeiten im Spiel. Günstig ist es, wenn jede Gruppe ihr anfängliches Selbstverständnis und ihre Spielziele darlegt und erläutert, was daraus im Verlauf des Spiels geworden ist.

Elemente des Planspiels sind Rollenspiele zwischen Gruppen und in Gruppen. Bedingt durch die Ausgangslage müssen die Spieler Rollen übernehmen, sie durch ihre Person ausfüllen, sich mit ihnen identifizieren, sich in Beziehung zu anderen Rollen setzen. Das Planspiel ist damit auch eine Methode zur Rollenerforschung. Diesem Umstand kann durch die Planspielanalyse Rechnung getragen werden, etwa indem untersucht wird, wie der einzelne seine Rolle ausfüllt (mögliche Methode: Interview einzelner Mitspieler in ihrer Rolle), welche Selbst- und Fremdbilder die Gruppen ausprägen, wie unterschiedliche Rollen sich in Beziehung zueinander setzen (etwa durch ein Rollenspiel zwischen Abgesandten aus verschiedenen Planspielgruppen). Durch die Identifikation mit der vorgegebenen Rolle können unbewußte seelische Strukturen und Vorstellungen, Klischeebilder und Vorurteile zum Vorschein kommen und in gesamtgesellschaftliche Zusammenhänge eingeordnet werden. Ferner bietet es sich an, vor der gemeinsamen Gesamtanalyse des Planspiels, die interaktionsdynamischen Vorgänge in jeder am Planspiel beteiligten Gruppe zu analysieren, auf den gesellschaftlichen Entstehungszusammenhang hin zu befragen und die vorgegebenen Rollen dazu in Beziehung zu setzen.

Generell kann man feststellen, daß das Planspiel, in verschiedene Richtungen vorangetrieben, fruchtbare Erkenntnisse und Erfahrungen ermöglichen hilft. Aber gerade die Vielschichtigkeit, die ein Planspiel ermöglicht, ist auch sein größter Nachteil. Wird mit einem Planspiel zuviel auf einmal gewollt, kann das Planspiel zu einer mühsamen bürokratischen Angelegenheit gerinnen. In unserem konkreten Falle liegt der Schwerpunkt der Auswertung auf der gesellschaftlichen Seite des Problems. Als Besonderheit kommt ferner hinzu, daß das Planspiel nicht fiktive Realität *simuliert,* sondern Realität *nachspielt,* ohne zu wissen, daß es sich um Realität gehandelt hat. Die Konfrontation des Spielverlaufs mit der Realität, insbesondere der Vergleich des Rollenspiels „Anfrage im Parlament" mit dem realen Protokoll über die Parlamentssitzung, kann der Auswertung und nachfolgenden problembezogenen Diskussion zusätzlichen Reiz geben und neue Aspekte eröffnen.

Als weniger aufwendige Form der Auseinandersetzung bieten sich Diskussionen an, die anhand der Satire „Die jüngste Union" zum Thema „Was darf die Satire?" bzw. „Welche Satire für welchen Unterricht?" geführt werden könnten. Die Diskussionen können frei gestaltet sein, auch vorherige Festlegungen auf pro und kontra wären möglich.

Soll das spielerische Element stärker Berücksichtigung finden, ohne dies mit dem Aufwand eines Planspiels erkaufen zu müssen, wäre die *Planspieldiskussion* eine brauchbare Alternative. Im Gegensatz zum beschriebenen Planspiel ist in der Spielphase der Planspieldiskussion die Einheit von Zeit und Ort gegeben, d.h. das Spiel findet als Rollenspiel zwischen den Gruppen in einem Raum, innerhalb eines bestimmten Zeitraumes statt. Andere Zeitverläufe oder räumliche Bedingungen werden nicht simuliert. Die Teilnehmer identifizieren sich mit den vorgegebenen Rollen, entscheiden über einen „Fall" oder versuchen, die Entscheidung anderer zu beeinflussen. Für die Auseinandersetzung über die Satire „Die jüngste Union" eignet sich recht gut das Grundmodell der „Konferenz". In der Ausgangslage könnte z.B. folgendes stehen:

„Die Deutsch-Fachkonferenz des Gymnasiums in Bad Salzuflen will sich über verbindliche Unterrichtsgegenstände im Fach Deutsch abstimmen. Eine Gruppe SPD-naher Lehrer hat vorgeschlagen, Satiren im 9. Schuljahr zu behandeln und hat dazu den Text „Die jüngste Union" ausgesucht. Dagegen sträubt sich eine Gruppe „konservativer" Lehrer, die dahinter Parteipolitik wittert. Die größere Gruppe von Lehrern ist noch unentschlossen und will sich erst in der Konferenz eine Meinung bilden. Die Konferenz ist vom Fachbereichsleiter „Deutsch" einberufen worden, einem Lehrer, der versucht, allen Seiten gerecht zu werden."

Vor die eigentliche Planspieldiskussion ist, wie bei einem Planspiel auch, eine Beratungs- und Informationsphase geschoben. Erst danach diskutieren alle Teilnehmer in ihrer Rolle zum vorgegebenen Sachverhalt und treffen unter Umständen dann eine Entscheidung.

b) Zu den Lernzielen 3, 4 und 5:

Die Auseinandersetzung mit der Collage von *Staeck* und dem Lied von *Biermann* macht ein anderes methodisches Vorgehen notwendig. Die Lernenden müssen zunächst Inhalt und ästhetischen Gehalt erfassen, bevor sie in eine Diskussion über die Ursachen der Behinderung von Satirikern und des politischen Kampfes gegen bestimmte Satiren eintreten können. Die Fotomontage von *Staeck* erschließt sich relativ einfach, wenn die Lernenden vorher Materialien (z.B. Zeitungsausschnitte) über das Werk von *Staeck* und über die verschiedenen Formen der Behinderung dieser Arbeit kennen.

Das Durcharbeiten der Materialien könnte in arbeitsteiligem Gruppenunterricht geschehen. Austausch der Arbeitsergebnisse und gemeinsame Interpretation der Fotomontage könnten danach bruchlos miteinander verknüpft werden.

Eine gemeinsame frontale Erarbeitung bietet sich auch für das *Biermann*-Lied an. Nachdem die textlichen Besonderheiten herausgestellt sind, sollte man die Liedfassung vorspielen und die wesentlichen sprachlichen und musikalischen Eigenarten herausstellen. Auch hier ist es für das Verständnis sinnvoll, den Lernenden die Hintergrundinformationen zu liefern.

Mit beiden Werken hat man nun zwei gute Ausgangspunkte für einen Vergleich: Welche Formen der Behinderung satirischer Werke treten bei der BRD, welche bei der DDR auf? Welches sind die dafür maßgeblichen Ursachen? Die gemeinsame Erörterung sollte durch arbeitsgleichen Gruppenunterricht vorbereitet werden. Der Arbeitsauftrag an die Gruppen könnte lauten:

Bitte vergleicht
1. In welcher Weise wird bei uns die Satire politisch bekämpft, wie ist das in der DDR?
2. Welche Gründe bedingen dies bei uns, welche in der DDR? Wodurch treten Unterschiede auf?
3. Wo finden bei uns die Satiren ihre Grenze, wo in der DDR? Welche Gründe gibt es für die unterschiedlichen Grenzen?
4. Wo seht ihr die Grenze der Satire? Soll ihr alles erlaubt sein?

Für die Durchführung der gemeinsamen Erörterung gelten die an mehreren Stellen bereits gegebenen methodischen Anregungen wie visuelle Darbietungsformen bei den einzelnen Gliederungspunkten, für alle sichtbares Protokollieren der Diskussion, schriftliche Kommunikation während der Erörterung, in Gruppen vorher vorbereitete Interviews zu den jeweils anstehenden Diskussionspunkten.

Um die Lernenden vor Überforderung zu schützen, und auch, um unzulässiger Vereinfachung vorzubeugen, ist es sinnvoll, Texte zu einem Systemvergleich BRD/DDR heranzuziehen.

Anmerkungen

Erster Baustein

[1] *Tucholsky, K.:* „Goebbels", aus: Gesammelte Werke, Hrsg. von *Mary Gerold-Tucholsky* und *Fritz Raddatz* Bd. III, S. 790, © Rowohlt Verlag GmbH, Reinbek b. Hamburg 1960.
[2] in: *Rhodes, A.:* Propaganda. The Art of Persuasion: World War II, Chelsea House Publishers, New York und London 1976, S. 227. Bei der Abbildung handelt es sich um eine englische Fassung des Originals.
[3] *Halbritter, K.:* Adolf Hitlers MEIN KAMPF, Frankfurt 1968 (Neuauflage im Hanser Verlag); zweites Kapitel: Propaganda und Organisation.
[4] Neben dem unter [2] angegebenen Buch sind u.a. empfehlenswert: *Kirchner, K.:* Flugblätter. Psychologische Kriegsführung im zweiten Weltkrieg in Europa, München 1974. *Gallo, M.:* Geschichte der Plakate, Herrsching 1975. Arnold, F. (Hrsg.): Anschläge. Politische Plakate in Deutschland von 1900 bis 1970, Loseblattausgabe, 1972.
[5] *Halbritter, K.:* Halbritters Halbwelt, Frankfurt 1970; darin: Halbritters Schulwelt, S. 35-50; insbesondere sind die Abbildungen auf S. 40/41 und S. 46/47 geeignet. *Schiefer, H.* und *Halbritter, K.:* Die Kunst Lehrer zu ärgern, Reinbek 1972 und: Wer abschreibt kriegt 'ne 5!, Reinbek 1972.
[6] *Rühmkorf, P.:* Über das Volksvermögen, Reinbek 1969, S. 103-109.
[7] Zu den verschiedenen Möglichkeiten des Planspiels vgl. *Fritz, J.:* Methoden des sozialen Lernens, München 1977, S. 221-228.
[8] *Halbritter, K.:* Adolf Hitlers MEIN KAMPF, Frankfurt 1968 (Neuauflage im Hanser Verlag); viertes Kapitel: Völkischer Staat und Rassenhygiene.
[9] *Brecht, B.:* „Kälbermarsch", aus: Gesammelte Werke, die Gedichte, Suhrkamp Verlag, Frankfurt 1976.
[10] Deutschlandlied mit Horst-Wessel-Lied. Kapelle der SS-Leibstandarte Adolf Hitler; Leitung Hermann Müller-John. Historische Aufnahme aus dem Jahre 1939 (Polydor 10 226). Die Aufnahme ist enthalten im Tonband 6 zu „Sequenzen Musik Sekundarstufe I", Ernst Klett Verlag, Stuttgart.
[11] empfehlenswert ist die Schallplatte Bertolt Brecht: Songs, Gedichte, Prosa. *Hanns Ernst Jäger* (Verlag „pläne" S 44.101).
[12] Beliebtes Thema sind Parodien auf „Anstandsbücher" (*Loriot:* Der gute Ton, Zürich 1957; *Halbritter:* Knigge verkehrt, Frankfurt 1970. Hier sind jedoch nicht bestimmte Bilder Vorlage der Parodie, sondern eine bestimmte Gruppe von Büchern, deren Normensetzung verulkt bzw. „aufgeweicht" wird.
[13] Musikalische Parodien sind recht selten. Die musikalische Gestalt ist in aller Regel nicht Gegenstand der Parodie. Eine Ausnahme bildet vielleicht die „Klassische Sinfonie" von *Prokofieff*, die man als Parodie auf die klassische Sinfonie verstehen kann. Meist ist es jedoch so, daß einem parodistischen (auch einem satirischen) Text eine bestimmte Musik unterlegt wird, die die Absichten des Textes unterstützt.
[14] z.B. *A. Paul Weber:* Kunst im Widerstand, Berlin und Hamburg 1977, insbesondere Bild 6, 8, 11, 12, die gute Entsprechungen zum „Kälbermarsch" sind. Bilder aus dem Simplizissimus, Birsfelden-Basel 1970; darin: „Die neue Linie", Karikatur von E. Schilling, S. 283.
[15] z.B. Halbritters Halbwelt, Frankfurt 1970, S. 82-85; *Lackhut/Baerenz:* Raus aus der Talsohle. Black is beautiful!, „Pardon", Jahrgang 1977; *Müller/Wedemeyer:* Schluß mit der Irreführung des deutschen Verbrauchers, „Pardon", Jahrgang 1977; Gesäuberte Anzeige. Die sauberen Anzeigen sind da!, „Pardon", Jahrgang 1977. *Bachmann:* Reklame, in: *Echtermeyer:* Deutsche Gedichte, Düsseldorf 1966, S. 645. *Rühmkorf, P.:* Über das Volksvermögen, Reinbek 1969, S. 185-188. Sempé's Konsumgesellschaft, Zürich 1973, S. 9-17.
[16] *Winter, P.:* Anti-Werbung; in: Kunst + Unterricht, Heft 10, S. 33 (1970).
[17] Anregungen bei *Dreidoppel, H.:* Das Antizeugnis, in: Kunst + Unterricht, Heft 16, S. 46ff. (1972) und *Stehr, W.:* Lehrerzeugnis, in: Kunst + Unterricht, Sonderheft 1973, S. 66ff.

Literaturempfehlungen

Folgende fünf Hefte sind als Lernanregungen und Materialangebote, als inhaltliche Weiterführung und Quelle für weitere Literaturhinweise brauchbar und recht preiswert.
1) Kunst + Unterricht, Heft 43 (Karikatur), Friedrich-Verlag, Sulze 19.
2) Praxis Deutsch, Heft 22 (Satire), Friedrich-Verlag, Sulze 19.
3) Reclams Arbeitstexte für den Unterricht, Heft 9525 (Satirische Texte) und
4) Heft 9521 (Parodie).
5) Satire in Text und Bild, Ernst Klett Verlag, Stuttgart 1973.

Zweiter Baustein

[1] *George Grosz:* Das Gesicht der herrschenden Klasse & Abrechnung folgt!, Frankfurt 1972, S. 27.
[2] *Käthe Kollwitz,* Königstein 1975, S. 34/35.
[3] Ausstellungskatalog der Kestner-Gesellschaft Hannover: „Bizarr, Grotesk, Monströs – Karikaturen der Zeitgenossen", Hannover 1978.
[4] *Yrrah.* Das Buch der bösen Bilder. Cartoons, Frankfurt 1978.
[5] z. B. *Markus.* Zeitkritische Zeichnungen aus dem Stern, Hamburg 1968; *Oesterle, M.:* Zwischen Scherz und Schock, Hannover 1971; *Rudolf Angerer's* 1. Hilfe. Cartoons zum Zeitgeschehen, München und Wien 1976.
[6] „Pardon", Heft 12/1974.
[7] z. B. in [1]: „Prost Noske!" (S. 30), Aus dem Leben eines Sozialisten (S. 4), Obwohl an der Ruhr erkrankt (S. 67).
[8] So z. B. bei „Levines Lustiges Literarium", Reinbek 1970 und Zeitgenossen, Cartoons von *Josef Blaumeiser,* München und Berlin 1977.
[9] Zeitgenossen. Cartoons von Josef Blaumeiser, F. A. Herbig Verlagsbuchhandlung, München und Berlin 1977, S. 41.
[10] *Ehmer, H. K.:* Kunstanalyse; in: Kunst + Unterricht, Heft 42, S. 17 ff. (1977).
[11] zitiert bei *Otto, G.:* Didaktik der ästhetischen Erziehung, Braunschweig 1974, S. 179 ff.
[12] *Krause, A.:* Die politische Karikatur im Geschichtsunterricht, Berlin 1975.
[13] *A. Paul Weber:* Kunst im Widerstand, Berlin und Hamburg 1977, S. 28.
[14] Anmerkung [13], S. 7 ff.
[15] Anmerkung [13], S. 18. Die Karikatur diente als Umschlagbild zu *Ernst Niekisch:* Hitler, ein deutsches Verhängnis, Berlin 1932.
[16] Anmerkung [13], S. 15.
[17] Anmerkung [13], S. 19 und S. 39.
[18] Zur Bildsprache von *A. Paul Weber* vgl. *Wolandt, G.:* Bild und Wort. Überlegungen zum Werk A. Paul Webers, Hamburg 1977.
[19] z. B. Collagen von *Heartfield:* in: *Siepmann, E.:* Montage: John Heartfield, Berlin 1977, S. 244 (Der Krieg), S. 233 (S. M. Adolf), S. 216 (Führerfahrt ins neue Jahr), S. 235 (Deutsche Eicheln); in: *John Hearfield,* Krieg im Frieden. Fotomontagen zur Zeit 1930–1938, München 1972, S. 61 (Faschismus sein letzter Retter – Krieg sein letzter Ausweg!), S. 94 (Die Saat des Todes), S. 101 (Das ist das Heil, das sie bringen!), Karikaturen von *Arnold;* in: Drunter, Drüber, Mittenmang, Karikaturen aus dem Simplizissimus, München 1974, S. 107 ff. Der im ersten „Baustein" untersuchte „Kälbermarsch" ist im Aussagegehalt ebenfalls mit der Karikatur von *A. Paul Weber* verwandt.
[20] Zum Motivbereich „Tod" in der Karikatur vgl. *Melot, M.:* Die Karikatur. Das Komische in der Kunst, Stuttgart, Berlin, Köln, Mainz 1975, S. 196 ff. Das menschliche Skelett findet sich als Motiv besonders häufig bei *Posada;* vgl. *Jähn, H.:* Das Werk von Posada, Frankfurt o. J. (ca. 1976; Verlag 2001).
[21] Zur Technik der Lithographie vgl. *Loche, R.:* Die Lithographie, Genf 1971.
[22] vgl. *Nicolin, G.:* „Widerstand"; in: *A. Paul Weber,* Handzeichnungen 1930–1978, Lithographien. Ausstellung des Rheinischen Landesmuseums Bonn und des Westfälischen Landesmuseums in Münster, Bonn 1978, S. 157 ff.

[23] Zu den „Bezugssystemen" des Bildes vgl. *Werner Hofmann;* zitiert bei *Otto, G.:* Didaktik der Ästhetischen Erziehung, Braunschweig 1974; Unterrichtsbeispiel in Kunst + Unterricht, Heft 42, S. 45 ff. (anhand des Bildes von *Otto Runge:* „Die Hülsenbeckschen Kinder").
[24] vgl. *Zoll, R.* und *Hennig, E.:* Massenmedien und Meinungsbildung, München 1970, insbesondere S. 247 ff.; *Baacke, D.:* Mediendidaktische Modelle: Zeitung und Zeitschrift, München 1973.
[25] *Hanns P. Birke* in: *Hubmann, H.:* Die stachelige Muse, München 1974, S. 28.
[26] z.B. *R. Topor:* die Masochisten, Köln und Berlin 1970; Yrrah. Das Buch der bösen Bilder, Frankfurt 1978; *Addams, C.;* in: Bizarr, Grotesk, Monströs. Karikaturen der Zeitgenossen. Ausstellung der Kestner-Gesellschaft Hannover, 1978, S. 26 ff.
[27] in: *Hubmann, H.:* Die stachelige Muse, München 1974, S. 60.
[28] *Adorno, T. W.:* Erziehung zur Mündigkeit, Frankfurt 1971, S. 88.
[29] vgl. *Piltz, G.:* Geschichte der europäischen Karikatur, Berlin 1976, S. 36 ff.
[30] abgebildet in *Piltz,* Anmerkung [29], S. 40.
[31] vgl. *John Updike* in: „Levines Lustiges Literarium", Reinbek 1970.
[32] abgebildet in: „Levines Lustiges Literarium", Anmerkung [31], ohne Seitenzahl.
© 1979 by N.Y. Review-OPERA MUNDI.
[33] so z.B. *Charles de Gaulle* als „gallischen Hahn" und *Willy Brandt* als „Nußknacker der Nation"; abgebildet im Ausstellungskatalog des Rheinischen Landesmuseums Bonn, Rheinland Verlag, Köln 1978, S. 107 und 111.
[34] Anmerkung [33], S. 113.
[35] siehe z.B. die Karikaturen über *Martin Luther* und den Papst; vgl. *Piltz, G.:* Geschichte der europäischen Karikatur, Berlin 1976, S. 27.
[36] abgebildet in: *George Grosz:* Das Gesicht der herrschenden Klasse & Abrechnung folgt, Frankfurt 1973, S. 4. Zuerst als Titelbild der Halbmonatsschrift „Die Pleite" (Nr. 1, 1919); erschienen mit der Kommentierung „Von Geldsacks Gnaden".
[37] vgl. Anmerkung [36], S. 47, 9, 63, 64, 81, 111.
[38] so z.B. bei *Bruno Paul:* Karikaturen über „Englands Töchter", deutsche Korpsstudenten, Sängerinnen, „emanzipierte" Frauen, einfache Soldaten, Junker, Touristen; abgebildet in: *Bruno Paul* oder die Wucht des Komischen, Berlin 1960. Weitere Beispiele in: „Bilder aus dem Simplizissimus", Hannover 1970, S. 28 (Richter), S. 32 (Wissenschaftler), S. 59 und 73 (Studienräte), S. 96 (Unteroffiziere).
[39] abgebildet bei *Grosz,* Anmerkung [36], Titelbild in „Die Pleite" 1. Jahrgang, Nr. 5.
[40] so z.B. „Adolf der Übermensch: Schluckt Gold und redet Blech", „S.M. Adolf", „Hjalmar oder Das wachsende Defizit"; abgebildet in: „John Heartfield. Krieg im Frieden", München 1972, S. 27, 28, 52.
[41] z.B. „entmannt alle Wüstlinge" (als Postkarte und Plakat in der Edition *Staeck* erschienen).
[42] Fotos: The Associated Press, Werek.
[43] abgebildet bei *Blaumeiser,* Anmerkung [9], S. 49.
[44] „Stern"-Titelbild, Heft 19/1978.
[45] abgebildet im „Zeitmagazin" 1978.
[46] Abbildung aus *Melot:* Die Karikatur. Das Komische in der Kunst, Stuttgart, Berlin, Köln, Mainz 1975, S. 21.
[47] Abbildung aus *Melot,* Anmerkung [46], S. 21.
[48] Anregungen für die Porträtfotografie enthält der Band von *J. Zimmermann:* Fotografien im Kunstunterricht, Ravensburg 1978, S. 40 ff.
[49] Erhältlich sind die Kataloge „Cartoon 75" und „Cartoon 77" durch die Infoplan, Gesellschaft für Öffentlichkeitsarbeit, 1 Berlin 30, Europa Center.
[50] So z.B. die Ausstellung der Kestner-Gesellschaft Hannover: „Bizarr, Grotesk, Monströs", 1978.
[51] Pardon Erotikon, Frankfurt 1969; Pardon Autosalon, Frankfurt 1970.
[52] Shut up! Cartoons for Amnesty, Hamburg 1977.
[53] zu den verschiedenen methodischen Möglichkeiten vgl. *Fritz, J.:* Methoden sozialen Lernens, München 1977, S. 221 ff.
[54] Sontag, S.: Über Fotografie, München und Wien 1978, S. 12.
[55] *Hahn, G.:* La Vie est belle, Heidelberg und Berlin 1961.
[56] Arbeiten bekannter Fotografen sind ausgesprochen selten und treten, wenn überhaupt, nur vereinzelt und häufig unbeabsichtigt auf. Eines der wenigen bekannt gewordenen Fotos stammt von Margaret Bourke-White und zeigt eine lange Reihe wartender Neger vor einem großflächigen Werbeplakat, das den hohen Lebensstandard der USA lobt: ein deutlicher Kontrast zwischen der

Wirklichkeit und der Werbewelt. Das Foto ist abgedruckt in: The Photographs of Margaret Bourke-White, New York 1972, S. 136/137.
[57] *Halbritter, K.:* Jeder hat das Recht, München und Wien 1976.
[58] In diesem Zusammenhang ist der Aufsatz von *Brigitte Wormbs:* Schattenreise nach Marbach am Neckar, „Kursbuch" 52, S. 83 ff., (Berlin 1978) besonders lesenswert.
[59] vgl. *Tausk, P.:* Die Geschichte der Fotografie im 20. Jahrhundert, Köln 1977, S. 89 ff. und *Schöttle, H.* (Hrsg.): Dumont foto 1, Köln 1978, S. 228 ff.
[60] Einen repräsentativen Überblick vermittelt der von *R. Diederich* und *R. Grübling* herausgegebene Band: „Unter die Schere mit den Geiern. Politische Fotomontage in der BRD und Westberlin", Berlin 1977.
[61] *Siepmann, E.:* Montage: John Heartfield. Vom Club Dada zur Arbeiter-Illustrierten Zeitung, Berlin 1977; alleiniger Vertrieb durch Zweitausendeins, Postfach 710 249, 6 Frankfurt 71.
[62] Anmerkung [61], S. 240. Die ausführliche Bildinterpretation sowie die abgebildeten Dokumente liegen den folgenden Ausführungen zugrunde.
[63] Beispielhaft dafür ist der Band von *Kurt Halbritter:* Jeder hat das Recht, München und Wien 1976. In unseren thematischen Zusammenhang paßt sehr gut die Karikatur „He, Kümmeltürk, da liegt noch Dreck!"
[64] *C. Schaffernicht* in Anmerkung [60].
[65] Empfehlenswert dazu ist der von *Ingeborg Karst* herausgegebene Band: „Klaus Staeck. Die Reichen müssen noch reicher werden. Politische Plakate", Reinbek 1973. Weitere Informationen enthalten die im Steidl Verlag erschienenen Bände „Eine Zensur findet gelegentlich statt" und „Der Bonner Bildersturm".
[66] Anmerkung [61], S. 270 ff.
[67] Ein seltenes Beispiel ist das Bild von *Waclaw Nowak:* „Zielscheiben". Hier ist auf eine von drei Zielscheiben ein nackter Frauenkörper aufbelichtet worden. Durch die Technik der Negativmontage wurde so ein satirischer Aussagegehalt erreicht, ein Protest gegen den Krieg ausgedrückt, deutlich gemacht, daß die Geschosse nicht eine Papierscheibe treffen, sondern in letzter Konsequenz lebendige Menschen. Vgl. Anmerkung [59], S. 191 und 193.
[68] Anmerkung [60], S. 77.
[69] Anmerkung [1], S. 26, 42, 75.
[70] vgl. Anmerkung [60], S.85.

Literaturempfehlungen

Will man sich über die Erscheinungsformen der Karikatur umfassend informieren, empfehle ich den reich ausgestatteten und kenntnisreich geschriebenen Band von *Melot:* Die Karikatur. Das Komische in der Kunst, Stuttgart, Berlin, Köln, Mainz 1975.
Der Katalog der Kestner-Gesellschaft Hannover „Bizarr, Grotesk, Monströs" (1978) gibt einen guten Überblick über die Arbeiten bekannter zeitgenössischer Karikaturisten.
Von Veröffentlichungen einzelner Karikaturisten gefiel mir insbesondere der Band von *Halbritter:* Jeder hat das Recht, München und Wien 1976; der Ausstellungskatalog des Rheinischen Landesmuseums Bonn (1978) über *A. Paul Weber;* die ausführliche Dokumentation von *E. Siepmann:* Montage: John Heartfield. Vom Club Dada zur Arbeiter-Illustrierten Zeitung, Berlin 1977; alleiniger Vertrieb durch Zweitausendeins, Postfach 710 249, 6 Frankfurt 71.
Das Buch von *Dietrich Grünewald:* Die Karikatur im Unterricht, Weinheim 1979, lag mir bei Abschluß des Manuskripts leider noch nicht vor.

Dritter Baustein

[1] *George Grosz:* Das Gesicht der herrschenden Klasse & Abrechnung folgt, Frankfurt 1972, S. 81.
[2] So z. B. „Der Mann aus dem Volke", „Raum ist in der kleinsten Hütte". *Schaffernicht* montiert ein Pressefoto und Auszüge aus Zeitungen mit der Überschrift so zusammen, daß in dem Kontrast dieser Teile die satirische Wirkung entsteht. Die Fotomontagen stammen aus der Sammlung „Bundesdeutsche Stimmungsbilder", 12 Postkarten, 2 Aufkleber, die zum Preise von 5,– DM bei der Wohlthat'schen Buchhandlung, 1000 Berlin 41, Rheinstraße 11, erhältlich sind.

[3] Hierzu ist der sehr lesenswerte Aufsatz von *D.C. Kochan:* „Texte und Bilder verstehen" zu empfehlen; er ist erschienen in: „Kunst + Unterricht"/„Praxis Deutsch", Sonderheft 1978, S. 146 ff.
[4] Vgl. *Piltz, G.:* Geschichte der europäischen Karikatur, Berlin 1976, S. 109 ff.; „Honoré Daumier", Birsfelden/Basel 1978.
[5] Vgl. „Bilder aus dem Simplizissimus", Hannover 1970.
[6] Insbesondere gilt dies für seine beiden Karikaturenbände „Adolf Hitlers MEIN KAMPF",Frankfurt 1968; und „Jeder hat das Recht", München und Wien 1976.
[7] *Walter Hanel,* in Pardon.
[8] *Melot* macht dies recht gut deutlich anhand der Illustrationen zu „Don Quichotte"; vgl. *Melot, M.:* Die Karikatur. Das Komische in der Kunst, Stuttgart, Berlin, Köln, Mainz 1975, S. 138 ff.
[9] Halbritters Tier- und Pflanzenwelt, München 1975.
[10] Halbritters Waffenarsenal, München und Wien 1977.
[11] *Štepáus, B.:* Familienalbum. Collagen, München 1971.
[12] Vgl. z. B. Rudolf Angerers 1. Hilfe. Cartoons zum Zeitgeschehen, München und Wien 1976.
[13] *Loriot* hat in seinen Bänden „Der gute Ton. Das Handbuch feiner Lebensart in Wort und Bild" (Zürich 1957) und „Für den Fall . . . Der neuzeitliche Helfer in schwierigen Lebenslagen" (Zürich 1960) eine besonders witzige Form des Wort/Bild-Bezuges geschaffen. Thematisch ähnlich ist der Band von *Halbritter* (Bild) und *Sigel* (Text): „Knigge verkehrt", Frankfurt 1970. Die Texte sind hier wesentlich länger und beziehen sich nicht so deutlich auf die Bilder wie bei *Loriot.* Bild und Text stehen eher in einer parallelen als in einer komplementären Kongruenz zueinander.
[14] *Serre,* in Pardon.
[15] *A. Paul Weber* 1930–1978. Handzeichnungen, Lithographien. Ausstellungskatalog des Rheinischen Landesmuseums Bonn, Bonn 1978, S. 216 (ein dazu passendes Gedicht von *Mostar:* „Rückgrat raus!" ist mit abgedruckt – ein gutes Beispiel paralleler Kongruenz in einem Ausstellungskatalog!).
[16] Vgl. *George Grosz:* Das Gesicht der herrschenden Klasse & Abrechnung folgt, Neustadt 1973, S. 26.
[17] z.B. in der Montage: „Der Platz an der Sonne"; in: *„John Heartfield.* Krieg im Frieden. Fotomontagen zur Zeit 1930–1938", München 1972, S. 78.
[18] Abgedruckt in Anmerkung [16], S. 144.
[19] Von *Heartfield* ist insbesondere die Kaiser-Wilhelm-Parodie „S.M. Adolf. Ich führe Euch herrlichen Pleiten entgegen!" (Ich führe Euch herrlichen *Zeiten* entgegen) bekanntgeworden; abgedruckt in Anmerkung [16], S. 28. Die Grosz-Karikatur über *Friedrich Ebert,* die wir im zweiten „Baustein" (Abschnitt 3.2) vorgestellt haben, arbeitet ebenfalls mit dem Mittel der Kontrafraktur. Der Text „Aus dem Leben eines Sozialisten" ist die Verfremdung des Romantitels „Aus dem Leben eines Taugenichts".
[20] *Olaf Hanke,* in Pardon.
[21] „Heinrich Böll Gedichte, Klaus Staeck Collagen", Köln 1975.
[22] 1929 im „Neuer Deutscher Verlag" erschienen. Die Faksimile-Ausgabe hat der Rowohlt Verlag, Reinbek 1973, herausgebracht.
[23] In preiswerten Taschenbuchausgaben sind z.B. erhältlich „Umso schlimmer", Zürich 1978; Volltreffer, Zürich 1975; „Sempé's Konsumgesellschaft", Zürich 1973.
[24] Einige der „Bildgeschichten ohne Sprache" sind enthalten in: „Love and Order", Zürich 1973.
[25] „Sempé's Konsum Gesellschaft", detebe 38, Seite 24-26, ©1973 by Diogenes Verlag Zürich.
[26] Der Gegenstand der Arbeiten von *Marie Marcks* sind Kindererziehung und Schule. Viele ihrer Bildgeschichten vermitteln sehr anschaulich das Leben in der Familie. Unter dem Gesichtspunkt „Bildgeschichten" sind interessant: „Vatermutterkind", Heidelberg 1978; „Alle dürfen, bloß ich nicht", München 1976; „Euch geht's zu gut!", München 1978.
[27] Besonders bekanntgeworden sind die Bildgeschichten „Fred und sein Sohn", Reinbek 1978.
[28] *Chlodwig Poth,* der insbesondere durch seine Veröffentlichungen in „Pardon" bekanntgeworden ist, hat Probleme der Paarbeziehungen und des Lebens in der Familie zum zentralen Gegenstand seiner Bildgeschichten gemacht. Z.B. „Unser täglich Frust. Mein progressiver Alltag 1 und 2", Reinbek 1978; „Elternalltag", Frankfurt 1977.
[29] „Unser täglich Frust. Mein progressiver Alltag 2", Reinbek 1978. Eine ähnliche Geschichte ist im Band „Elternalltag", Frankfurt 1977, unter dem Titel „Pubertätsprobleme" zu finden, diesmal nicht als Szene, sondern als „stummer Monolog".
[30] *Marie Marcks:* „immer ich!", Reinbek 1976 und „Die paar Pfennige!", Reinbek 1979.

[31] *Tomi Ungerer:* Spiegelmensch. Ein deutsches Wintermärchen, detebe 49. ©1979 by Diogenes Verlag Zürich.
[32] Eine ähnliche Thematik findet sich auch in dem Bildband von *Leonhard* und *Jägersberg:* „Rüssel in Komikland", Darmstadt 1972.
[33] Die deutsche Übersetzung einiger Comics von *Greg Irons* sind als „U-Comix-Sonderband 9" im Volksverlag, 8531 Linden erschienen und von dort auch beziehbar.
[34] „Supermädchen und andere Comics aus den letzten Tagen des großen Boom", Frankfurt 1975 (erschienen im Verlag 2001).
[35] „Opposition! Opposition" Texte von *Kurt Tucholsky;* gesungen und gesprochen von *Hanns Ernst Jäger,* Verlag „pläne" Nr. S 44201 (1969); „Bertolt Brecht: Songs, Gedichte, Prosa – Hanns Ernst Jäger", Verlag „pläne" Nr. S 44.101.
[36] *Gisela May* singt *Erich Kästner*, Amiga Nr. 855 144, VEB Deutsche Schallplatten, Berlin.
[37] Schallplatten von *Kittner* sind im Verlag „pläne" erschienen, so z.B. „konzentrierte Reaktion", „Dein Staat – das bekannte Unwesen", „Bornierte Gesellschaft", „Die Leid-Artikler".
[38] *Kochan, D.C.:* Texte und Bilder verstehen; in: „Kunst + Unterricht"/„Praxis Deutsch", Sonderheft 1978, S. 146 ff. (insbesondere S. 150 ff.).
[39] *Kochan, D.C.:* Annäherungen an ein Motiv; in: „Kunst + Unterricht"/„Praxis Deutsch", Sonderheft 1978, S. 157 ff.
[40] Beispiele: „Die deutsche Pest" von *George Grosz* (s. „Baustein" 2), „Der General" von *Davringhausen, H.M.;* in: Aspekte eines Bildes, Ausstellungskatalog des Rheinischen Landesmuseums. *Koehler/Ancona:* „This is the Enemy"; in: Rhodes, A.: Propaganda, New York 1976, S. 168. *Tomi Ungerer:* „General Westmoreland"; in: The poster art of Tomi Ungerer, Zürich 1971, S. 22. *Rauch, H.G.:* Karikaturen von Generälen; in: Schlachtlinien, Reinbek 1977, Tafel 26 und 36. *Halbritter, K.:* „Militärisches"; in: Halbritter, K.: Knigge verkehrt, Frankfurt 1970.
[41] *Hersch:* „Beratung und Hauptquartier"; in: Der Krieg 1914/18 in Wort und Bild, Deutsches Verlagshaus Bong & Co., Berlin, Leipzig, Wien und Stuttgart, o.J. (ca. 1920), S. 552.
[42] *Benn:* „General", in Gesammelte Werke, Limes Verlag Wiesbaden und München 1960.
[43] *Weber:* „Noch Fragen, meine Herren?"; in: *Weber, A.P.:* Kunst im Widerstand, Berlin und Hamburg 1977, S. 95.
[44] *Rauch:* „Der Kanonier"; in: *Rauch, H.G.:* Schlachtlinien, Reinbek 1977, Tafel 29.
[45] *Brecht:* „Bei der Kanone dort"; in: *Bertolt Brecht:* Songs, Gedichte, Prosa (Interpret: H.E. Jäger), Verlag „pläne" Nr. S 44.101. Text aus: Gesammelte Werke, die Gedichte, Suhrkamp Verlag, Frankfurt 1976, S. 1219.
[46] *Adorno, T.W.:* Erziehung zur Mündigkeit, Frankfurt 1971, S. 91.
[47] Zur Methode und Auswertung von „Interviews" vgl. *Fritz, J.:* Methoden des sozialen Lernens, München 1977, S. 177 ff.
[48] Abgebildet in: *George Grosz:* Das Gesicht der herrschenden Klasse & Abrechnung folgt, Frankfurt 1972, S. 94/95.
[49] Auf Polydor International Nr. 2371 380, 1973 und Text in: *Franz Josef Degenhardt:* Laßt nicht die röten Hähne flattern, ehe der Habicht schreit. Reinbek 1976, S. 56 f.
[50] Anmerkung [48], S. 43 („Gottgewollte Abhängigkeit").
[51] Erziehung zur Kunst. Moderne Malerei. Beginn und Entwicklung, Stuttgart 1965, Blatt 46.
[52] Diese Problematik macht *Grosz* für seine Zeit anhand von Karikaturen deutlich; vgl. Anmerkung [48], S. 90.
[53] Auf CBS Nr. 80 188, 1974.
[54] U-Comix-Sonderband 5 „Ron Cobb". Volksverlag, Nürnberg 1974; U-Comix-Extra Nr. 1, Volksverlag, Linden 1977.

Vierter Baustein

[1] *Tucholsky, K.:* Was darf die Satire? Gesammelte Werke Bd. I, S. 362 ©Rowohlt Verlag GmbH, Reinbek b. Hamburg 1960. Empfehlenswert ist dazu die Schallplatte: „Opposition! Opposition!" Texte von *Kurt Tucholsky*, gesungen und gesprochen von *Hanns Ernst Jäger.* Verlag „pläne" Nr. S 44.201, Dortmund 1969. Diese Platte enthält einen Auszug aus „Was darf die Satire?", ferner den Text „Publikum", in dem die Problematik fortführend behandelt wird. Ebenfalls auf die Eigenart der Satire bezogen ist der *Tucholsky*-Text „Politische Satire"; abgedruckt in: *Tucholsky, K.:* Politische Texte, Reinbek 1971, S. 84. Empfehlenswert auch der Text von *Erich Kästner:* Eine

kleine Sonntagspredigt. Vom Sinn und Wesen der Satire; in: „Das Erich Kästner Lesebuch", Zürich 1978, S. 109ff.
[2] *Degenhardt, F.J.:* Kommt an den Tisch unter Pflaumenbäumen, Polydor International Nr. 2371 380, 1973 und Text in: *Franz Josef Degenhardt:* Laßt nicht die roten Hähne flattern, ehe der Habicht schreit. Reinbek 1976, S. 61f.
[3] *Halbritter, K.:* Jeder hat das Recht, München und Wien 1976, o. S.
[4] Eine auch für Unterrichtszwecke ausgezeichnete, mit reichlichem Bildmaterial ausgestattete Dokumentation ist in „Kunst und Unterricht", Heft 43 (1977), S. 28ff. enthalten: „Politische Karikatur, Beispiel: Der Birnenkönig in der Julimonarchie Frankreichs" (Verfasser: *Josef Walch).*
[5] *Otto, G.:* Didaktik der Ästhetischen Erziehung, Braunschweig 1974, S. 239ff.
[6] „Die Zeit" vom 24. 1. 1975 enthält eine Dokumentation zu den Angriffen der CDU/CSU gegen die Polit-Poster von *Klaus Staeck* (D.E. Zimmer: „Wie liberal wollen wir sein?"), ein Interview mit *Staeck* und *Böll* sowie einen Kommentar von *Gerd Bucerius* über die Grenzen der Satire. Im „Spiegel" Nr. 22/1976 steht ein Bericht über CDU/CSU-Abgeordnete, die Staeck-Plakate von der Wand fetzten (*J. Hohmeyer:* „Rechtfertigung von Gewalt") und der im Buch abgedruckte Aufsatz von *Hermann Höcherl* „Gegner zum Feind gestempelt".
[7] in: *Ernst Volland:* Plakate, Montagen, Zeichnungen, Karikaturen 1964–1979, Berlin 1979.
[8] Eine Dokumentation von *Helmut Hartwig* ist in „Kunst + Unterricht", Heft 43 (1977), S. 36ff. erschienen.
[9] „Die Zeit" vom 27. 4. 1979 („Anstatt sich zu distanzieren von dem Mist. Das Protokoll des Streits um eine Satire").
[10] s. „Spiegel" Nr. 22/1976, S. 200ff.
[11] s. „Spiegel" Nr. 22/1976, S. 203ff.
[12] *Staeck/Adelmann:* Der Bonner Bildersturm, Steidl Verlag 1976; zu einer ähnlichen Thematik sind ebenfalls im Steidl Verlag erschienen: „Eine Zensur findet gelegentlich statt" und Karst, J. (Hrsg.): „Der Fall Staeck".
[13] *Wolf Biermann:* „aah – ja!" CBS Nr. 80 188, 1974. Text in: Nachlaß I, Köln.
[14] Gute Berichte darüber stehen im „Stern", Heft 49, vom 25. 11. 76, S. 18ff. („Rotkehlchen ohne Nest"), im „Spiegel" vom 22. 11. 76, S. 30ff. („Fall Biermann: Honecker im Teufelskreis") und in „Die Zeit" vom 19. 11. 1976, S. 34 („Floh im Ohr des Sozialismus").

Abbildungsverzeichnis

Audin, Paul (Avoine): Cartoons for Amnesty.
in: Shut up! Cartoons for Amnesty, 1977

Bernini, Giovanni Lorenzo: Ein Feldhauptmann Papst Urbans VIII.
in: Georg Piltz, Geschichte der europäischen Karikatur, Berlin 1976

Blaumeiser, Josef: Curd Jürgens
Blaumeiser, Josef: Leonid Breschnew
in: Zeitgenossen, Cartoons von Josef Blaumeiser, München und Berlin 1977, S. 28 und S. 49

Efimov, Boris: Was ist ein Arier? (Goebbels als Mickey Mouse)
in: Rhodes: Propaganda, Chelsea House Publishers, 70 W 40 Street, New York 100 18

Flora, Paul: Cartoons for Amnesty
in: Shut up! Cartoons for Amnesty 1977

Fritz, Jürgen: Kein Kinderspielplatz
Fritz, Jürgen: Landschaftsschutzgebiet
Fritz, Jürgen: Der Sex ... bedient Sie persönlich
Fritz, Jürgen: Umleitung (Privatfotos des Autors)

Grosz, George: Zuhälter des Todes
Grosz, George: Aus dem Leben eines Sozialisten
Grosz, George: Die deutsche Pest
Grosz, George: Wenn die Soldaten nicht solche Dummköpfe wären, würden sie mir schon längst davongelaufen sein
Grosz, George: Der Regisseur und seine Puppen
in: Das Gesicht der herrschenden Klasse und Abrechnung folgt, Frankfurt 1972

Haitzinger, Horst: „Wir haben folgende Entscheidungen der Bundesregierung beschlossen."
in: Der Spiegel, Heft 47/1968, S. 98

Halbritter, Kurt: Sing doch noch mal den Song von den Reichen am Kamin, der paßt so richtig auf meinen Nachbarn, diesen Angeber."
in: Kurt Halbritter, Jeder hat das Recht, München und Wien 1976

Hanel, Walter: „Und auf wen setzen Sie? Kohl oder Stoltenberg?"
in: Pardon, Heft 12/1974

Hanel, Walter: „Wir sollten denen in Bonn melden, daß die Mutation von Menschen in Duckmäuse ein voller Erfolg zu werden scheint!"
in: Pardon

Hauke, Olaf: Angepaßt
in: Pardon

Heartfield, John: Der Sinn des Hitlergrußes
in: E. Siepmann, Montage: John Heartfield, vom Club Dada zur Arbeiter-Illustrierten-Zeitung, Berlin 1977

Hersch, Eugen: Beratung im Hauptquartier des Generalfeldmarschalls von Mackensen
in: Der Krieg 1914/18 in Wort und Bild, Deutsches Verlagshaus Bong & Co, Berlin, Leipzig, Wien und Stuttgart (ca. 1920), Seite 552

Hofmekler, Ori: Leonid Breschnew
in: Zeit-Magazin 1978

Levine: Sigmund Freud
in: Levines Lustiges Literarium, 1970

Meysenburg, v. A.: Supermädchen
in: Supermädchen und andere Comics aus den letzten Tagen des großen Boom, Frankfurt 1975 (im Verlag Zweitausendundeins erschienen)

Mulatier, Jean: Hans-Dietrich Genscher
Der Spiegel Nr. 37, 1976, Titelbild

Mulatier, Jean: Leonid Breschnew
STERN, Nr. 19, 1978, Titelbild

Pardons deutsche Monatsblätter: Es gibt viel zu tun. Packen wir's an.
in: Pardon

Poth, Chlodwig: Eine Familientragödie
in: Unser täglich Frust. Mein progressiver Alltag 2, Reinbek 1978

Rauch, Hans-Georg: Der Kanonier
in: H. G. Rauch, „Schlachtlinien" Reinbek 1977, Tafel 29

Sattler, Harald: Reklamation
in: H. Hubmann, Die stachelige Muse, München 1974, S. 60

Sempé: Der körperliche und geistige Abbau beginnt zwischen 40 und 50
in: Sempé's Konsumgesellschaft, Zürich 1973, Seite 24-26

Serre, Claude: Rückgratsgarderobenständer an der Eingangstür zum (verehrten) Chef
in: Pardon

Serre, Claude: Cartoons for Amnesty
in: Shut up! Cartoons for Amnesty 1977

Staeck, Klaus: Fremdarbeiter
Originalgraphik Serie A, Nr. 31, 1975 (aus der Mappe „Fremdarbeiter-Situationen" poll-edition 1974)

Staeck, Klaus: Sie verlangen nach Sicherheit vor radikaler Gewalt
in: Heinrich Böll Gedichte, Klaus Staeck Collagen, Köln 1975

Staeck, Klaus: Auf Eigentum kommt es hier nicht an
Originalgrafik, Serie C, Nr. 14b, 1976

„*Stern"-Titelbild:* Stürzen die Grünen Helmut Schmidt?
STERN Nr. 31, 1978

Ungerer, Tomi: Und hatten Freunde, mit denen sie ihre Anschaffungen und Preise vergleichen konnten
in: Tomi Ungerer, Spiegelmensch. Ein deutsches Wintermärchen, Zürich 1973, Seite 64

Weber, A. Paul: „... und kommen nach kurzer Pause wieder"
Weber, A. Paul: Noch Fragen, meine Herren
in: A. Paul Weber, Kunst im Widerstand, Berlin Hamburg 1977, S. 28 u. S. 95

Weber, A. Paul: Tricky Dick
in: Ausstellungskatalog des Rhein. Landesmuseums Bonn, 1978, S. 113

Yrrah: Duell mit Guillotinen
in: Das Buch der bösen Bilder, Cartoons, Frankfurt 1978

Textverzeichnis

Benn, Gottfried: General
in: Gesammelte Werke, Limes Verlag Wiesbaden und München 1960

Böll, Heinrich: Sieben Jahre und zwanzig später
in: Heinrich Böll Gedichte, Klaus Staeck Collagen, Köln 1975

Biermann, Wolf: Das macht mich populär
Text in: Nachlaß I, Köln
Text und Musik auf: aah-ja! CBS Nr. 80 188, 1974

Brecht, Bertolt: Kälbermarsch
in: Gesammelte Werke, die Gedichte, Suhrkamp Verlag, Frankfurt 1976

Brecht, Bertolt: Bei der Kanone dort
auf: Bertolt Brecht Songs, Gedichte, Prosa (Interpret H. E. Jäger) Verlag „pläne" Nr. S. 44.101. Text aus Gesammelte Werke, die Gedichte, Suhrkamp Verlag, Frankfurt 1976, S. 1219

Degenhardt, Franz Josef: Der anachronistische Zug oder Freiheit, die sie meinen
Degenhardt, Franz Josef: Große Schimpflitanei
auf Polydor International Nr. 2371 380, 1973
Texte in: Franz Josef Degenhardt, Laßt nicht die roten Hähne flattern, ehe der Habicht schreit, Lieder mit Noten, Reinbek 1976, S. 56f und 61f.

Tucholsky, Kurt: Was darf die Satire?
in: Gesammelte Werke, Bd. I, S. 362f. Reinbek 1960

Tucholsky, Kurt: Joebbels
in: Gesammelte Werke, Bd. III, S. 790, Reinbek 1960

Wessel, Horst: Die Fahne hoch
Historische Aufnahmen aus dem Jahr 1939, Polydor 10 226

Zeit-Protokoll: „Anstatt sich zu distanzieren von diesem Mist"
in: Die Zeit, Nr. 18, 27.4.79, S. 70